JN058957

映画が描くアメリカの「病」

その根源と流れを探る

小野俊太郎
Shuntaro Ono

松柏社

映画が描くアメリカの「病」

目次

序章

映画が描くアメリカの病巣

シンデレラストーリーの裏側

二〇〇一年九月十一日に、ニューヨークのマンハッタン上空を二機の旅客機が進路を外れて飛行した。不可侵と思われていたアメリカの領空でハイジャックされた機体が、世界貿易センターのツインタワービルと激突し、ビルを崩壊させたのである。瓦解していく建物の様子は、終末を描くＳＦ映画のワンシーンを彷彿とさせた。そしてテレビＣＭのように何度も繰り返し利用されたので、人々の記憶に映像だけが刷り込まれてしまった。アメリカの冷戦崩壊後の対外政策やスカッドミサイルが飛び交った湾岸戦争以降の軍事的な動きなど、背後にある問題点を忘れてしまいがちになった。

ジェニファー・ロペスが主演した『メイド・イン・マンハッタン』（二〇〇二年）は、制作時に意図していたわけではないのだが、結果としてツインタワービル崩壊後のマンハッタンで、人々がどのように生きていくのかを示す映画となったのである。離婚して息子のタイを育てているシングルマザーのマリサが新しい相手と結婚するまでのシンデレラストーリーである。マリサはブロンクス地区で生まれたプエルトリコ系の女性で、ホテルのメイドとして働いている。前任者が昇進して空席が出来たので、マネージャーの職につくことを職場の仲間のステファニーから勧められていた。

マリサは、職場で政治家一家の下院議員で、「プレイボーイ」として新聞にとりざたされるクリス（クリストファー）と知り合いになる。だが、クリスとは、メイドのマリサとしてではなく、客の衣装を無断で借りた別人として出会ったのだった。スイートルームに宿泊する上流の女性と誤解されたまま、マリサはクリスとデートをして一夜を過ごし、互いに忘れられない関係となる。結局はメイドだと正体がばれて、マリサはホテルをクビになり、嘘をついていたということで、クリスとは疎遠になってしまう。さらに、二人の関係を嗅ぎつけたマスコミによって、新聞やテレビで報道されるのだ。

その後マリサは別のホテルでメイドとして働いていたのだが、そこが上院議員候補となったクリスの記者会見の場になる。息子のタイは学校へと向かわずに記者会見で質問をし、その際に学校でのスピーチのために習熟していたニクソンの話題を使う。それは「一度嘘をついた者にチャンスを与えるのが大人ではないか」という理屈だった。記者たちに称賛されたこの言葉が、マリサとクリスの和解と結婚へとつながっていく。息子のタイは、離婚した後に、養育費の支払いという父親の義務をはたさない実父よりもクリスを選び、二人を結びつけるキューピッドの役目をはたしたのだ。

マリサの母親のヴェロニカは、どうやらプエルトリコ系移民の第一世代で、ダイナー（大衆食堂）で働いている。マリサの稼ぎを加えることで、一家は低所得者向け住宅から脱出し、今はブロンクス区の割合広い間取りの家に住んでいる。だがマリサがクビになった時に、ヴェロニカは「時計仕掛けで毎月やってくる請求書」の支払いをどうするのかと現実の厳しさを突きつける。それに対して、マリサは、母親がもつプエルトリコからの移民たちの伝手を頼るのではなく、別のホテルで働き、メイドから始めて自力でマネージャーの地位を手に入れると宣言をした。

第一世代であるマリサの母親のヴェロニカは、職を失う恐怖を知っていた。マンハッタンにおけるプエルトリコ系などの移民どうしの軋轢を描いたのが、ロバート・ワイズ監督の『ウエスト・サイド物語』（一九六一年）だった。ミュージカル映画の古典と言えるだろう。マンハッタンの西側の移民たちが住む一角を舞台に、プエルトリコ系のマリアと、ポーランド系のトニーの悲劇的な恋愛を描いた作品だった。シェイクスピアの『ロミオとジュリエット』を下敷きにした一九五七年のブロードウェイの舞台の映画化である。アメリカに遅れてやってきて居場所のない移民の若者たちが争う物語の背後には、マンハッタン島の過酷な現実があった。遊び場を仕切る鉄製の網が、そのまま互いの壁として何度も画面に登場するのである。

映画で歌われた「トゥナイト」や「マリア」などのナンバーは、ソンドハイムの詞と、バーンスタインの曲が高く評価され、今でも定番曲として愛唱される。なかでも、「アメリカ」と題された歌は、プエルトリコとマンハッタン島それぞれの現実を痛烈に皮肉っていた。ただし、映画化に際して、歌い手は女性だけから男性を交えるものに、歌詞もかなり変更された。舞台版では、プエルトリコを「醜い島」と呼び、サン・ファンにテレビを持って帰っても放送しているチャンネルがない、といった現実を示していたが、映画版では否定的な内容として削除された。

それでも残った部分では、「高層ビルが咲き誇る」マンハッタンの様子が語られ、「アメリカでは何でも自由、少しの料金を払えればね。クレジットカードって素敵。でも私たちの顔を見たら、二倍の請求をしてくる」とある。「自由（フリー）」であっても「無料（フリー）」ではなくて金銭が必要だとして、英語が不自由なプエルトリコの移民だと差別されて二倍の価格に誤魔化されるという社会のからくりが語られる。そして、「テラス付きのアパートに住みたい」と口にすると「その前に訛りをなくさなくちゃ」と突っ込みが入る。これは移民たちにとって「英語」が大きな壁になっている現実を物語っていた。夢にも「もしも、白人ならね」という但し書きがつくのだ。この歌には、移民たちの抱く夢と絶望が同時に語られていた。

恋人のトニーが仲間に撃たれて死んでしまったマリア（Maria）とは異なり、『メイド・イン・マンハッタン』のマリサ（Marisa）には、母親のヴェロニカと息子のタイがいるし、自他ともに認めるようにマネージャーになるだけの能力をもっている。移民第二世代のマリサにとっての武器は、「訛りを直した」英語だけでない。第三世代である息子のタイがニクソンの話を授業のスピーチの題材として取り上げるのを助けられる経済力や教育である。また、多くのメイドのなかでも臨機応変に客の要求に対処出来るので、それがマネージャーという職分にふさわしい能力とされた。彼女の能力については、クビになってからＩＤなどを返却したときに、上司も認めていたほどである。

たとえプエルトリコ系であっても、メイドからマネージャーへと昇進出来るアメリカンドリームと、シングルマザーと政治家の御曹司との階級を越えた結婚というシンデレラストーリーを合わせたところに、この映画の特徴がある。『メイド・イン・マンハッタン』を監督したのは、香港出身のウェイン・ワンだった。『ジョイ・ラック・クラブ』（一九九三年）など中国系アメリカ人の問題や香港返還の状況を扱った作品を制作していたが、作家ポール・オースターとの出会いで『スモーク』（一九九五年）などの作品を撮ることになる。そして、人種や民族的な視点だけではない映画を制作するようになっていた。スペインの作家ハビエル・マリアスの原作の『女が眠る時』（二〇一六年）という東映の作品では、ビートたけしなど日本人キャストを使った監督をつとめてもいる。

この『メイド・イン・マンハッタン』において、ワン監督は全体をプエルトリコ系女性マリサのシンデレラストーリーに仕立て上げながらも、皮肉めいたトーンを与えるのを忘れてはいない。マリサとの恋愛と結婚は、政治家クリスが共和党の上院議員として成功するために、ヒスパニック系の支持を取り込む戦略にも見える。

そして、シンデレラストーリーの常として、上昇するヒロインから置き去りにされる者たちがいる。マリサは『ホテル・マネジメント』という雑誌の表紙を飾るほどになるが、テレビ中継されたキスをするマリサの様子を見て、ホテルのバックヤードで歓声を上げていたのは見事に「有色」の人々だった。彼らの地位や待遇がいったいどれほど変わったのかが気になる。

やはり、娘のキスをダイナーのテレビで見ていた母親は、客たちに「見て、私の娘よ(Mira. Esa es mi hija.)」とスペイン語で自慢する。それは『ウエスト・サイド物語』で、死んでしまったトニーに最後のキスをしたマリアが「大好きよ、トニー(Te adoro Anton.)」とスペイン語で口にしたのと対応している。どちらも故郷プエルトリコの言葉なのである。けれども、そのスペイン語そのものが、コロンブス以来の南北アメリカの植民がもたらした歴史の遺物に他ならない。アメリカに渡ってきた第一世代が訛りで悩む英語(＝イギリス語)も、悩まずに口から出てくるスペイン語も、元来ヨーロッパの言葉なのだ。

第一世代ではないので、マリサはメイドからマネージャーに昇進する機会を与えられている。チャンスの平等が保証されて、移民であっても第二世代や第三世代には未来が開けているように見える。だが、ホテルでの居場所をバックヤードからスイートルームへと上昇したヒロインの物語は、9・11で倒れたビルのように、下からではなく上から崩壊する危うさを伴っている。もしもクリスが落選したならば、マリサの人生もどうなるかはわからないのである。

西部の果てで

プエルトリコから移民としてやってきても、一部屋に密集して暮らすとか、低所得者向け住宅に住むという生活から脱出する見込みは少ない。もはやアメリカ内部に「フロンティア」としての場所は存在しないからだ。すでに居住している誰かを押しのけないと自分の居場所を確保するのが難しい世界となっている。しかも、コロンブスが到達したときから五百年以上にわたって、まさにフロンティアにおいて、そうした先住者の排除が実行されてきたのである。

『ウエスト・サイド物語』のマリアが住み、『メイド・イン・マンハッタン』のマリサが通うマンハッタン島の「マンハッタン」という名称は、「弓を作るための木を集める場所」というマンシー族の言葉に由来する。レナペ族の支族でハドソン川の西岸に住んでいたマンシー族は、「ネイティブ・アメリカン」で、かつては「アメリカ・インディアン」と呼ばれた人たちである。だが、マンシー族はヨーロッパから持ち込まれた天然痘などにより急速に人口が減少し、その末裔は現在カナダなどに数百人が生存しているだけとなった。

アメリカ中で先住民の多くの部族が病や戦争で激減し、さらに居住地を追われ、あちこちの居留地へと封じ込められた。マンハッタン島の西側どころではなくて、アメリカ合衆国の西へと追いやられたのである。テイラー・シェリダンが監督と脚本を担当した『ウインド・リバー』（二〇一七年）は、そうした西部のワイオミング州ウインド・リバーの先住民居留地で起きた少女ナタリーのレイプ事件を軸にさまざまな問題を描き出している。

雪原のなかでナタリーの遺体を発見したのは、合衆国魚類野生生物局でハンターをやっている先住民のコリーだった。インディアン部族警察のベンとともに捜査を担当するのは、フロリダ出身のＦＢＩのジェーンだった。検察医は、雪の中を逃げていく途中での肺圧迫による自然死とし、レイプによる「他殺」の立件は難しいと判断する。同じ女性としてその結論に納得がいかないジェーンは、単独で捜査を続けることを決め、協力者としてコリーが選ばれた。

典型的なバディもの映画で、ここでは新人FBI特別捜査官のジェーンと地元の熟練ハンターであるコリーの物語となっている。バディの身分が対等ではない場合に、経験豊かな年長者か、文化的に土地を知悉している者が先導することが多いが、コリーは土地の様子を教えながら、ジェーンに対して自分の娘のように接するときがある。それは、彼が娘のエミリーをナタリーのように失った過去をもっているせいなのだ。そして、娘を喪失した悲劇によって、妻と離婚し、息子とも疎遠になってしまった。

コリーは捜査に協力しながら、獲物を追うハンターとしての能力を活かし、少女の足跡やスノーモービルの痕跡をたどる。亡くなった少女には、採掘所に恋人がいたことがわかり、さらに彼の死体も発見されて、真相がしだいにわかってくる。だが、部族警察のベンが嘆くように、警察官六人で広大な居留地を捜査することは不可能に近い。FBIすらも他殺事件でないとスタッフを割くことが出来ないのだ。しかも採掘所には連邦法で地元の警察が入り込むことは不可能なのである。ウインド・リバーはさまざまな法的な特権と権益が絡み合った場所になっている。

コリーは白い服を着込んで雪と一体化することで、獲物に発見されないように近づいていく。その姿は目立たぬようにこの閉塞した居留地で生きるための知恵にも似ている。麻薬依存になって家族から見捨てられている息子に、コリーは「人生はフェアだなんて嘘をつく気はない」と口にする。そして「世界が敵だ」という息子の返事に、コリーは「おれは世界でなくて、感情のほうと戦う」と諭し、「おまえはこうした生き方を選択した」と批難するのである。

理不尽な状況で生き抜くためには、自分の怒りの感情を押さえる「アンガー・マネジメント」が重要で、息子の麻薬依存のような悲惨な状況は、自己選択の結果だとみなされている。それは現状の追認でしかないのだが、息子を諭しながらも、娘をナタリーと同じように殺害された体験をもつコリー本人は、白い服の奥にいくつもの感情を隠している。そして、ナタリー殺しの犯人に対して、極寒の自然を利用した「復讐」をした際に、自分の娘を救えなかった無力感も含めた激しい感情が身内から噴き出してくるのである。

現実のウインド・リバーには、カジノもあり、石油やガスさらにウランも採掘されてきた。一九七〇年代のサウスダコタの先住民居留地を舞台にした『サンダーハート』（一九九二年）も、スー族がウンデッド・ニーの虐殺以降閉じ込められてきた居留地でのウラン採掘騒動を扱っていた。最後にはスー族の側による自分たちの土地を売り渡さないという抵抗が示される。ヴァル・キルマー演じるＦＢＩ特別捜査官のバディとなったのが、ウォルター・クロウ・ホースというスー族の男だった。『ウインド・リバー』はこの先行作品のバディ関係を利用し、ＦＢＩの男性を女性のジェーンに変更したのだとわかる。両者のつながりを示すように、『サンダーハート』でウォルターを演じた先住民の俳優であるグラハム・グリーンに、『ウインド・リバー』ではインディアン部族警察のベンをわざわざ演じさせているのである。

ところが、『ウインド・リバー』では、『サンダーハート』にあったようなカタルシスは訪れない。なぜなら、殺人事件の真相を暴いたとしても、連邦政府が地下資源の採掘を中止することはないし、先住民たちの未来が開けるわけでもないからだ。親友どうしだった娘たちをそれぞれ失った二人の父親が並んで座るところで映画は終わる。コリーのバディで、娘のような年齢のFBIのジェーンは、白人なので、居留地の外ひょっとすると故郷のフロリダへと帰っていけるのであり、あくまでもよそ者なのだ。そして、「失踪した先住民の女性の数に関しては、統計が取られていないので、常に被害者がゼロの状態になっている」と最後の字幕が皮肉に告げるのだ。

この映画で脚本と監督を担当したシェリダンは、メキシコ国境での麻薬取引を描いた『ボーダーライン』(二〇一五年)やテキサス州での銀行強盗と石油採掘をからめた西部劇『最後の追跡』(二〇一六年)の脚本を書いたことでも知られる(『ボーダーライン』に関しては第4章で詳しく触れる)。『ウインド・リバー』はシェリダンの辺境三部作の一つとされ、アメリカが抱える現実を鋭く突きつけて終わるのだが、もちろんフィクションの役目は解決策を示すことではないのである。

西部の多様性

単純に「白人」が「先住民」を追い立てたという図式だけで歴史は説明出来ない。キリスト教徒に改宗したおかげで黒人奴隷を所有していた先住民もいたし、先住民を追い詰めた側に黒人たちも含まれていた。南北戦争で北軍の側で戦い、その後騎兵隊として先住民の制圧に活躍した黒人兵士は「バッファロー・ソルジャー」という名で恐れられた。先住民たちはその黒い肌の色をバッファローに例えたのである。

西部劇映画の巨匠ジョン・フォードがすでに『バファロー大隊』（一九六〇年）で取り上げていた。原題は「ラトリッジ軍曹」であり、黒人の軍曹がレイプ犯に取り違えられて、裁判に掛けられる。白人の同僚によって無罪が明らかになる。ポスターなどでは、ラトリッジ軍曹を弁護するカントレル中尉のほうが大きく取り上げられ、苦難の黒人を助ける善良な白人という図式がそこから浮かび上がるようになっていた。

ラトリッジ軍曹のように騎兵隊として活躍して、先住民との戦いにも参加する「バッファロー・ソルジャー」はその後、ジャマイカ出身のボブ・マーリーが歌うレゲエの曲でも知られることになる。一九八三年に録音が発表された歌詞では、「バッファロー・ソルジャー、ドレッドのラスタファリアン。バッファロー・ソルジャーはアメリカの真ん中にいた。アフリカから盗まれ、アメリカに連れてこられた」とある。「ラスタファリ運動」というエチオピアの皇帝を崇め、アフリカへの回帰を願う運動の信奉者にとって、バッファロー・ソルジャーは勇敢な戦士というイメージを与えられていた。

バッファロー・ソルジャーも含め、黒人カウボーイや黒人ガンマンや黒人保安官といった歴史から消えかけていた存在への再評価や史料の発掘が進んできた。

黒人カウボーイをヒーローとする小説は、すでに一八七七年に大衆小説のダイムノベルで「デッドウッド・ディック」と題して登場している。シリーズは続き、実在の黒人カウボーイであるナット・ラブは、一九〇七年に出した自伝のなかで、デッドウッド・ディックと呼ばれていたと証言していた。そうした黒人カウボーイは、二十世紀の半ばにかけて大量に作られた西部劇映画やドラマでは忘れ去られてしまったように見える。クリント・イーストウッド監督主演の『許されざる者』(一九九二年)でも、黒人ガンマンはあくまでも脇役であった。ウィル・スミスが陸軍大尉を演じた『ワイルド・ワイルド・ウエスト』(一九九九年)のような西部劇ファンタジーの形で黒人ガンマンの活躍が蘇ったのである。

軍人やカウボーイだけでなく、保安官のような治安維持の側の仕事につく黒人たちもいた。歴史研究者のアート・T・バートンによる『黒、赤そして死体・インディアン居留地の黒人とインディアンのガンマン　一八七〇‐一九〇七年』（一九九一年）は黒人や先住民のガンマンを多数発掘し、ビリー・ザ・キッドと同じくらい名声のあった混血のチェロキー・ビルを取り上げ、後に一冊の評伝に仕立てた。また『黒い銃と銀の星』（二〇〇六年）は黒人の連邦保安官となったバス・リーブズの伝記だった。

こうした西部史の読み直しの流れを踏まえて制作されたのが、黒人であるアントワーン・フークア監督による『マグニフィセント・セブン』（二〇一六年）だった。黒澤明の『七人の侍』（一九五四）を無断で西部劇にリメイクした『荒野の七人』（一九六〇年）をさらに読み替えたものとなった。だが、物語の基本構成は変わっていない。『七人の侍』では、野武士に襲われる山間の村が舞台となり、対抗するために宿場町で浪人中の武士を雇うことになった。『荒野の七人』の舞台はメキシコの村で、盗賊たちに苦しめられ、国境を越えたテキサスでガンマンを雇うことになる。そして『マグニフィセント・セブン』では、金鉱近くの西部の町が設定されている。

舞台は一八八一年のローズ・クリークという町で、近くに金鉱が出るので、「略奪男爵」の異名をとるボーグがやってくる。農民たちにはした金で立ち退きを迫り、教会を焼き、さらに逆らう者を撃ち殺した。そこで、夫が殺されて未亡人となったエマを中心に、町のなけなしの財産をもち、ボーグから町を守ってくれるガンマンを探しに出かけるのだ。

デンゼル・ワシントンが演じるチザムは、賞金稼ぎの連邦保安官（委任執行官）である。元北軍の兵士という設定で、見つけた賞金首の始末をつけながら、その半分を殺した相手の妻に渡してほしいなどと頼んで立ち去るのだ。その様子を見たエマたちは仕事を引き受けてくれるように嘆願する。最初チザムは「軍隊が必要だ」などと断っていたが、相手がボーグだと知ると引き受けるのである。

チザムの意向を受けて集められた六人は、ギャンブラー、元南軍の賞金稼ぎ、クロウ族と戦ったマウンテンマン、東洋系ガンマンでナイフの使い手、賞金首のメキシコ人、コマンチ族の先住民と多様である。当時の西部を形成する人々をそのまま表象している。

ボーグが農民を襲うのは、食料などのためではなくて、立ち退かせて鉱山を採掘するためだった。それは、先住民をインディアン居留地に追い詰めておきながら、さらにその土地から追い立てるのと同じ理屈である。しかも、ボーグはローズ・クリークの町を占拠しておくために「ブラックストーン警備会社」という用心棒を雇っていた。

チザムによると彼らは「組合をつぶし、入植者や女を背後から撃つ」卑劣な連中である。これは明らかに十九世紀半ばから、大統領の警備や鉱山町の用心棒として活躍した「ピンカートン探偵社」を指している。コナン・ドイルも『恐怖の谷』（一九一五年）で扱い、スト破りを禁止する「反ピンカートン法」が成立したほどである。黒澤の『用心棒』（一九六一年）の元ネタである鉱山町を舞台にしたダシール・ハメットの『血の収穫』（一九二九年）への言及ともなっている。もちろんチザムたちは、ブラックストーン警備会社の連中三十四名を一網打尽にしてしまうのである。

町の人たちの協力や仲間の犠牲の上で、黒人のチザムがボーグと一対一の対決をする。チザムがかつて入植者で、それを踏みにじって家族を殺害し、彼をも殺そうとしたボーグへの憎悪を抱いていることがわかる。チザムがこの仕事を引き受けた理由は、私怨からの復讐だったのである。エマたちの依頼を受け入れたときには過去を隠していた。そして、首に残った傷をボーグに見せつけた時、チザムが縄でぶら下げられて死ぬ手前までいった過去や、それまで襟元を見せないシャツを着込んでいた理由が判明するのである。

このように映画の枠組みは他の映画に借用され、新しい問題設定のなかで利用される。黒澤作品では人種や民族の多様性はなかったが、『荒野の七人』ではヒスパニックの村と白人のガンマンたちとなり、七人のうちの一人だけ混血であることが明白になっている。そして、『マグニフィセント・セブン』では、西部を形成する人種や民族の多様性が歴史的にも明らかになったせいで、白人中心の物語と決別できたのである。リメイクによって、新しい解釈が導入され、こうしたリメイクの繰り返しが映画の歴史を作ってきたのである。

憲法修正第13条

歴史的に見て、アメリカで暮らす全ての黒人が奴隷だったわけではない。『それでも夜は明ける』（二〇一三年）で映画化されたように、南北戦争前の北部には自由黒人もいた。北部の音楽家だったソロモン・ノーサップが、薬を飲まされて誘拐されると、南部に奴隷として売られた十二年間の体験記に基づく作品である。南部では黒人が等しく商品や所有物として扱われ、過酷な綿摘み労働へと駆り立てられる実態が描かれる。ソロモンは、文字も読めるのだが、反逆的な奴隷とみなされるので、自分がもつ教養を隠しながら、証拠の書類を北部から取り寄せてもらい解放されるまでは、奴隷の身分のままでいるしかなかった。その後裁判で訴えたのだが、誘拐犯も奴隷所有者も有罪になることはなかった。

南北戦争後に南部に住んでいた黒人たちが、北部や西部に黒人たちが職を求めていった理由は、解放されたことで移動の自由を得て、経済的な成功を求めたからだけではない。南部の復興のために、白人社会は、元奴隷である四百万の労働力が欲しかったのだが、一般市民となった以上、白人と同等の報酬を支払う必要があった。これがコストの点で課題となったのである。

そこでリンカーンが定めた憲法修正第13条の「奴隷制および本人の意に反する苦役は、合衆国内およびその管轄内に存在してはならない。例外となるのは、犯罪の当事者が正式に処罰として宣告された場合だけである」という条項が都合よく読み替えられた。犯罪者でない限り、奴隷のような不当な労働を行わせてはならない、という主張は奴隷制を廃止するための修正のはずだった。けれども、「犯罪者以外」は平等としたこの条文を別の観点から読むと、犯罪者に労役を押しつける正当性を与えているのだ。

南部では、法の隙間をついて、軽微な犯罪で黒人を捕まえて、囚人労働という形で道路工事などのさまざまな労役に従事させたのである。その過程で、黒人「奴隷」から黒人「犯罪者」へとイメージが転換していった。そうした苦境から脱出するために、北部や西部へと多くの黒人が移動したのである。アメリカ国内で言わば黒人の移民や難民が発生したのだが、もちろん貧しくて移動出来ずに残った黒人も多数存在していた。

奴隷解放後も黒人差別が続いた歴史的な背景をドキュメンタリー映画として描いたのが、エイヴァ・デュヴァーネイ監督の『13th - 憲法修正第13条』（二〇一六年）である。この作品は、映画館で上映されたのでも、ＤＶＤやブルーレイで販売されたわけでもない。ネットフリックスが配信をし、その後ユーチューブの専門チャンネルにアップロードされて無料で公開された。新しいメディアによって視聴されることになった作品だった。

デュヴァーネイ監督は前作『グローリー／明日への行進』（二〇一四年）で、一九六四年にノーベル平和賞を受け公民権法にこぎつけるキング牧師と、リンドン・ジョンソン大統領との関係に触れていた。キング牧師は、有権者登録証を得るための運動を支援するために、死を覚悟してアラバマ州セルマへと向かったのである。ケネディが暗殺され、マルコムXが暗殺されたなかでの出来事だった。そして一九六五年三月の「血の日曜日事件」が起きるのである。暴力の応酬を乗り越えて、非暴力によって、セルマからモンゴメリーへの行進を成功させるのである。

キング牧師と支援者あるいはジョンソン大統領の関係を描いていた前作と異なり、憲法修正13条をめぐるこのドキュメンタリーには、現在の黒人や移民が置かれた状況の根底を暴く内容が含まれていた。映画の冒頭に、当時のオバマ大統領による「アメリカの人口は世界全体の五パーセントにすぎないにも関わらず、アメリカ人受刑者は世界全体の受刑者数の二十五パーセントを占めている」という問題提起が置かれ、多数の黒人が刑務所にいる歴史的な理由を追求していくのである（以下はこの映画からの引用である）。

黒人解放の名のもとに行われた南北戦争により一八六五年にもたらされたはずの平等が、一九六四年の公民権法まで百年間も実現していなかったのである。むしろ、グリフィスの悪名高い映画『国民の創生』（一九一五年）で描かれたように、凶悪で野蛮な黒人が白人の女性を襲うところをＫＫＫの白人の騎士たちが救って、その黒人を私刑にする姿が、そのまま現実社会でも再現されてきた。フォード監督の『バファロー大隊』でも、黒人に対する偏見があるからこそ、最初に犯人としてラトリッジ軍曹が疑われるのである。実際には、裁判を通じて身の潔白が明らかになるのだが、その偏見のあり方そのものが問われてもいた。

長年私刑による黒人への暴力が肯定されてきた。その点を一九三九年にビリー・ホリデイが歌ったのが「奇妙な果実」だった。「南部の木々は奇妙な果実をつける。葉にも血が、根本にも血がつく。黒人の体が、南部のそよ風に揺れる。奇妙な果実がポプラの木から吊り下がる」と木から黒人が吊るされた様子が描かれる。それは数々の写真とともに人々の心に深く印象づけられてきた。

一九六四年に公民権法が定められた後で、黒人を犯罪者にするために持ち出されたのが、「麻薬戦争」だった。一九七一年にニクソンが大統領で、レーガンが州知事のときに宣言され、一九八一年にレーガンが大統領になったときに本格的に対策が実施に移された。麻薬の害を訴えることで、リベラルなヒッピーなどの左派と黒人の双方を同時に批判出来たのである。そして共和党は「南部政策」として、民主党支持の白人労働者層の票を奪うために麻薬問題を利用した。

麻薬がらみの黒人の暴力や逮捕される姿をメディアで宣伝することで、直接名指さなくても黒人を犯罪者として表現出来る。その恐怖感を利用して取り締まりを強化し、犯罪に対処する強い共和党のイメージが構築された。さらに一九八八年のブッシュ - デュカキスの大統領選挙では、服役中の犯罪者を刑務所から一時帰宅させることの是非が問われた。ブッシュ陣営は凶悪犯の黒人に甘いデュカキスというキャンペーンCMをテレビで大量に放映する作戦で形勢を逆転した。けれども、刑の厳罰化に白人の凶悪犯やレイプ犯の話が利用されなかったし、実際には白人男性による黒人女性への性的暴行のほうが数は多いのだ。取り上げ方そのものに偏りがあり、まさに人種差別的な偏見が存在する。

大統領選で共和党に敗れていた民主党は、一九九三年に就任したクリントン大統領のときに、「スリーストライク法」という厳罰化で対抗した。三回重罰を犯すと、終身刑か死刑と決まった。しかも連邦法によるもので、州法を超えた力を発揮したのである。そしてクリントンにより、各地の警官の重装備が推進されていった。

厳罰化のせいで増え続ける「犯罪者」を収容するために刑務所が増設されたが、その収容を担当したのは、一九八三年にテネシー州で生まれた民間刑務所会社CCAだった。請求した料金の取り逸れがない州政府が顧客となるので、CCAは毎年増収増益の優良企業となっている。ニュージャージー州からカリフォルニア州まで全米に施設をもち、不法移民の収容でも、莫大な利益を得ているのが明らかになる。そして刑務所に食事や医療に関連する会社は、長期契約により利益が確保されているので、平然と不衛生で粗末な食事を提供するなど、サービス内容に不正や手抜きを行ってきた、として訴えられていた。

ＣＣＡは政治家を通じて法の改正を働きかけてきた。民間企業の利益のために、犯罪は撲滅されるのではなく新しく生み出されるのだ。ＣＣＡは現在「コアシヴィック」と名称を変更し、そのサイトには、数多くの黒人が職員として働いている様子が宣伝されている。看守の側にも収容される犯罪者の側にも黒人が多数いる会社なのである。

(https://www.corecivic.com/)

『13th ‐ 憲法修正第13条』全体から、白人中心主義社会のなかで、政治的経済的な利益を得るために、黒人の人権が奪われ続け、教育を受けていない野蛮な犯罪者だと誤認させられてきた歴史が明らかになる。しかも、クリントンの事例でわかるように、その扱いにおいて、共和党と民主党に根本的な違いはあまりないのだ。

写真や映画やニュースや選挙キャンペーンのＣＭという映像が、「黒人＝犯罪者」というイメージの形成に大きな役目をはたしてきた。デュヴァーネイ監督の前作となる『グローリー／明日への行進』で、キング牧師はホワイトハウスの白人たちの意識を変えるには、新聞の朝刊やテレビのニュースに載らないとダメだと主張する。原題となった「セルマ」は郡庁舎のあるところで、有権者登録をさせない白人との対決の場で、保安官が狂信的だからこそ、そこを決戦場と定めた。結果として「血の日曜日事件」という報道のネタを生み出す場所となった。騒動を嗅ぎつけた報道陣のせいで、セルマからの行進という写真や映像が現在まで残ったのである。

じつは、『13th -憲法修正第13条』というこのドキュメンタリー映画そのものも、ラップの文字を挿入したり、インタビューに過酷な画像を結びつけたりという映像がもつ直接性を利用している点など、観客の情動への訴えかけが強くて、議論を一面化させる危険を抱えてもいる。メディアにおいて、敵対する勢力と同じ道具を利用することの是非が問われているのである。

異形の者との恋

映画が描き続けてきたこうした先住民、黒人、あるいは移民との友好や共存をどのように形成するのかという課題を、異形な対象との愛を通じて描いたのが、ギレルモ・デル・トロ監督の『シェイプ・オブ・ウォーター』(二〇一七年)だった。

メキシコ出身のデル・トロ監督は、スペイン語でもシナリオを書き、いわゆるオタクとして、怪獣やアメコミのヒーローを題材とする映画を得意としてきた。スペイン内戦と現代とを結びつけたダークファンタジーの『パンズ・ラビリンス』（二〇〇六年）のような作品も生み出している。

『シェイプ・オブ・ウォーター』では、人間と両棲人間いわゆる「半魚人（エラ人間）」との恋が描かれる。冷戦時代のSFホラーである『大アマゾンの半魚人』（一九五四年）のリメイク作品であるが、女性を襲おうとする恐怖の存在として描かれたものが、恋愛対象となったらどうなるのか、という仮想実験がなされている。

一九六二年の冷戦下のメリーランド州ボルチモアで、ヒロインのイライザは、軍事機密を研究する航空宇宙センターという研究所の清掃員の仕事をしている。彼女は幼少時の首の傷で、発話に障害があり、手話でコミュニケーションをとるしかない。客のあまりこない映画館の二階に住み、画家のジャイルズという隣人が仲良くしてくれ、職場の同僚の黒人女性ゼルダは健常者との通訳をしてくれる。そして、イライザはテレビで視聴し、レコードで聴く恋の歌に夢中なのである。

アマゾンの奥地で「神」として崇められていた半魚人が研究所に連れてこられて、宇宙船のパイロットにするための研究が進められる。イライザは清掃の仕事を通じて、半魚人と知り合いになる。そして、ランチのときにレコードの音楽を聴かせ、しだいに手話を教えるのである。結果として、イライザは周囲の仲間と同じく半魚人と手話でコミュニケーションを取れるようになった。

冷戦下のイライザが住んでいるのは、差別や偏見が満ちた世界でもあった。首筋にエラをもっている半魚人への嫌悪はもちろんのこと、隣人の画家が好物のパイの店に行くと、店主は同性愛嫌悪や、黒人客への偏見をむき出しにする。イライザが清掃の仕事を続けられるのも、会話には不自由しても命令は聞こえるので、務まる職種だからである。また、困った時にはゼルダが手話で補ってくれるのである。研究所のバックヤードの働き手は彼女たちのようなマイノリティや社会的弱者が担っていて、これは『メイド・イン・マンハッタン』のホテルの組織構造と同じなのである。

しかも、ゼルダの家庭では、今度は夫が彼女に命令を下す。黒人が差別されることと、家庭内でゼルダのような女性が差別されることが併存する様子も描かれている。イライザたちは清掃員なので、研究所内を歩き回っていても、科学者たちからすると単なる機能にすぎず、人間としては「見えない」のである。それが、イライザが半魚人を救出するときに役立つのである。

キューバ危機を背景にした冷戦下での米ソの対立も描かれている。半魚人がもつ未知の能力の秘密を知りたいのは、アメリカだけでなく、冷戦の相手国であるソ連も同じだった。スパイとして送り込まれた科学者は、秘密を知るのが無理ならば、半魚人を殺害するようにと命じられる。その際に「アメリカが学べないようにする」のも国家的な利益になると説明されるのだ。

一方、研究所のセキュリティを担当するストリックランドは、朝鮮戦争の時に上司だった元帥の意向を受けて、出世するために職務をまっとうしようと努める。ストリックランドの家庭は、妻と二人の子どもと電化製品に満ちた典型的な「幸福な家庭」として描かれている。しかも成功者の証として、キャデラックを購入して乗り回すのである。仕事上や家庭生活を維持するためのストレスもあって、ストリックランドは半魚人を暴力的に扱う。彼の妻はテレビ番組が暴力的なので見てはいけないと子どもたちを叱るが、その夫は半魚人を虐待して、指を二本千切られてしまったのである。幸福な家庭の裏にある不満や不安も見え隠れし、イライザたちの生活や家庭と対比されている。

虐待され研究のために解剖されようとしている半魚人を、イライザは仲間の手を借りて助け出し、自分の家のバスタブへと隠した。しだいに互いの愛を深めて結ばれるのだが、半魚人が大量の水から切り離されて衰弱していく姿から、イライザは大雨になって港の埠頭の水門が開くときに海へと返そうとする。半魚人は画家のジャイルズの傷を癒やし、失われてしまった髪を回復させる「神」の力をもっていた。そして、ストリックランドの銃に撃たれて二人が絶命したかと思われたが、ストリックランドへの復讐を遂げると、半魚人とイライザは海へと飛び込むのだ。イライザの首筋にエラが生み出され、海のなかで二人が永遠に結ばれるところで終わる。

イライザが半魚人となるのは、一種のシンデレラストーリーなのである。展開が似ている『メイド・イン・マンハッタン』が、人種や民族さらには階級を越えた恋愛を描いていたのに対して、『シェイプ・オブ・ウォーター』が描いているのは、それとは異なった境界線の乗り越えである。冷戦期の偏見や差別に満ちた閉塞的な社会で生きているイライザが、脱出する方法として示されるのは、相手と同じ半魚人になることだった。時代設定は『メイド・イン・マンハッタン』よりも前なのに、解決方法や周りの状況の描き方は新しいのである（発話に障害をもつヒロインをイライザと名づけたのは、一九六二年までブロードウェイで上演されていたミュージカルの『マイ・フェア・レディ』が念頭にあったのだろう）。

タイトルの「シェイプ・オブ・ウォーター」は、最後に映画の語り手となった画家ジャイルズが紹介する詩に出てきた「あなたの姿（shape of you）」という言葉につながる。この詩は映画のクレジットで明らかなように、十二世紀のペルシャの神秘詩人ハーキム・サナーイーの詩をデル・トロが改変したものである。「あなたはどこにでもいるから」とみなすイスラム教の神をめぐる詩を愛の詩へと読み替えている。全編にわたる水のイメージが、イライザと半魚人を隔てるものから、二人を包み込み、さらには「あなた」そのものへと変化することにこの作品の核心があるのだ。

映画は言葉だけではなく、映像でイメージやメッセージを伝達する媒体である。イライザが自分の声を出したのが、半魚人への愛を高らかに歌い上げ、いっしょに踊るという空想の場面なのは示唆的である。しかも、その場面の映像は白黒となっている。『オズの魔法使』（一九三九年）のように、つまらない現実が白黒で、冒険にあふれる夢の世界がカラーという画面構成とは逆転している。一九六二年に白黒テレビで歌を聞いているイライザには、白黒のほうが夢の世界となっている。そこからも、この映画がもつ狙いが読み取れるのである。

本書の目的と構成

二〇二〇年になって世界に広がった、新型コロナウイルスによるパンデミックにより、「冷戦」は終わっていないどころか、米中関係を軸に新たな形で始まる予兆さえ出てきた。冷戦の崩壊後に、グローバル化という名の世界的な生産と市場が形成された。新自由主義も含めて、様々な思想や方法の実験場として、アメリカは正負さまざまの経験をすでにもっていた。グローバル化は、それを世界中に展開し蔓延させてきたのである。

映画のドラマチックな題材として犯罪や争いが導入されているだけのように見えるが、映画制作者がドラマの題材を探していくと、そこにアメリカの歴史の断面が浮かび上がってくるのである。先住民を追いやって形成された移民社会であり、奴隷制度を法律上で廃止しながらも、分離主義政策をとり、百五十年以上も温存してきた社会である。国内の難民としての黒人の流れを犯罪者として扱う手法は、対象を不法移民に置き換えて制度化された。さらに世界の警察として、冷戦体制以降も海外に軍隊を派遣してきた。そうしたアメリカの多様な「病」と、とりあえずの対処療法を映画は描き続けてきたのである。

しかも、アメリカの社会的な病巣は、映像のなかでストレートに扱われているとは限らない。奴隷制度や人種や民族の差別が、大きな主題として提示されない場合のほうが多いのである。ささやかな場面の何気ない所作や、キャラクターが口にする一言に潜んでいる。告発型のプロパガンダ映画は別にして、ふつうは背景に溶け込んで見えにくくなっている。だからこそ、完成された映画の細部をも読み解かなくてはならない。

序章で取り上げた『メイド・イン・マンハッタン』『ウエスト・サイド物語』『ウインド・リバー』『マグニフィセント・セブン』『13th - 憲法修正第13条』『シェイプ・オブ・ウォーター』を日本語の字幕や吹き替えで観ることも多いはずだ。そして、単に物語として消費し、他人事や対岸の火事として眺めながら、主人公に感情移入して、結末に感動して終わるかもしれない。けれども、二度三度観ても面白いと感じる作品のもつ多義的な魅力を理解するには、映画を成立させている条件を歴史化し、他の作品と比べて相対化することも重要となる。

本書では、アメリカの病巣が映画内でどのように扱われ、なおかつ人々の間にイメージとして定着してきたのかを探っていく。病巣は、制圧し管理する対象として正面から描き出される場合もあるが、周辺的で目立たないことも多い。そこで、いくつもの映画を関連づけて論じる必要があるのだ。

＊

第1章の「移民国家という神話」では、移民国家としてのアメリカの成り立ちを、メイフラワー号までさかのぼって考える。メイフラワー号には、宗教的理念から乗り込んだ人だけでなく、雇用者として出稼ぎに来た人たちも乗っていた。植民地での労働力不足から黒人奴隷が必要とされ、奴隷労働の管理手法が、その後西部開拓で鉄道建設に従事する中国人労働者に応用された。そして、人種のるつぼという理念をもちながらも、「アメリカ例外主義」や「アメリカ第一主義」が排外主義的な響きをもってしまう。

第2章の「移民の受け入れと選別」では、移民の管理や選別をどのように行ってきたのかを見ていく。アメリカがもつ自己信頼の可能性に期待したチャップリンによる「チャップリンの移民」では、希望に満ちて到着しても生活に苦しむ移民の姿が垣間見えた。エリア・カザンの『アメリカ　アメリカ』のように圧政から逃れてきたのでもはや帰ることがかなわない移民たちもいる。健康や言語能力が姉妹の運命を分ける『エヴァの告白』が移民の選別の過酷さを告発していた。

第3章の「犯罪者たちとFBIの相克」は、移民たちが作り上げた組織犯罪を扱う。ニューヨークを舞台にした『ギャング・オブ・ニューヨーク』はアイルランド移民の話だったが、次にイタリア系のマフィアが台頭して『ゴッドファーザー』が描かれる。さらに『イヤー・オブ・ザ・ドラゴン』のように中国系の新しい犯罪組織へと交代する。そして、マフィアは『フィスト』が描くように労働組合へも浸透していったのである。

犯罪組織に対抗するために、州警察を越える権限をもつFBIが組織された。『Gメン』のように正義感にあふれるものだけではなく、フーバー長官を描いた『G・エドガー』のように、FBIの歴史を体現した人物が組織や自身のスキャンダルを守るためにどのようなことをしてきたかを明らかにする作品もある。FBIの特別捜査官は、白人男性の独占から黒人や女性などへと多様化してきた。他方で、FBI内での腐敗も進み、実話をもとにした『アメリカを売った男』では、ソ連やロシアのスパイになった人物の複雑な心情を浮き彫りにしている。

第4章の「麻薬とテロリズムの制圧」が扱うのは、麻薬とテロリズムという脅威をめぐってである。禁酒法時代に組織犯罪が広がったのだが、禁酒法の終了とともに麻薬犯罪が大きな問題となる。『フレンチ・コネクション』や『今そこにある危機』のように海外から流入する撲滅すべきものとして描かれるだけでなく、メキシコ国境での麻薬戦争を扱った『ボーダーライン』は境界線の虚しさを浮かび上がらせた。

もう一つがテロリズムで、ケネディ大統領の暗殺やレーガン大統領の暗殺未遂、さらに公民権運動時代の黒人指導者の暗殺も続いた。ユナボマーのようなテロリストは一匹狼だったが、9・11のインパクトは大きく、そこから人種や民族による分断が進んだ。そして『マイノリティ・リポート』のように犯罪を未然に予防する話も出てきたし、ウサマ・ビン・ラディン殺害を題材にした『ゼロ・ダーク・サーティ』も作られた。

第5章の「キャンプでの人間改造と帰還兵」では、チャップリンも憧れた自己信頼やセルフメイドマンとしてのカウボーイやマウンテンマンが理想化される。そこから『大いなる勇者』や『レヴェナント：蘇えりし者』といった作品が生み出された。アウトドアでの人間改造から、サマーキャンプが人気となり、ホラー映画の舞台に選ばれた。

新兵を訓練するブートキャンプを経て戦争のために改造された帰還兵の悲劇は、『タクシードライバー』や『ランボー』のようなPTSDにかかった者だけを襲うのではない。そして、『ジョニーは戦場へ行った』が描いた植物人間のような状態となっても、『ミッション：8ミニッツ』では新しい利用方法が示されるのだ。

終章では「コロナ禍時代のトラッカー」として、情報だけでなく物流を握るＧＡＦＡのような産業が支配する時代のトラッカーの運命をたどる。カウボーイの末裔とみなされて、『コンボイ』のように自由を謳歌する時代は終わってしまった。スピルバーグ映画が『激突！』以来コンテナのような物流に取り憑かれている点も明らかにする。さらに、現実には、テレワークが推奨されながら、エッセンシャルワーカーとして物流を担う低賃金の労働者が不可欠となる。生産現場で、黒人や移民や女性が低賃金で扱われている点が、新しい社会不安として浮上してきたが、すでに数多くの映画で描き出されていたのである。

本書で扱った問題のすべてが新型コロナウイルスに襲われた「コロナ禍の時代」においてアメリカ社会で噴出してきた。ミネアポリス近郊で起きた白人警官によるジョージ・フロイド殺害事件に端を発した「ＢＬＭ」運動は全米で盛り上がりを見せた。その一方でＩＴを使った管理や追跡が強化されるようになった。過去の作品を観ると、そうした状況が予見的な形で映画化されていたとわかるし、今でも心に迫ってくるのは、アメリカの病巣が切除されずに相変わらず社会に残っているせいなのである。以下では、その源と流れをたどっていくことにする。

第1章 移民国家という神話

移民国家としてのアメリカ

アメリカは日本のおよそ二十五倍の広さの国土を持つ。独立後の十三州から領土拡張が始まり、フランスやロシアから領土を購入し、カナダやメキシコと国境線を争い、準州を州に昇格させて領土を広げてきた。スペインとの戦争で勝利して手に入れた土地もある。その大半は先住民を武力で排除し、居留地に閉じ込めて「空き地」にして入植した土地である。

拡張した領土に、およそ三億二千八百万人（二〇一八年）になるまで人口を増やせたのは、併合による増加や、出生による自然増もあるが、他国から移民や難民の流入が続いたせいだった。アメリカで発展する農業や鉱工業に従事するために、職を求めて、多くの移民や政治や経済上の難民がやってきた。

アメリカは今でも外から流入する移民を必要とする国である。移民は無制限に認められないからこそ価値をもつし、法的な制限をくぐり抜ける「不法移民」も生まれてきた。安い労働力を生み出すには、「不法移民」が必要となるので、根絶やしになることはない。雇う側にとっても、不法だからこそ、最低賃金や労働基準という法的な保護を与える必要がないし、警察などにとっても、何か事件が起きたときに責任を押しつけて容赦なく取り締まりやすい対象なのである。移民を管理しすぎない灰色の領域が犯罪などの温床にもなる。日本も含めた「先進国」において、多かれ少なかれこうした灰色の領域は存在する。

法によって流入する移民の数や人種や民族を制限することは、連邦政府のもとで統一されている「国民国家」という幻想を保つのに不可欠だった。国家による人口のマネジメントとして、移民制限は行われてきた。必要な労働力を確保するという経済的な要請とともに、健康な労働者を受け入れる公衆衛生の観点からも、不適合者を病院に入れたり、本国に送還してきた。また、人種や民族別に「クオータ制」という数の割当を行うことで、国内での人種や民族の人口比率を保とうとした。

移民論の代表的な研究者であるマイケル・ルメイとエリオット・ロバート・バーカンは、『アメリカの移民と帰化に関する法律と争点』（一九九九年）という史料集を編纂した。建国前後の十八世紀から二十世紀末までの移民と帰化の歴史資料をまとめた本であり、その序論で、移民を法的に規制してきた歴史を四つの時期にわけることを提案している。

まず独立以前から一八八〇年までが、第一期の「制限のなかった時代」とみなされる。とはいえ、そこでも健康や人種を基準とした移民の制限や排除がなかったわけではなかったが、とりわけ南北戦争後には、労働力不足を補うために、多くの移民を受け入れたのだ。ヨーロッパでの貧しい者や抑圧されている者を受け入れる姿勢があった。

第二期にあたるのは、一八八〇年から一九二〇年で、「帰化は制限されたが、移民は無制限な時代」とされた。第一次世界大戦をはさんだ時期で、「新移民」と呼ばれる東欧や南欧から、さらにアジアからの移民が増えた。とりわけ中国系を排除するために、言語テストが導入されて、制限がかけられることになる。

第三期は、一九二〇年から一九六五年で、「制限、難民、改革」の時期とされた。「クォータ制」という数の割当が進むことになる。国籍による数の規定が、第二次世界大戦のナチズムの台頭、さらに冷戦におけるハンガリー動乱などによる政治的な難民の流入と結びついていた。

第四期は、「グローバル時代の移民と帰化」の時期とされ、一九六五年から一九九九年までが扱われる。そこでは移民制限が、「クオータ制」よりも恣意的に運用された。しかも難民も政治ではなくて「経済難民」へと規定も変わった。

このルメイとバーカンの本が出版されたのが一九九九年だったので、クリントン大統領の事例までしか扱われていなかった。それ以降を仮に第五期と考えると、分岐点となった事件はやはり二〇〇一年の「9・11」だろう。テロリズムへの監視が強化され、アメリカ第一主義と例外主義が大きく提唱されるようになった。

ここから見て取れるのは、移民を受け入れ続けなければ成長のないアメリカの姿だった。

そのためそれぞれの時期にふさわしい映画や小説作品が作られることになる。単純に時代の変化と結びついているわけではないが、観客や読者が納得したのは、そうした変化を取り入れている作品だからである。

ディズニーランドのアトラクションから生まれた『パイレーツ・オブ・カリビアン』（二〇〇三年）の映画が人気を得てシリーズ化されたのも、世界の変化と無縁ではない。財宝を求めて国境を無視して活躍するカリブの海賊たちが、金融関係のオフショア経済の発達や、中南米の麻薬カルテルの話とどこか通底している。

現実を先取りし後追いしながらも、多くの文化作品は間接的にそうした問題点を描き出してきた。しかも、単に時代や状況を映し出しているだけでなく、そこからの抵抗や脱出の可能性も描いている。そうした作品の前提となっているのが、「移民国家」としてのアメリカという自画像なのである。

植民地と奴隷制度の始まり

出発点となった一六〇七年に作られたヴァージニア州のジェイムズタウンのような初期の植民地には、流されてきた囚人や、本国で食い詰めてたどり着いた者たちも住んでいた。宗教的な理念などからではなく、一攫千金を目当てとする、まさに植民地主義的な欲望に満ちた人々が暮らしていたのである。移民のマネジメントをどうするのかが社会にとっての課題となったのも当然であろう。

新大陸のジェイムズタウンを中心とした植民で、イギリスは、十六世紀からアイルランドのアルスターなどで行った植民地化の手法をあてはめた。アルスターの植民地化も同時期であり、大西洋の両側でイギリスによる植民地化が進行していったのである。片方での経験や対策が他方に応用されたのである。(ホーニング『ヴァージニア海のアイルランド』序章および第4章)。すでに「先住民」という住民や所有者のいるはずの土地を、無理やり新しい入植者に割り当てる手法を採用したのである。アメリカは独立後も、イギリスから学んだこのやり方を、今度は獲得した西部などへと適用していった。

けれども、独立後に学校教育などを通じて形成された公認の歴史において、アメリカ合衆国の起源をヴァージニア州ジェイムズタウンに設定すると、イギリス主導によるアメリカ植民の歴史を追認してしまうことになる。これは不都合だった。独立によりそれ以前の過去と決別しなければならなかった。しかも、植民地がもつ現世的で猥雑で汚れた面を洗い落として、アメリカの起源を正当化し神話化する必要があった。このように自らの汚れた過去や起源を隠蔽したり改変するのは、ある程度成功した個人や組織にとり珍しいことではない。アメリカも先例に従ったのである。

そのためには、植民地そのものが、後のアメリカの中心となる勢力により実行され、反イギリスの動機をもっていた、という証拠が必要となる。日本でも知られる一六二〇年にマサチューセッツ州のプリマスに到着したメイフラワー号と、翌年の感謝祭の話がまさにそれにふさわしかったのだ。なによりも、「五月の花」というどこか華やぎをもつ船の名前は、ジェイムズタウンを作る一団が乗ってきたスーザン・コンスタント、ディスカバリー、ゴッドスピードという三隻の船の名前よりも詩的に響くではないか。

メイフラワー号の航海の話は、海中から引き上げられて据えられたプリマス・ロックのように、発掘され仕立て上げられてきた。それを称賛したのは、ナショナリズムの書き手だけではない。たとえば、中南米を旅行し、キューバ革命などを取材した左派ジャーナリストとして知られるカールトン・ビールズは、『我らがヤンキーの遺産』（一九五五年）を書いた。ビールズの本は「アメリカ文明へのニューイングランドの貢献」という副題通り、オハイオ州にリンゴを広めた伝説的なジョニー・アップルシードが、ニューイングランドから苗をもってきた話から始める。ノアの方舟のように、メイフラワー号が旧大陸のイギリスやオランダから運んできた動植物や社会システムが、ニューイングランドを経由してアメリカ全土に定着したと語る。「自由」「普通教育」「発明」などアメリカの礎となるものが、ニューイングランドにすでに先駆的に存在していたとみなすのだ。ビールズ本人は執筆当時の冷戦期のなかで、赤狩りなどで踏みにじられたアメリカの理念を確認するつもりで書いたのだろう。

しかしながら、ビールズが称賛したメイフラワー号の百二名の乗員のうち、ピューリタンは四十一名だけで、年季奉公人が二十一名乗船していた（大西直樹『ピルグリム・ファーザーズという神話』41頁）。とても乗客全体を信仰者の一団とみなし、ノアの方舟のように解釈はできないのだ。メイフラワー号自体が、宗教的な一枚岩ではない多様性を抱えていた点に、ビールズ本人も気づいていなかった。

アメリカという国が、イギリスの迫害を逃れて新天地を求めた「分離主義者」である宗教的な人々から始まった、という教科書的な歴史観を生み出すために、不都合な事実が無視されてきた。植民者の自助努力だけでは、植民地経営は成り立たなかったのである。プリマス植民地でも、年季契約をした白人の季節奉公人が労働力の不足を補っていたが、それは一種の出稼ぎであり、建前としては四年などの契約が終了すると帰国できるはずだった。

ところが、季節奉公人たちは、過酷な労働や劣悪な環境に反発し、さらには賃金の支払をめぐって雇い主と対立し、何度も反乱を起こした。そこで、植民地を持続するために、労働契約のある年季奉公ではなく、所有者が売買できて一生使役させられ、逃亡や反抗もできない「奴隷」が労働力として必要となった。そこでプリマス植民地にも、奴隷としてアフリカなどから黒人が連れてこられた。

年季奉公人の代わりに、売買できる「財」としての奴隷を容認するアメリカの奴隷制度自体が、一六六〇年ごろに確立していった。当初から植民地に奴隷がいたわけではないし、黒人がいても年季奉公人だった例もある。アメリカの奴隷制度は、マネジメントがしやすい安価な労働力を求めた結果、生み出されたのである。しかもそれが近代的な使い捨て労働のモデルともなった。

神話化される植民地時代

実際には二十年ほどで撤退してしまったプリマス植民地での出来事が特権化されたのは十九世紀後半だった、とアン・ウーリー・アダムズは指摘する（『ピルグリムズとポカホンタス』第1章）。それまでプリマス植民地は多くのアメリカ人にとって忘れられていた。だが、南北戦争後にアメリカを再統一しようとする「再建時代」の要請や、一八九二年のコロンブス到達四百周年に向けて、過去を確認していくなかで、再発見され、意義が創造されていったのである。そのなかで、ニューイングランドを中心としたローカルな祝祭だった感謝祭が持ち上げられていく。

たとえば、夕食の席で、父親が一家の長として、見事に調理された、あるいは自分が調理した肉を切り分けて、家族一人ひとりに与える。そうした行為だけで、十七世紀の家父長的な宴が再現されるのである。肉の分配を通じて、聖書的な雰囲気が演出されるのだ。当時植民地の周囲にいた七面鳥が、いつしか特権的な食べ物となり、今や全米でこの時期を中心に四千六百万羽が消費されるまでになった（『USA・TODAY』二〇一六年十一月十七日記事）。

ニワトリやアヒルよりも大型である七面鳥が、豊穣の印として選ばれたのも不思議ではない。聖書の「レビ記」の第十一章には、食べてはいけないタブーとなった動物の名前が列挙されている。豚は蹄が割れている偶蹄類なのだが、牛のような反芻をしないので、汚れていて、食べてはいけないとされている。やはり、鳥では、ワシタカの類やフクロウやペリカンを食べることが禁止されている。

ところが、七面鳥に関する記述は「レビ記」にはない。七面鳥は北アメリカにしか生息していなかったので、聖書記述者は存在を知るよしもなかったのだ。しかも七面鳥は、オスマン帝国下で繁殖させられたアフリカ原産のホロホロ鳥と混同され、後に「ターキー（トルコ）」という名前を与えられた。聖書が禁止していないので、堂々と七面鳥を食べることができたのだ。こうして七面鳥や感謝祭がもつ祝祭的な雰囲気のせいで、プリマス植民地をアメリカの出発点としたいという願望が優先して、背後にあった植民地での虐殺や略奪の部分が見えなくなってしまうのである。イギリスにはヘンリー八世の時代に輸入されて繁殖が進み、その後クリスマスのごちそうとして定着した。

感謝祭では収穫の喜びを神に感謝するだけではなかった。ジョージ・ワシントンは大統領二期目の一七九五年一月に国民の祝日とする宣言をして、このときは二月に実施された。そして、リンカーンは南北戦争中の一八六三年に、十一月最後の木曜日を感謝祭として国民の祝日とすることにした。さらに、第二次世界大戦が始まった一九三九年に、フランクリン・ローズベルト（ルーズベルト）大統領は第四木曜日に制定したのである。つまり、独立や戦争を契機として、アメリカの統一を図る大統領の手により、感謝祭は国民的祝日へと上り詰めたのである（『オックスフォード年中行事必携』645―648頁）。

そのため白人と先住民の間に平和的な融和が結ばれた出来事として語られることになった。冬の食糧難で飢えた白人入植者たちと、それを助けた心優しい先住民との交流という美しい物語が誕生した。リンカーンによってあえて木曜日が選ばれたのも、キリスト教において次の金曜日は肉を食べない断食の日なので、その前日にごちそうとして七面鳥の肉を食べることができるようにするためだった。

プリマス植民地と感謝祭による神話に、イギリスの敵であり、アメリカの盟友となったフランスから贈られた自由の女神像が加わった。独立百周年のお祝いとして、フランスから寄贈されて一八八六年に設置された自由の女神像は、足元に鎖をつけているように、奴隷解放の象徴でもある。世界中からやってきた移民にとり、ニューヨークの港に立つ自由の女神像は、自由と平等を目指したフランス革命の理念を体現する共和国としてのアメリカの象徴に思えた。プリマス植民地と自由の女神像のどちらも、土地の略奪や先住民の虐殺や黒人奴隷労働といった負の面を語らずにすむエピソードとなっている。

流入した移民にとって、アメリカは旧世界よりも自由で豊かな土地に見えていた。ただし、アメリカ建国の建前である自由や豊かさを実際に享受できたのは人種や民族的、さらには階級的に有利な条件をもつ、移民のなかでも少数派だった。多くは「アメリカの夢」ならぬ悪夢に悩まされることになる。そこで生み出された悲劇は、移民を扱った小説や映画などに姿を見せる。

たとえば児童文学者のローラ・インガルス・ワイルダーが、半自伝的な小説『大草原の小さな家』（一九三五年）で描いたように、ホームステッドなどの獲得も、政府によって決められた枠の中で行われた。カンザスに移ったローラの一家が、ようやく自分の家や畑を手に入れ、周囲の先住民（インディアン）との関係も良好になったところに、兵隊たちがやってきて退去を通告した。そのとき、父さんはこう口にする。

ここに留まっていると、無法者のように兵隊たちに追い出されてしまう。ワシントンにいるいまいましい政治家どもが、通達を寄越さなければ、いまでもここに居住する権利があったはずだ。インディアン居留地内に境界線を三マイル越えたところになんていたくないさ。だが、住んでいるのは事実だ。兵隊たちに放り出されるのを待つわけにはいかない。今すぐ出発しよう。（「兵隊たち」の章）

この作品は一九七四年にテレビドラマ化もされ、人気を得て長期のシリーズとなり国民的な支持をうけた。その一方で、ワイルダーの小説は、先住民や黒人への偏見が多々含まれていると批判を浴びてきた。確かに引用した父さんの言葉にも、開拓地を先住民から奪った罪悪感はないし、三人の子どもたちを守ろうとする母さんも含めて偏見は強い。こうした理由で、ワイルダーの名を冠した文学賞からその名称が外される、と二〇一八年に決定された。

とはいえ、『大草原の小さな家』に描かれたように、西部開拓に向かった移民たちが、中央のワシントンの政治家たちの勝手な思惑によって翻弄されてきたのも事実なのである。しかも、味方であるはずの軍隊が彼らを土地から追い払う役目を担うのだ。ローラの父さんが「無法者」と口にするように、境界線の引き方の変更ひとつで、土地や法の庇護を失うことにもなる。それこそがまさに居留地に閉じ込められている先住民の状況そのものなのだが、残念ながらそうした想像力はローラの父母にはない。今から見ると、ワイルダーの小説は、結果として、登場人物たちがもつ限界もすくい取っている。

人間改造のるつぼ

移民国家という建前をもっていても、当たり前だが、アメリカは移民を希望する万人を受け入れてきたわけではない。とりわけ「公衆衛生」の観点に立って、アメリカに流入してきた者たちを、労働力としてふさわしいかどうかを選別する作業が、植民地時代から続いてきた。新生国家をよりよく管理するためには、構成メンバーを選定し、さらにアメリカ国民に適した存在へと作り変える必要がある。

その際の比喩としてよく使われるのが、人種や民族の「るつぼ（melting pot / crucible）」である。るつぼとは、金属を溶解する器のことである。「ひとつの国民」という合金に作り変えるという道具的な比喩なのだが、「神がアメリカ人を作った」という一節で有名なイギリスのユダヤ人作家イズレイル・ザングウィルが一九〇八年に発表した『るつぼ』という戯曲に由来する。それに対して、実際には複数の文化が溶け合わずに共存しているので、「文化的モザイク」とか「サラダボウル」状態という呼び方も提案されたが、人間を作り変える

「るつぼ」の理念がアメリカから消えたわけではない。

たとえば、アーノルド・シュワルツェネッガーが主演したジェイムズ・キャメロン監督の『ターミネーター2』（一九九一年）は、こうした「るつぼ」を目に見える形で提示した作品となっている。シュワルツェネッガーは、前作『ターミネーター』（一九八四年）で、未来世界から送られてきた殺人機械であるターミネーターT800を演じた。それは機械と人間が闘っている未来から、人間側の指導者ジョンを将来生む女性サラ・コナーを殺害するために送り込まれた悪役だった。

ところが、続編では同じ型番の機械なので外側は全く同じだが別の個体が、抵抗する人間たちの側からの指令を受けて未来から送られてくる。このT800はサラと息子を殺しに来た、より高性能の殺人機械T1000と戦うことになる。シュワルツェネッガーが演じる殺人機械は、人間から見ると同型の車のように外観は変わらないのだが、前回とは異なった善玉の使命をもっているのである。同じ俳優が別役をやるのにうってつけの設定だった。

映画の最後で、ターミネーターT800が、サラとジョンのコナー母子が見送るなか、自分の意志で溶鉱炉のなかで身体を溶かす。頭の内部のチップが解析されると、核戦争の引き金となる「スカイネット」という機械だけのネットワークができてしまう。それを避けるために機械人間ターミネーターは自死するのである。ターミネーターは、別れを悲しむジョンが涙を流すと、その意味が理解できるようになった、と告げるほどに人間側に歩み寄った。現代のアメリカという「るつぼ」のなかで、機械がより人間らしくなったことを示すのである。

それに対して、変化をするのに特別な「るつぼ」を必要としないのが、ジョン・コナーを追い詰めるT１０００だった。型式番号からもわかるように最新版であり、液体金属で出来たサイボーグだった。彼は出会った警察官などにすばやく姿を変え、たとえ壊されて粉々になっても、液体なので再び集まって蘇る能力をもつ。そのT１０００を倒してジョンを助けたのが、不器用な旧式T８００であることに、観客は共感を覚えたのだ。映画のなかでシュワルツェネッガー演じるターミネーターが、敵を葬ろうとした際に「アスタ・ラ・ビスタ（さようなら）、ベイビー」というスペイン語を口にして、言葉や行動が初代の移民たちを連想させたのだ。

そもそもシュワルツェネッガーのドイツ語なまりを残した英語は、移民一世風なのである。この映画のシリーズの第三作となる『ターミネーター３』に主演したあと、シュワルツェネッガーは二〇〇三年に共和党から出馬し、カリフォルニア州の知事となった。やはり映画俳優からカリフォルニア州知事となり大統領となったロナルド・レーガンに続いて、大統領の地位さえもうかがえるようにも思えたが、二〇一一年に引退した後、政治からは手を引いてしまった。シュワルツェネッガーはボディビルを行った肉体を誇示していて、健康面でいえば大統領職に不適格なわけではない。そして、主演する映画でも、コマンド部隊の隊長（『コマンドー』）、大統領直属のスパイ（『トゥルーライズ』）、連邦保安官（『イレイザー』）などを演じてきた。どれもアメリカの国民や理念を守る屈強な男たちを演じていた。

だが、シュワルツェネッガーがたとえ共和党員となって州知事を務めても、「アメリカ第一主義」や「アメリカ例外主義」を体現する人物には見えないのである。シュワルツェネッガーは、オーストリアから移住して一九八三年に市民権を得た「移民一世」であって、アメリカ生まれではない。そうした出生上の理由も出馬を阻害した要因だろう。ケネディ元上院議員の姪と結婚していたのだが、同じ年に不倫などを理由に離婚したのも選挙に勝てない一因とされた。人間の体格の改造に成功したシュワルツェネッガーであっても、あくまでも外国からやってきた元ボディビルダーでしかなかった。彼は「るつぼ」の洗礼をきちんと受けていない人物とみなされているのだ。

ロボットやゾンビとしての移民

メイフラワー号にもいた年季奉公人のような労働の担い手としての出稼ぎは二十世紀にも

続いていたので、そのため意外なところに、アメリカへと出稼ぎに向かう話が顔をだす。しかも労働力としての移民は、人間以外の存在として表現されることがある。

たとえば東欧の例として、チェコの作家カレル・チャペックがいる。代表作の戯曲『R・U・R（ロッサム万能ロボット会社）』（一九二〇年）で、労働力となる人造人間の話を書いた。「ロボット」とは、チェコ語の「労働」という単語から作ったチャペックのこの小説に由来する。だが機械ではなくて、人工生命体であった。

劇は、ロボットを作る島からイギリスやアメリカやフランスなど世界各地へと輸出する場面で始まる。その結果少子化となり、ロボットが反乱を起こして主従関係が逆転し、人間が滅びていく。ところが、ロボットの人工生命に関する秘密文書も失われて、今度はロボットも滅びていくのだ。最後には、人工生命どうしの新しいアダムとイブに未来が委ねられることになる。こうした人工生命体をめぐる労働力と移民の物語が、シュワルツェネッガーが演じたターミネーターなど機械人間と人間の対立とつながっている。

そのチャペックによる童話である「長い長いお医者さんの話」（一九三二年）は、踊り遊んで、若者を誘惑してケガをした妖精が医者に治療してもらう話である。治療を終えると、村の若い男をたぶらかしているのではなく、妖精の仲間たちのようにアメリカに行って映画に出演したらどうか、と医者が勧めるというオチがついていた。妖精すらも出稼ぎに行くわけで、当時東欧でアメリカがどういう場所に思われていたかの一端が描かれている。

　また、労働側の不満の爆発やそれを扱う側の不安を描き出しているのが、ハイチのブードゥー教を経てやってきた砂糖キビ畑の労働者を投影したゾンビたちだった。文句を言わない死者としてゾンビは、理想の労働力でもある。吸血鬼ドラキュラを演じて一世を風靡したベーラ・ルゴシが主演した『恐怖城（ホワイト・ゾンビ）』（一九三二年）がゾンビ映画の始まりとされる。ルゴシは、パウダーを使ってゾンビを操るルジャンドルを演じていた。

　ルジャンドルの砂糖工場で死者が労働者として昼夜を問わず働く姿は、それ以降のゾンビ映画での表現の出発点となった。そして、ドラキュラ伯爵などの吸血鬼がヨーロッパの貴族的な表現だとすると、ハイチの農場主によって奴隷労働をさせられるゾンビは下層労働者や奴隷そのものに見えてくる。それはそのまま映画における吸血鬼とゾンビの表象の違いとされる。ルゴシはハンガリーでも名を知られた俳優だったが、動乱のなか一九二一年にアメリカにやってきて、アメリカ国籍を取得して帰化した。

　チャペックの劇『R・U・R』の二幕目でロボットたちが反逆したのを受けて、その後のパルプ雑誌に掲載されるSF小説では、機械人間としてのロボットは邪悪なものとして、多くが人間を憎み滅ぼそうとしていた。それを創造主を殺そうとする「フランケンシュタイン・コンプレックス」と呼んだアイザック・アシモフは、「ロボット三原則」を生み出し、異常に見える行動も論理的な結果だとするロボット心理学者による説明を加えることで、人間とロボットの共存を目指そうとした。ロボット三原則が最初に発表されたのは、一九四二年の「堂々めぐり」という短編小説のなかでだった。

アシモフは、ロシア革命を逃れた両親とともに一九二三年にアメリカにやってきたユダヤ人だった。当時三歳だったので、アメリカ社会に溶け込んで、ボストン大学の准教授にまで昇進するのだが、東部社会の反ユダヤ主義的な偏見もあり、作家を専業とする道を選ぶことになる。アシモフの小説におけるロボットの表現には、人種や民族の差別問題、さらにはフォード主義的な機械化による効率化の問題とが絡み合っている。

アメリカ第一主義という立場

二十一世紀に入り、二〇〇一年に世界貿易センタービルのツインタワーが、テロリストに乗っ取られた航空機の衝突によって崩壊する、という「9・11」のショックがあった。その後、排外主義的で、アメリカを世界の例外とみなす例外主義の考えがますます強化された。

そして、二〇〇三年三月二十日には、イラクが化学兵器などの大量破壊を製造しているという口実で、ジョージ・W・ブッシュ大統領がイラク戦争を始めた。父親のブッシュ大統領が行った湾岸戦争の繰り返しとも言える。だが、イラクのフセイン大統領の独裁政権を倒しても、開戦の根拠となった化学兵器の製造工場などは発見されず、正当な戦争だったのかは不問に付された。そしてフセイン大統領は裁判にかけられ、二〇〇六年に死刑が執行された。泥沼化したイラク戦争が実質的に終了したのは、二〇一一年のクリスマスだった。

次のバラク・オバマ大統領は、二〇一一年五月二日に、9・11の首謀者とされるウサマ・ビン・ラーデン（ラディン）を葬り去った。しかも、国際法廷を開かず、他国のパキスタンでの潜伏先を突き止めて、パキスタン政府に通知せずに秘密裏に殺害することを指示したのだ。オバマは弁護士資格をもち、二〇〇九年にノーベル平和賞を受けた人物であるが、あくまでも国内問題と同じように処理した。パキスタン政府による逮捕と引き渡しという国際法的な手続きよりも、「アメリカ第一主義」や「アメリカ例外主義」を尊重した結果だった。

そして、より鮮明に「アメリカ第一主義」を旗頭にしたのが、メキシコとの国境に壁を作るという移民政策を掲げて大統領となったドナルド・トランプである。父方がドイツからの移民である三世であり、「るつぼ」による変容を遂げた国民なのだ。不動産王らしく、自国の領土を守ることを旗印にしていた。

トランプ大統領は、二〇一九年五月十六日に、ホワイトハウスのローズガーデンで、移民法改正の提案に関する演説を行い、支持者から拍手喝采を浴びた。その演説の一節に、移民国家としてのアメリカが利用してきた修辞表現が集約されている。

私たちは歴史を通じて、新参者を私たちの岸辺に誇りをもって迎え入れてきた。多くの場所からやってきた多くの人々を、神のもと、一つの国民、一つの国家へと作り上げてきた。そのことをきわめて誇りに思っている。私たちは同じ家を共有し、同じ使命を共有し、同じ偉大なアメリカの国旗に忠誠を誓うのだ。

ここには「岸辺（shores）」という外国の対岸としてのアメリカ像がある。さらに「作り上げる（forge）」という語が使われている。これは「捏造」という意味も含んだ言葉なのだが、担当したスピーチライターはさすがにそう考えてはいないだろう。

そして、「同じ家（home）」という言葉は、故国につながるのである。野球に「ホームラン」があるように、ホームとは戻ってくる場所を指す。L・フランク・ボームの『オズの魔法使い』（一九〇〇年）の最後で、ドロシーが銀の靴のかかとを合わせて三回鳴らして、「エムおばさんの家へと帰して」と頼んで戻る場所でもある。カンザス州のホームステッドに叔父夫婦と暮らすドロシーにとり、家の周りの風景はすべて「灰色」で不毛な地でしかなかった。だが、オズの都は「エメラルド」色だったが、恐ろしい目にあったオズの国での体験のあとで、カンザスはかけがえのない空間となる。一八七一年にカンザスの家から兵隊によって退去を命じられた実体験に基づく『大草原の小さな家』のローラの一家とは異なり、三十年後のドロシーは、先住民の脅威もない世界で平和に暮らしている。帰る場所としてのホームを踏まえているのだ。

さらに「同じ使命（destiny）」とは「明白な使命（manifesto destiny）」つまり西部開拓を正当化した論理への言及である。一八四五年に、ジャーナリストのジョン・オサリバンが、アメリカ合衆国がテキサス共和国を併合するのが当然である、という主旨で生み出し、それ以降広がった表現である。それが国是と理解され、西部の併合や開拓が進み、フロンティアが消失した一八九〇年代以降も、この「使命」が続いていると錯覚している。そこで、西部以外に、世界や宇宙へと目標を転じることになるのだ。トランプ大統領が「宇宙軍」の創設を考えたのも不思議ではない。

最後の「同じアメリカの国旗（American flag）」に忠誠を誓うとは、いわゆる「忠誠の誓い」からくる。移民が帰化する際にも読み上げることが義務づけられ、アメリカの小中学生が毎日学校で誓う言葉である。「私は、アメリカ合衆国の旗と、それが表す共和国、つまり神のもとで、分かたれることなく、全員が自由と正義をもつ一つの国民とに、忠誠を誓う」という十五秒ほどで終わる一文である。かつては右手をあげたナチス型の挙手をしていたのだが、第二次世界大戦中に現在の胸の前で手を折る動作とともに言葉を述べることに変更された。この毎日の行為が、ナショナリズムの教えとして働くことは言うまでもない。

このように、トランプ大統領の演説から引き抜いた一節には、アメリカ国民にとり重要な表現や、「多から一つとなる」というモットーの裏側にあるアメリカの排外主義が盛り込まれている。演説のなかでトランプ大統領は、移民をより選別するために法律を厳格化しよう、と主張していた。そして、民主党への敵意を顕にして、「私たち」と口にしながらも、自らが国民を分断させている事実を明らかにしてしまう。

さらに子どもを連れてやってくる移民を非難し、子どもを犠牲にするなともいう。これは人道的な表現に思えるが、移民を純粋に労働力として考え、アメリカ国内で「繁殖」しない人々を求めている願望ともとれる。それは不法移民の家族である若者を「ドリーマー」として、チャンスを与えようとしたオバマ政権とは態度が異なるのである。

その点で、シュワルツェネッガーが演じた未来世界からやってきたターミネーターは、機械であり単身なので繁殖することはない。これはアメリカにとり都合の良い移民を表現している。最後に親指を上げながら溶鉱炉に沈んでいったのだが、機械の身体が溶けた金属から、新しいロボットを生み出せるかもしれない。だが、改良され増産されても、繁殖能力をもたない機械は、移民たちのように新しい家族を持つことはできない。

あらかじめ家族を持つことが禁じられているからこそ、ターミネーターT800とコナー母子との疑似家族的な絆が、溶鉱炉のなかで永遠に失われる場面が観客の心をとらえるのである。それは竜巻によってオズの国に連れさられたドロシーが、両親を失った孤児であっても、エムおばさんを含めた家族がいることで、帰る家をもち、救われているのとは対照的なのである。

トランプ大統領が提唱する「アメリカ第一主義」は、冷戦に勝利した後、いつしか「アメリカ・アズ・ナンバーワン」と変わらないものになった。かつては意味合いが異なっていた。一九七四年にニクソン大統領は、民主党の本部を盗聴していたウォーターゲート事件が発覚して、八月八日のテレビ演説で、任期の途中でやめることを全国民に告げた。その中で、「アメリカ第一（アメリカ・ファースト）」から辞任に至ったと述べた。ニクソンの認識では、国という「公」を、ニクソンという「私」よりも優先することを示す表現だったのだ。それが、単なる排外主義に傾くための表現となったのである。

第2章 移民の受け入れと選別

1　チャップリンと移民

チャップリンとアメリカ

「自分自身を信じろ」という強いメッセージが、R・W・エマソンのエッセイ「自己信頼」に書きつけられている。それまでのイギリスなどヨーロッパの考え方を模倣していた状態から転じて、「アメリカらしさ」を築きあげるときに、この自己信頼は、個人主義やオリジナル信仰とつながるアメリカ人の気質として、十九世紀に定着した。その考えを明確な言葉にしたのが、一八四一年に活字となったエマソンのエッセイだった（ハウエル『反自己信頼』序章）。

こうした自己肯定は強い自信となって、ときには政府や自分の周囲の集団を相手に一人対決するという構図を生み出す。個別の裁判において「アメリカ合衆国・対・個人」という名称が与えられるように、孤高のヒーローが大きな存在や組織と戦うときに自己信頼が行動を支えているのだ。そして「俺に命令できるのは俺だけ」という自負は、自分とは異質なよそ者を排除し見下すという傲慢や不遜な態度を生み出しもする。悪徳保安官などの態度ともつながり、その点で、自己信頼は両刃の剣となる。

エマソンは日本と無縁な人物というわけではない。アメリカを訪れた岩倉具視の使節団は、直接エマソンの講演を聞き、後に徳富蘇峰や北村透谷などがエマソン論を書くほど明治の日本にも影響を与えた。受容されたのは「自然論」が中心だったとはいえ、アメリカ流の個人主義を代弁する思想家という認識には変わりなかった。自己信頼を謳い上げるエマソンは、明治維新後の日本人に一つの指針を与えてくれたのだ。

このエマソンの「自己信頼（自己依存）」を読んで、ヨーロッパとは異なる価値観をもつ空間としてのアメリカに気づいたのが、『モダン・タイムス』や『街の灯』などの映画で知られる喜劇王のチャーリー（チャールズ）・チャップリンだった。チャップリンは、一八八九年にイギリスで生まれたが、映画での成功を勝ち取ったのは新天地アメリカだった。イギリスには階級的な壁があり、貧乏芸人の息子として生まれた以上、どれほど努力しても一定以上の上昇や成功は出来ない、とチャップリンは考えていた。そして芸人のカルノー（カーノー）一座に加わった二度目のアメリカツアーで、イギリスに戻らない決心をした。

その確信を得たのは、何冊かの本との出会いがあったせいである。自伝によると、チャップリンはフィラデルフィアの古本屋で、ロバート・インガーソルの『エッセイと演説』を手に入れた。検事を務めたインガーソルは不可知論者で演説の名手として知られ、チャップリンもその「無神論的」な考えに賛同した。インガーソルの演説口調は、サイレント映画時代には役に立たなかっただろうが、その後『独裁者』などでの数々の演説に応用されたのかもしれない。

そして、チャップリンは「エマソンを発見した。「自己信頼」に関する彼のエッセイを読んだ後、黄金のような生得権を手渡されたように感じた」と書きつけている（『チャップリン自伝』134頁）。どの版本で読んだのかはわからないが、エマソン選集の類は当時たくさん出版されていた。さらに、ホイットマンの『草の葉』の愛の激しさに困惑したともある。イギリスにはなかった新しい考え方を、トウェイン、ポー、ホーソンなどの作品を通じて学んだのだ。ショーペンハウエルの『意志と表象としての世界』からも多く学んだというのだが、古本屋で購入したせいか、総じて十九世紀アメリカの考えを、彼が育ったイギリスにはない新鮮なものとして受けとめていた。

チャップリンは、カルノー一座でのパントマイムが評判で、ツアー最中の一九一四年にキーストン社と映画出演の契約に成功する。週給百五十ドルという条件だった。第一作「成功争い」で、詐欺師役のチャップリンは、監督も兼ねたヘンリー・レアマンが演じる男と、恋人と新聞の報道員の職をめぐり争った。十三分ほどの長さの「一巻物」と呼ばれる短編で、ストーリー展開もどこか唐突だが、演じる俳優たちの身体の動きが説明不足を補っていた。「一巻物」などの映画に関する用語が通じにくくなっているので、ここで補足的に説明しておきたい。

二十一世紀になりデジタルでの撮影が進み、映画館での上映だけでなく、ＤＶＤやブルーレイで視聴したり、ストリーミングの配信がふつうになると、アナログ時代の話がわからなくなる。映画がフィルムで撮影され、上映すると一巻（リール）がだいたい十分前後になる。そして、通常上映の際には、二台の映写機を使い、リールを取り替えながら行う。長編にあたるフィーチャー映画という呼び方があるが、長さは時代によって変わってきて、四十または四十五分以上というのが現在のＢＦＩ（英国映画協会）などでの定義である。これは通常四巻にあたる。

また当時の撮影では映画カメラを手回ししていたことも多く、動きがギクシャクすることがよくあった。しかも、上映時の映写機の回転数も一秒あたり十八コマなど色々だったが、現在は二十四コマが標準となっている。そのため、著作権が切れてユーチューブなどにあがっている初期映画には、シリアスな作品なのに、登場人物がコミカルな動きをしている場合がある。それはチャップリン映画のような演出のせいではなくて、早回しになってしまうという技術的な理由だったりもするのである。

チャップリンの初演作の「成功争い」の見せ場となっているのは、いわゆるドタバタ喜劇である。詐欺師役のチャップリンと、その犠牲者役であるレアマンの二人が殴り合おうとするが、間に挟まったステッキや箒が邪魔をして相手に手が届かないといったギャグがある。そしてレアマンが思いを寄せる恋人とその母親にチャップリンが取り入って、お株を奪ってしまう。

チャップリンがレアマンに身軽に飛びかかるだけでなく、自動車転落事故のスクープをものにしたレアマンから、現場の写真やインタビューを奪って逃げ回る。途中で階段から転げ落ちる。チャップリンが新聞社に写真を持ち込んで手柄を横取りしたのを怒ったレアマンに追い詰められ、市電の障害物よけの網の上で二人が争うところで終わるのだ。

キーストン社は「キーストン・コップス」と呼ばれる警察官の追っかけ劇を得意としていた。「成功争い」でも、どこまでも体を使った演技でライバル関係が描かれている。しかも、チャップリンが体現しているのは、詐欺師なのかもしれないが、すでにアメリカ国内で席が埋まっている状況に新しく入り込む移民の姿と重なる。チャップリンの厚かましい「自己信頼」にもとづく行為が、紳士風の出で立ちとともに、トレードマークとなった。

その後おなじみになったこの扮装は、主演第二作の「ヴェニスの子供自動車競走」の頃から利用されてきた（これ以前に撮影された「メーベルの窮境」がチャーリーの姿の初登場だったとチャップリンは回想している）。この作品は子供自動車レースをドキュメンタリーとして撮影しているカメラに、放浪者チャーリーが映り込もうとするおかしさを表現していた。チャーリーのやっていることは今でもテレビ中継などで起きるが、撮影中のカメラに興味をもち、機会があればそこに映ろうとする人物なのである。

撮影に邪魔だから脇にどけるように、と手で指示されても動こうとしない放浪者を、助手が実力で排除するために突き飛ばしたりする。さらにその様子を背後から撮影するもう一台のカメラが存在することで、全体がフェイク・ドキュメンタリーとして作られている。自分が撮影されていると気づくと身を晒し、ポーズさえとる放浪者の厚かましさが、そのままアメリカ社会での自己信頼に満ちて、自己顕示欲にあふれた人々の行動ともつながっている。アピールしないと競争から脱落する社会でもある。

十九世紀の発明である写真から二十世紀の映画を経て、手軽に撮影できる映像が、自意識の表現を拡大した。しかも、チャップリンが演じる放浪者は、沿道の観衆たちを背景に、自分がセンターに立とうとするのである。それでいて、映画撮影の助手やときには警官に追いやられる姿から、チャーリーが自動車競走に興じている子供と親や、それを見て楽しんでいる観衆よりも、下の階級の存在であることもよくわかるのだ。その落差に当時の映画の観客は笑いを感じたのである。

チャップリンと世界市民

成功を求めてイギリスから渡ってきた移民の一員となったチャップリンが、アメリカで触れた「自己信頼」が新しい価値観と思ったのは、「自己」と「信頼」の組み合わせが新鮮だったせいだろう。自己の価値がイギリスとはかなりの違いがあった。

同じ英語で表現されていても英米で意味合いが異なる例として引き合いに出されるのが、「転石、苔を生ぜず（A rolling stone makes no moss.）」という諺である。もとは西洋古典時代の諺で、十四世紀に使用例がある。十六世紀にラテン語の諺集成から、ジョン・ヘイウッドが英語に翻訳して今の形が定着したのである（『オックスフォード英語諺辞典』25頁）。土地に根付かない人間は成功しない、という意味だった。ここでの苔は歴史や経験など付加価値とみなされていた。領地をもらった武士が一所懸命に務めることが、一生懸命となったように、勤勉や習熟を尊重する教訓的な表現として扱われてきた。

ところが、移民国家のアメリカでは、苔の生えた石に価値はなく、転石のほうが磨かれるという解釈が登場した（『アメリカ諺辞典』565頁）。苔が「望ましくない停滞」という意味にとられるのだ。さらには、石は磨かれるが、「水のほうは濁ったままだ」という解釈まで存在する。「でこぼこの石も手から手へと渡る間に滑らかになる（A rugged stone grows smooth from hand to hand.）」という諺もあるので、「苔」と「でこぼこ」とが、アメリカで混同されたのかもしれない。

いずれにせよ「心機一転」とか「新規まき直し」という考えが、渡ってきた移民に勇気を与えたのは確かである。ただし、アメリカでも両義的であり、従来の否定的なニュアンスで使われることもある。たとえば、ボブ・ディランの歌「ライク・ア・ローリング・ストーン」（一九六五年）は、栄光の絶頂から「転がる石のように」転落した女性を歌っていた。これは否定的な意味に使われている。

転石のようにイギリスからやってきたチャップリンが、新興メディアである映画でチャンスを掴んだ。そして好条件を得ると映画会社を次々と替えていった。一年契約だったことも幸いしていたが、まさに磨かれていったのである。そして、キーストン（一九一四年）に始まり、エッサネイ（一九一五―一八年）、ミューチュアル（一九一六年）、ファースト・ナショナル（一九一八―二三年）と移った。エッサネイ時代は長期に見えるが、二度契約しているのだ。この間に数多くの映画を制作し、後世の人間が記憶する山高帽にダブダブのズボンや背広といった放浪紳士「チャーリー」像が定着した。チャップリンは転石にふさわしい放浪者チャーリーというキャラクターを作り上げていったのだ。

キーストン社から一年後にエッサネイ社に移籍したときには、週給一千二百五十ドルと待遇が十倍にあがり、チャップリンの評価（＝価値）が一年で十倍になったともみなせる。しかも一万ドルのボーナスもついていた。さらに三社目のミューチュアル社は、一九一六年に十二本の作品を作る契約のために六十七万ドルのボーナスの小切手を渡した。チャップリンがミューチュアル社の社長から誇らしげに小切手をもらうニュース映像さえ残っている（『知られざるチャップリン　1』一九八三年）。

一九一四年にキーストン社が週に百五十ドルを払う契約でチャップリンを雇ったことを考えると、二年後には年間六十七万ドルのボーナスを手にしたことは大出世と言える。まさに、才覚一つで上り詰めたアメリカの理想のひとつである「叩き上げの男」の代表なのだ。自己信頼なしには到底なしえない社会上昇でもあった。ついにはチャップリンはユナイテッド・アーティストという映画会社を俳優仲間と一九二三年に設立した。その会社で『モダン・タイムス』や『街の灯』などの代表的な長編映画が制作された。

ホームレスとしてのチャーリー像は、いつも空腹で職を求めている放浪者のイメージが強いが、チャップリンはそれ以外の役も演じていた。一九一六年のミューチュアル社時代だけに絞っても、演じた役の幅は広い。「午前一時（別題チャップリンの大酔）」では、酩酊して帰宅した紳士を演じている。この紳士は自宅の家具と格闘し、階段を何度も転げ落ち、ついにはスキーのストックや登山のピッケルを使って上がろうとする。

　また「チャップリンの番頭（別題質屋）」では、掃除などを担当する質屋のいちばん下の身分の店員でトラブルメーカーだった。掃除のための脚立を振り回して、店主や先輩の店員はては警官までをなぎ倒してしまう。そして店番をしているときに、質草として持ち込まれた時計に、聴診器をあててハンマーで叩き、さらに缶切りを使って裏蓋をこじ開けて分解してしまう場面が有名である。質草の宝石を強盗する男を最後にやっつけて、先輩店員を差し置いて質屋の娘と結ばれることが暗示されて終わる。

　そして、「チャップリンのスケート」では、ウェイターで、ローラースケートを乗りこなす男だった。ローラースケートの技で若い娘に気に入られ、いっしょにいた彼女に気のある男と対立するが、彼はウェイターとして食事のサービスをしたときに怒らせてしまった相手だった。ウェイターは貴族の名前を書いた名刺をもち、彼女が開くローラースケートパーティに主賓格で登場する。だが、身元がばれて追われ、最後には車のうしろにステッキを引っ掛けて消えていってしまう。

　こうした短編作品では、成功を夢見てアメリカにやってきた移民たちの夢と現実とが描き出されている。店員やウェイターといった仕事は、言葉や計算に堪能ではない移民でもできる単純労働に見え、ドタバタ喜劇の題材になりやすい。チャップリンが体現する自己実現や叩き上げの主題は、当時のキートンなどのコメディ短編とも共通するものだった（ニスリー『親密で信頼おけるエコノミー』第4章）。

掃除のための脚立を振り回すと相手が倒れるとか、階段から転げ落ちるとかは笑いを生む材料なのだが、同時に、脚立や階段が「社会階層を上昇する者」にとっての障害物を表現しているようにも見える。チャップリンは両親のようにミュージックホールなどの舞台ではなく、映画という新興メディアのおかげで名声が世界中に広がった。各国語に字幕を替えるだけで、世界に通用するサイレント映画は身体の動きが物を言ったが、ファッションや動きを模倣する者も現れて、意味合いも変わっていった。そしてトーキーが登場することによって肉声が問われることにもなった。

当初の「リトル・トランプ」つまり「小柄な路上生活者」である放浪者チャーリーは、女性を見るとすぐに色目を使い、すきあらば他人のものを横取りする自己中心的で嫌味な人物だった。それが、ファースト・ナショナル社の「犬の生活」（一九一八年）あたりから、ペーソスを漂わせる社会的な弱者に近づいていった。これはチャップリン自身の成功者としての心情の変化と、短編コメディでは満足しなくなった映画観客側の趣味の変化を受けている。

そして『キッド』（一九二一年）では、犬ではなくて、思わず拾って育てることになった捨て子との生活を描き出す。ジャッキー・クーガンという子役を得たこともあり、今でも人気作となっている。彼を捨てた母親との再会という結末が、家族をもたないホームレスとしてのチャーリーの人生を浮かび上がらせるのだ。それは、移民としてやってきたアメリカのひとつの現実に他ならない。

その後チャップリンは、社会風刺が強い『黄金狂時代』や『モダン・タイムス』や『独裁者』を経て、戦後の一九五二年に作った『ライムライト』でコメディ映画時代の総括を自分でしてしまう。そして、五〇年代の赤狩りの流れのなかで、居づらいアメリカを去り、イギリスなどで映画を作り、一九七七年にスイスで最期を迎えた。

チャップリンは、イギリスから七五年にKBE（大英帝国二等勲爵士）を貰いこそしたが、あくまでもアメリカの映画俳優であり監督であろう。この賞は、マギー・スミスやアンジェラ・ランズベリーのような俳優やアルフレッド・ヒッチコック監督も授賞していて、日本の大企業のトップにも与えられた功労賞なので、チャップリンがイギリス出身という理由から獲得したわけではない。

世界の人々から、チャップリンが、出身地のイギリスではなく活躍したアメリカと結びついて記憶されているのは、序章でも触れたアーノルド・シュワルツェネッガーと似ている。ただし、シュワルツェネッガーと異なり、チャップリンはアメリカの市民権を得ようとはしなかった。記者に「アメリカの市民権は取らないのか」と質問されても、「自分は世界の市民だ」という言い方ではぐらかしたのである。成功を妬まれて、税金逃れという非難もぶつけられた。

チャップリンがアメリカにやってきた時期は、ルメイとバーガンの区分によると移民の第二期（一八八〇年—一九二〇年）にあたる。この時期は市民権を得るのに制限があったが、チャップリン本人が求めたならば、問題なく与えられたはずである。チャップリンが「世界市民」と称してイギリス国籍を捨てなかった態度が、後の赤狩りなどでの反感につながっている。成功を得たアメリカという土地や社会に帰属しようとしないチャップリンへの反発が人々の反感の底にあった。イギリス流の山高帽にステッキという古臭い紳士の姿を留めて笑いを生み出すことそのものが、もはや時代遅れと感じられたのである。

映画「チャップリンの移民」

アメリカへの移民の群れの一員でありながら、同化しなかったチャップリンなので、一九一七年にミューチュアル社で制作された短編映画「チャップリンの移民」は注目に値する。制作されたのはルメイとバーガンによる第二期で、アメリカ政府が移民をどのように管理していたのかも示唆する。

原題は「移民たち」で、いつものようにチャップリンが監督、脚本、主演を務めた。二十五分の長さの二巻映画で、一巻目の舞台は大西洋の移民船で、二巻目はレストランだった。

大西洋上の移民船で運ばれる移民の群れから始まり、揺れる船の上で人々は船酔いと疲労で横たわっている。チャーリーが船べりから身を乗り出してお尻を振っている。船酔いなのかと思えば、じつは魚を釣り上げるところだった。その魚を、眠っている移民の男の顔に放り投げるのだ。移民船の上なので、画面は全体に左右に揺れ続ける。カメラやセットを揺らして、観客が船酔いしそうな画面を作り出していた。

そのなかで、チャーリーが船酔いをしているロシアからの移民と並ぶ場面がある。ロシア革命を逃れてアメリカにやってくる移民は、ユダヤ人を含めて多数いた。『ロリータ』で有名な作家、ウラディミール・ナボコフやSF作家のアイザック・アシモフが含まれるし、またラフマニノフやストラヴィンスキーは、ロシアではなくアメリカの作曲家とみなされることも多い。そうしたリアリティがこの移民船の描写にはあった。このロシアからの移民を演じたのが、カルノー劇団以来のチャップリンの盟友であるアルバート・オースティンで、後半のレストランの場面にも登場するので、メリハリをつける扮装をしたとも考えられる。

船酔いで吐きそうなロシア移民の男の隣にいることで、チャーリーはしだいに同じように気分が悪くなっていく。また、揺れる船内で食事を摂るときには、やはりこの男とテーブルで向かいあって座り、大きく揺れるたびに二人の間をスープの皿が行き来する。この同じ皿から交互に飲むのである。チャップリンとオースティンの演技は息が合っている。食事を求めてやってきた若い娘エドナに自分の席を譲ることで、チャーリーに恋心が芽生えるのだ。全体に揺れているようすが、同じ移民船の上で一つのリズムにシンクロすることが、まさに「るつぼ」として溶け込んでいく姿を表現している。

移民船の上で、チャーリーは移民仲間とサイコロやカードの博打をやって勝ち続けていた。そして大金をせしめるのに成功する。ところが、賭けで負けた男がエドナの母から金を盗んだことを知り、自分が儲けた金をそっくり提供してしまう。そのようすを目撃していた船員に捕まるが、服のポケットから金を盗んだのではなくて、逆に金を入れたことを知ってエドナは喜ぶのである。チャーリーの冤罪が晴れただけでなく、彼女のほうも好意を抱いた。だが、アメリカに到着し、入国管理官の審査を経て上陸となったときに、彼らはバラバラになってしまう。

後半のレストランの場面で、チャーリーとエドナは再会する。チャーリーが店に入ろうとしたのは、店の前で金を拾ったのがきっかけだった。そして、客とチャーリーとが相席になる。同一のキャラクターなのかは定かではないが、オースティンが演じているので、ロシアからやってきて成功した人物ととれなくもない。船上ではチャーリーがこの船酔い男から被害を受けていたが、相席の客はチャーリーの食事の無作法な仕方のせいで、スープを飲むのを邪魔され、怒ってついには席を立ってしまう。移民船の時とは加害と被害の立場を逆転させることで、前半と後半のメリハリをつけている。

チャーリーは金がなくて途方に暮れている隣の席の娘エドナとの再会を喜び、空いた席に誘うのだ。チャーリーはエドナの分も注文するが、眼の前で十セント不足からウェイターたちに殴られた客を見て、怖くなり確認すると、ズボンのポケットに穴が空いていて、どうやら落としたことがわかる。

一文無しなので支払えずに窮地に陥るのだが、そこにエドナとチャーリーの二人をモデルにしたいという画家が登場する。モデルを探す画家がいるというのは唐突に思えるが、ヘンリー・ジェイムズの短編小説「ほんもの」（一八九二年）では、主人公の肖像画や挿絵を描く画家は、絵のモデルとなった労働者階級の人物に日当を払っている。これはジェイムズの時代に、雑誌が多くの挿絵を掲載したことと深く結びついている。チャップリンはこの小説を読んでヒントにしたのかもしれない。

シャーロック・ホームズのイメージを決めたのは、『ストランド』誌に短編が連載されたときに付けられた、シドニー・パジェットによる挿絵だった。十九世紀末には雑誌に挿絵が掲載される習慣が広がっていた。そうした需要もあって、画家たちはモデル探しをしていたのだ。実際、イギリスの雑誌だったが、『ストランド』誌にはスケッチとして、アメリカの野球選手などがイラストで登場する。ちなみに、少年時代のチャップリンは、イギリスのシャーロック・ホームズの舞台劇で、ホームズの手助けをする少年を演じたことでも知られている。

いずれにせよチャーリーは、裕福な画家の支払にうまく便乗して、無事にエドナと二人分の支払いを済ますのである。しかも残ったおつりを、屈強なウェイターへのチップとして渡して喜ばれるのだ。一文無しでも「運が良ければ」なんとかなるという、このチャーリーの機転は、チャップリン流の「自己信頼」に基づく行動であった。

レストランを出たチャーリーとエドナに、画家が明日訪ねてこいと仕事を依頼することで、未来が開けてくる。チャーリーは画家から前金をせびり、雨のなかでずぶ濡れになって、エドナと二人で結婚許可所に入るところで映画は終わる。移民になればアメリカではチャンスが得られるという、「アメリカの夢」をそのままストーリーとして描いたような作品だった。

この「チャップリンの移民」は、後半部分が先に制作された。本編に未使用だったフィルム（アウトテイク）に基づくイギリスのドキュメンタリー『知られざるチャップリン　1』

（一九八三年）で、制作のプロセスが詳細に明らかになったのである。ジェイムズ・メイスンを語り手にしたこの番組によると、チャーリーがレストラン前の路上で拾った硬貨で食事をしようとしたのが始まりだった。現在の状態になるまでに、さまざまなギャグが演じられ、手直しされた。チャップリンは色々な笑いの可能性を納得がいくまで試すのである。そのせいで、担当した監督からは嫌われ、結局自分で監督をするようになった。

レストランの隣の席に座っているエドナとチャーリーとの因縁がどこにあるのかという問いの答えを求めて、前半の移民船の場面が生み出された。移民たちの夢の新天地としてのアメリカがじつは貧困に陥る場でもある、という現実がチャーリーとエドナで示されている。そのうえで画家との出会いによる空想的なハッピーエンドが待っていた。

たしかに「成功争い」のような一巻物より複雑なストーリーを描けてはいるのだが、こうした二巻や三巻の長さの映画によって深みを与えることは難しかった。一九二〇年代にチャップリンのライバルとして、コメディ映画をたくさん作ったハロルド・ロイドは、一九二八年に「一巻の映画は十分間にすぎない。二巻物ですら、キャラクターを作りあげるのと、笑わせるのを両立させる余地はほとんどない。どちらかを選ぶことに直面すると、キャラクターが犠牲になる」と書いている（デイル『喜劇とはトラブル男のこと』38頁）。

こうした制約を乗りこえるために、ストックキャラクターとして、山高帽にちょび髭にステッキ姿のチャーリーのような説明不要な姿が必要だった。やはりロイドもカンカン帽にセルロイドの丸眼鏡（いわゆるロイド眼鏡）を着用して、作品と関係なくキャラクターを演じていた。道化芝居といった中世以来の伝統なのだが、物語の時間的な制約から解き放たれることで、自由に色々な作品に姿を見せることができる。その代り、いつでもチャーリーというキャラクターに焦点があたってしまう。それでも「チャップリンの移民」の移民船での出来事は、移民やその子孫である観客たちの共感を呼ぶのは間違いない。ストックされた映像の利用だが、煙突から煙を吐く移民船、自由の女神といった一瞬挿入されるイメージが、過去の出来事を喚起するのである。

しだいにアメリカ社会とのずれを感じてしまったのだ。しかも、五〇年代の赤狩りのときに、「チャップリンの移民」のなかで、移民管理局の役人の尻を蹴飛ばしていたのが、反米的な態度とみなされた（ワラン『一九一〇年代のアメリカ』47頁）。連邦政府の移民管理に逆らう危険人物というわけである。映画という物語内で、笑いを取るために行った数十年前の演技が、そのまま批判材料になったのである。

映画内のチャーリーの行動は、仲良くなったエドナと並びたいという欲求から生じ、チャーリーはその役人に蹴り返され画面の外へと追い出される。物語上の因果応報が守られ、罰をきちんと受けているのだ。しかも、後半のレストランで、支払いに十セント不足でウェイターたちに殴られて、画面の外に追い出される客の描写とも対応しているのである。作品としては、チャーリーが一方的に役人に敵愾心《てきがいしん》をむき出しにしているわけではない。

2　移民たちの百年

国境線を超えること

商用や観光であっても、旅行者にとり外国への出入国は緊張を伴なう。係員の不信を招くことで別室で検査という事態にもなりかねない。ましてや、その国で暮らすつもりの移民にとり、管理事務所での応答が今後の生活を左右する。移民たちは係官の顔色を伺《うかが》いながら、入国の許可をもらおうとする。その難しさが「チャップリンの移民」でも張られた一本のロープをめぐって描かれていた。

もちろん移民の実態と、フィクションである映像作品や文学作品の内容は一致しない。新天地での生活を確保することを美化したり、あるいは課題を指摘しただけで終わってしまうことも多い。フィクションなので、物語の展開の要請に従ってご都合主義になってしまうこともよくある。

だが、第五期の作品であっても、移民をめぐる条件をうまく利用することもできる。ＦＩＦＡ公認のサッカー映画である『ＧＯＡＬ！』（二〇〇五年）で、主人公のサンチャゴはメキシコ生まれの不法移民だった。現在は家族とともにロサンジェルスで暮らしている。彼はサッカーの才能を認められ、イギリスの「ニューカッスル・ユナイテッド」の入団を夢見る。トライアルテストを受けるためには、イギリスへ向かわなくてはならない。

父親はサッカーを目指すサンチャゴに反対し、サンチャゴが靴の中に隠して貯めていた金を奪い去る。不法移民となったことも含めて「家族を守ろうとしてきた」と主張する父親に「それはあんたの夢だ、ぼくのじゃない」と反論して、父と子は決裂してしまう。彼らの仕事はごみ収集や路上の落ち葉の清掃、夜にはレストランの調理場で働く日々である。アメリカにやってきても単純労働にしかつけない現実が示されている。だが、それでも家をもち家族を養うことができたことを父親は誇っているのだ。

サッカー選手となる夢をもつ孫を応援する祖母は、サンディエゴへ行き、さらにバスでメキシコ市へと抜ける切符を差し出す。不法移民は合法的にアメリカからイギリスへとは向かえないが、アメリカからメキシコへ出国することは、逆に比べて検査が手ぬるいというわけだった。みなアメリカを求めてくるはずだという前提が死角となる。

サンチャゴの一家にとってのアメリカとメキシコの国境線は、スペイン帝国が手を引いて以降にくすぶってきた問題であった。トランプ政権において壁の建設という具体的な形をとるが、それを想像的な形で描いたのが、イギリスのギャレス・エドワーズ監督による『モンスターズ／地球外生命体』(二〇一〇年)だった。

メキシコ上空で飛散した地球外生命体が暴れまわる国境を越えて、カメラジャーナリストの主人公が、雇い主の意向でアメリカ女性をアメリカまで連れ帰る話だった。列車などを使い近づくと、メキシコ国境がモンスターに襲われていた。そして、ようやく壁を越えても、テキサスの町はモンスターに襲われていて人の気配がなかった。堅固に見えた壁が突破されているというのは壁の有効性に疑問を抱かせる。低予算作品ながら、恐怖を醸し出す演出のおかげでヒットしたこの映画が評価され、エドワーズは『GODZILLA ゴジラ』(二〇一四年)の監督に抜擢される。より具体的にアメリカ本土がゴジラやムートーという怪獣たちに蹂躙される物語を映画化したのだ。

こうした映画では、国境線をはさんで住民の間に経済的な格差があることが明瞭に浮かび上がる。そして、移民となろうとする人間を国家が自由に選別して、不要な者を排除できる。そうした選別と無関係なモンスターは国境線を越えてくるのだが、最終的には殺害するとか壁の外に追いやれば決着するのかもしれない。だが人間の場合は、強制送還や排除されることで、個々人の運命が変わってしまう。しかも、移民の排除や選別の厳しさだけでなく、アメリカ内部に入り込み、とどまることの厳しさを、映画はずっと表現してきた。

選別される移民たち

「チャップリンの移民」では、乗ってきた者たちが選別されるようすが具体的に描かれることはなかった。エリス島に到着して、自由の女神を見て、上陸の準備で胸に名札がつけられた移民たちをロープで仕切り、一人ずつ呼び出して入国審査をする。移民には、賭けで金を失うと盗みを働くような犯罪者予備軍もいるのだが、あくまでも喜劇的な扱いであった。

移民希望者が病気、とりわけ結核などの伝染病を抱えていることは、選別される理由となった。そうした移民が選択される不安を、エリア・カザンが監督した自伝的な映画『アメリカ　アメリカ』（一九六三年）は描き出した。前作のナタリー・ウッドが主演した『草原の輝き』（一九六一年）は、ワーズワースの詩の一節を手がかりに、若い高校生の性の抑圧を描き出していた。テクニカラーと幅広いビスタ・サイズで色彩豊かにカンザスの風景が描かれていたが、一転して白黒のどこか狭苦しいスタンダード・サイズの画面に、乾燥したトルコの風景が映り、宗教対立を含んだ人々の憎悪や悲しみを湛えた表情や眼差しがアップになる。

主人公のスタヴロスが、生まれ故郷から、コンスタンティノープル、そしてアメリカへ着くまでのおとぎ話のようなエピソードがそこで語られた。カザンはトルコ育ちのギリシア人であり、自分たち一族がどのようにアメリカに渡ってきたのか、という年長の家族から聞かされてきた話をもとに物語を組み立てた。カザンは四歳のときの一九一三年にアメリカにやってきたが、叔父の体験をもとに、トルコの圧政によって希望を失ったアルメニア系とギリシア系のキリスト教徒の二人の若者が、新天地を求めてアメリカへ渡ろうとする話に仕立てたのだ。

前年に同題の小説が出版されたが、会話もシナリオの形式に近いものだった。この小説に基づいて、カザンはトルコやギリシアでロケをした三時間近くの作品を完成させた。扱われているのは、ルメイとバーガンの区分による移民の第二期の出来事だが、映画が制作されたのは、第三期（一九二〇—六五年）の終わりにあたっていた。

この物語が作られたのには理由がある。第二次世界大戦後に、米ソが対立する冷戦のなか、マッカーシズムがはびこり、赤狩りが行われた。そして一九五一年には、カザン自身が非米活動委員会で、かつての友人たちの名前を挙げた証言をして命拾いをした。その結果ハリウッドの裏切り者と糾弾されることになった。そして、カザンは『革命児サパタ』（一九五二年）や『綱渡りの男』（一九五三年）で共産主義の脅威を描いて、マッカーシズムに同調する姿勢を見せた。

そして、一九五四年にマッカーシズムが終焉するのに合わせたように、『波止場』（一九五四年）や『エデンの東』（一九五五年）という今でも評価の高い作品を発表する。マーロン・ブランドやジェイムズ・ディーンといった若手の俳優を起用して、集団や家族と葛藤する個人を浮かび上がらせて人気を得た。この頃にはすでに自分の一族に関する移民の映画を作ると公言していたのである（シッケル『エリア・カザン伝記』381頁）。実際には父親の死を待って、『アメリカ　アメリカ』という印象的なタイトルを持つ映画が制作された。

始まりは一八九六年で、エルジェス山を望むアナトリア高原の風景が広がる。主人公のスタヴロスは、アルメニア人の友人と氷を切り出して売っていた。だが、トルコの首都をアルメニア人が襲ったことで支配者のトルコ人による大虐殺が始まる。アルメニア教会で友人は殺され、スタヴロスはこの地を離れてアメリカへ行く夢を募らせる。トルコ人に服従しているだけと思っていた父親が、長男のスタヴロスをコンスタンティノープルへやることに決める。ロバに乗せた一族の財産をもとに成功し、妹たちに夫を、弟たちに職を与えるように指示を与える。天井の目印を探して、その下の床を掘ると一族の財産を入れた箱を取り出す。いつでも逃げ出せるように財産を隠しておく知恵の産物だった。

ところがロバで運ぶ途中で出会ったトルコ人に身ぐるみ剥がれ、さらに役人たちに財産は全て奪われてしまう。男にギリシア人は反抗せず従順だと挑発されたことで、最終的に彼を短剣で殺してしまうのだ。ようやくコンスタンティノープルで親戚と会い、さらに結婚を約束した女性の父親の援助によって絨毯の会社で成功しつつあった。

だが、ある日かつて村で自分の靴を与えたホーハネスと出会う。彼は歩いてアメリカまで行こうとしていた。そして、靴磨きとしてアメリカで働くために若者を連れていく男の八人のなかに入れてもらっていた。スタヴロスはホハーネスと出会ったことで、アメリカ熱が再燃してしまう。そして、ようやくコンスタンティノープルから移民を乗せる客船カイザー・ヴィルヘルム号へと乗り込む。

移民たちを乗せたカイザー・ヴィルヘルム号は、スタヴロスがコンスタンティノープルまで汽車に乗ったときに、駅に貼られたポスターで姿を見ていた。アメリカへの憧れを実現する船だったが、第一次世界大戦でドイツの巡洋艦に仕立てられて、一九一四年にイギリス沖で沈んだ、というその後の運命を知ると感慨深いものがある。それを知った上で強調されているのだろう。

カイザー・ヴィルヘルム号のように、大西洋を渡る移民船における階級の問題をファンタジーとして仕立てたのが、ジェイムズ・キャメロン監督の『タイタニック』(一九九七年)だった。一九一二年に氷山と激突して沈没したタイタニック号に隠されていたロマンスを描き出している。ここでは、サウサンプトンを出港した意に沿わぬ結婚をさせられようとしている上流階級のローズと、賭けで勝って切符を手に入れたジャックが出会うのだ。そして、沈没のなかでジャックは死に、ローズがドーソンという彼の名前を継いで、別人としてアメリカで生きるのである。『アメリカ　アメリカ』はこの下敷きとも言える作品だった。

カイザー・ヴィルヘルム号が明日上陸する前夜に、婚約者と離れて、乗船する手助けをしてくれたのが、アルメニア系アメリカ人の女性だった。ところが彼女の好意が夫にばれて、トルコへもどるように指示され、スタヴロスは大西洋の上で行き場を失ってしまう。そして、検疫のために乗船してきた医者たちによって、結核の病の発覚を恐れたホーハネスは、船から飛び降りてしまう。そこにスタヴロスへ夫人からの五十ドルの餞別が届くのである。

スタヴロスたちが到着したのは、エリス島だった。入国審査を待つ移民の群れをカメラは映し出す。それは鉄の柵や網によって仕切られた場所で、子供から老人までが溢れかえっていた。エリス島には、一八九二年から一九五四年までの六十年あまり、アメリカ連邦政府の移民局が設置されていた。大西洋を渡ってきた千二百万人以上の移民が、ここでの審査を経て全土に散った（荒このみ『西への衝動』70頁）。

エリス島はあくまでも東の入り口だったが、現在のアメリカ国民の四十パーセントが、エリス島を通過した移民の子孫とされる。当座の生活に必要な所持金をもち、病気などの理由がなければ、大半の人が移民として上陸が認可された。けれども、第三期にあたる第一次世界大戦後の大幅な移民制限のために、施設は役目を終えたのだ。現在は移民博物館に改装されている。第二期の終了とともに不要になったのである。

死んでしまったホーハネスの代わりとして、八人の靴磨きの一員になりすますことでスタヴロスは難を逃れたのだ。入国管理官は「アメリカ人になりたいか?」とスタヴロスに質問し、彼がホーハネスと名乗ると、アメリカ流の名前に変更するために分割してジョー・アーネスがいいとする。その名をスタヴロスが受け入れると、「君は生まれ変わったんだ。再び洗礼されたわけだ。聖職者もなしにな」と説明する。スタヴロスがアメリカ人アーネスになることと、別人のホーハネスになりすますという意味がかけられている。

るつぼの入り口として、スタヴロスがくぐり抜けたように、入国管理ゲートで移民はまさに最初の洗礼を受ける。トランプ大統領の祖父が、フリードリヒから英語名のフレデリックに変え、名字もドランプフをトランプフ、さらにトランプへと変更したように、入国を機にアメリカにふさわしい新しい名前を獲得することは珍しくない。他ならないエリア・カザンという名前も、エリアス・カザンジョグルをアメリカ流にした名なのである。

スタヴロス＝ジョー・アーネスが、手に入れた五十ドルをトルコへ送金すると、スタヴロスの家族は驚きを隠せない。彼らの間に短期間で金を稼げる場所としてアメリカへの夢がふくらむ。ジョー・アーネスとなったスタヴロスは靴磨きをしながら、お客からのチップを貯めている。スタヴロスの父親以外の家族が、みんなアメリカへと渡った、という内容のナレーションが流れて、審査を待っている移民の群れが映し出されるのだ。カザンは「世界市民」を謳うチャップリンのように、アメリカ国外へ逃げることができない移民の立場や事情を訴えたのだ。

それとともに、故国を捨てたカザンの一族が、アメリカに求めてきた理想を根底から問い直している。海から見た自由の女神が映るのだが、それはホーハネスには届かないものだったし、スタヴロスはギリシア人としての自分を捨ててしまうことになる。しかも赤狩りは、そうした移民の子孫たちの自由を踏みにじり、トルコのオスマン帝国の圧政と変わるところはなかったのだ。

病院と不法移民

カザンの映画で、スタヴロスの親友のホーハネスは船から身を投げる形で決着をつけ、アメリカの土地には立てなかった。代わりに上陸したスタヴロスが、大地に口づけをする場面が出てくる。ホーハネスが断念を余儀なくされたのは、結核という病のせいだった。ストレプトマイシンのような抗生物質で治療できるようになったのは、第二次世界大戦からだった。

アメリカで求められていたのは、身元の確かな健康な労働力だった。

　こうした移民の選別をはっきりと描いたのが、原題がチャップリン作品と同じ「移民」となるジェイムズ・グレイ監督の映画『エヴァの告白』（二〇一三年）だった。もはや第五期ともいえる9・11以降の制作なので、カザンのような移民をめぐる幻想は消え去り、『アメリカ　アメリカ』のように抑圧を逃れ自由を求めてやってくるという大義名分は揺らいでしまった。もっとむき出しの利害関係が描かれるのだ。

　グレイ監督はデビュー作の『リトル・オデッサ』（一九九四年）以来、ニューヨークの移民マフィアや犯罪者を描いてきた。犯罪組織との密接な関係は、移民たちの現実のひとつだった。オデッサがロシアの地名であるように、映画の舞台はブルックリンにあるロシア移民の街だった。また『裏切り者』（二〇〇〇年）はブロンクスを舞台にした政治家の談合をめぐる問題を扱い、『アンダーカヴァー』（二〇〇七年）では警官の家に生まれた男とロシアンマフィアとの関係を描いていた。

　グレイ本人がウクライナ系ユダヤ人であり、地元の地区で目撃したことや、移民として渡ってきた自分の祖父母の話などをもとに映画を制作したのである。『エヴァの告白』には、移民たちが選別されたエリス島に併設される病院施設が描き出されている。この忘れられた施設の歴史は、ＰＢＳ（非営利・公共放送ネットワーク）で放送されたロリイ・コンウェイ監督のドキュメンタリー『忘れられたエリス島』（二〇〇八年）で取り上げられていた。エリス島に残された大きな病院施設の廃墟を舞台に、実際の移民たちに当時の様子をインタビューして構成されていた。病室から自由の女神が見えるショットが何度も出てくる。『エヴァの告白』が公開された翌年の二〇一四年には、全体が整備されて「エリス島病院複合施設」として、一般に公開されるようになった。その陰に埋もれた歴史を描いているのだ。

『エヴァの告白』は、一九二一年の出来事として、自由の女神のショットで始まる。第三期の移民の始まりで、ポーランドからやってきたエヴァとマグダの姉妹が、エリス島で引き離される。姉妹に、ポーランド系によくあるとはいえ、エヴァ（イブ）とマグダ（マグダラのマリア）という示唆的な名前を採用したことで、宗教的な響きがつきまとうのだ。妹のマグダは結核であることを隠そうとしたが、入国審査で発覚し、病院施設に入れられてしまう。エヴァは頼りにしていた叔母夫婦が知らせてきた住所は存在しない架空のものだと知らされ、送還される側に選別されてしまう。国内に身元引受人がいないエヴァの苦境を助けたブルーノは、移民を応援する仕事をしているとしながら、劇場の興行師であり、裏で売春を斡旋する人物だった。

この映画には、ロシアン・マフィアのような犯罪組織は登場しないが、移民たちの現実が描き出されている。エヴァは妹の結核の治療の費用を稼ぐためにお針子を始めるが、劇場で働く女たちから、売春をするか、パトロンを見つけるか、盗みを働くかしないととても足りないというあけすけな話をされる。『エヴァの告白』には、「チャップリンの移民」のように金持ちの画家に見つけ出されるといった牧歌的な解決方法は存在しない。

エヴァは叔父と叔母を見つけ出すのだが、彼女が居住証明をもっていないというので、叔父は警察を呼び、そして逮捕されると送還のためにエリス島へと送り込まれる。アメリカで成功し、対面を重んじている叔父は、エヴァが移民船のなかで売春をやっていたという噂を信じたのだ。

後にエヴァ本人が教会で罪を告解したのだが、移民船のなかで妹を連れて生き延びるために金や食べ物を盗もうとした。そして、男たちから性的暴行を受け、それを売春と噂されたのである（ブルーノはその告白を盗み聞きして真相を知る）。こうした移民と売春を結びつけられた女性の存在は、チャップリンの映画では、一端を喜劇的に触れているだけであり、カザンの映画では曖昧にされていた部分でもある。カザンの映画の主人公がスタヴロスという男だというのも、言及の幅を狭めていたのだろう。

エヴァはエリス島に収監されていた間に、ブルーノの従兄弟で、オーランドという芸名でマジシャンをやっているエミールと出会う。エヴァはブルーノによりエリス島の外へ出されると、金を稼ぎたいと望み売春をする。この三角関係が悲劇を招いていく。ブルーノは、トラブルメーカーのエミールに酒と博打を禁止しろと劇場主に言う。だが、トラブルになり、どちらも解雇されてしまう。エミールは全米ツアーへ出かける話となり、ブルーノは配下の女たちに路上で富豪の跡取り娘という触れ込みで売春させるのだ。

エミールは、エヴァがブルーノに束縛されていると考えていた。エヴァはそれに対してブルーノと一緒に住んで売春で稼いでいるのも、妹の治療費用のためだと答える。そしてエヴァはエミールの愛情を受け入れるのだ。そこにブルーノがやってくると、エミールは冗談で銃を突きつけた。ブルーノは死の恐怖に怯えて、エミールをナイフで刺殺してしまう。エミールは冗談で引き金を引いたが、銃に弾は入っていなかったのだ。それを目撃したブルーノの女の一人は、エヴァが犯人だと密告する。

妹を助けられるだけの金額をブルーノは靴下のなかに隠しもっていたが、追ってきた警官たちにすべて奪われてしまう。そこで、エヴァは、叔母の許をこっそりと訪れて必要な金額を調達して、それを使ってブルーノは、病気が治りかけているマグダを病棟から助け出してくれた。ブルーノから、西のカリフォルニアへ逃れるように切符を渡されるのである。

カリフォルニアは、エミールが全米ツアーに行くから、とエヴァを誘った場所でもある。エミール本人がエヴァを解放する自由の象徴として現れている。エミールがエリス島で最初に見せたのが空中浮遊であった。「フーディーニだって重力には逆らえない」というのが口上だった。そして、次に拘束具をつけて棺桶に入ったあと、外から銃で撃たれても姿を消していた。どちらも束縛からの脱出が視覚化されていた。イリュージョニストという設定が効果的に使われている。エミールが最後にエヴァに見せたのがカリフォルニアへ行くという夢だった。実際にはそれを叶えさせるのは、エミールを殺害したブルーノだった。

エヴァたちが小さなボートでエリス島に渡ると、そこから自由の女神が霞んで見える。冒頭で見えたのとは異なり、希望も遠のいたように見える。病棟は監獄のように閉ざされているのだ。そしてその一室で、ブルーノは警官から受けた暴行による痛みをアヘンで抑えながら、自分がいかにクズだったかをエヴァに告白する。エヴァが彼を許すように抱きしめることで、この映画の「救済」という主題が浮かび上がる。

エヴァたちのように遅れてやってきた二十世紀の移民にとり、アメリカ東部は暮らしやすい場所ではなかった。彼女の叔父のように、すでに生活を確立している者からすると、新しい移民はたとえ親族でも自分たちの既得権益を脅かす厄介者でしかなかった。そして、エヴァが向かおうとする西部は、十九世紀末にはフロンティアが消滅したと宣言されていて、未来があるのかは定かではない。しかもエヴァとマグダは不法移民であり、溶け込むためには努力が必要だろう。最後の画面では、ボートで去っていくエヴァとマグダ、そしてよろよろと歩くブルーノが一つの画面のなかで分割して描かれる。どちらの道も単純な解決法を見つけられないことが暗示されて終わるのだ。

西のエンジェル島

『エヴァの告白』で、エヴァが目指した西海岸も決して楽園ではなかった。そして、アメリカ本土の東の大西洋側にエリス島があれば、西の太平洋側にはサンフランシスコ湾のエンジェル島に一九一〇年から四〇年にかけて移民局が設置され、主に中国人や日本人などのアジアの移民を認可していた。

十九世紀半ばの太平天国の乱などを逃れた中国人を、大陸横断鉄道の敷設などで受け入れてきた。日本からも、一八六八年、すなわち明治元年にすでにハワイへの移民第一号が出発している。この時点ではハワイは独立した王国であり、アメリカ合衆国の一部ではなかった。後に果実王のドールの政治的な手腕により、王政からハワイ共和国となり、さらにアメリカに併合されることになる。第二次世界大戦のいわゆる太平洋戦争が始まるまでに日系移民がハワイには多く暮らすようになっていたのだ。

南北戦争後の不況のなかで、アジア系移民とアイルランド系など他の移民との対立があった。そこで、一八八二年に中国人排斥法が成立する。さらに中国人労働者などを制限とする方法として採用されたのが、現在も適用される読み書きテストだった。日本で使用されるアメリカの英語教科書に、「あなたはどこの国からやってきましたか?」とクラス内で質問させる事項があるのも、移民の集団を教えるための教材という前提があるからである。読み書きのテストが義務づけられたことで、とりわけアジアからの移民を効果的に選別できるようになった。

ヤンイン・オーは、『移民たちの言語の闘い』のなかで、一九一七年から一九六六年、つまり第三期にあたる移民たちが受けた言語テストが人種偏見に満ちていたことを明らかにする(第1章)。中国人排斥法を、言語能力の有無という判別によって、科学的に正当化したのである。それは白人と黒人という従来の差別や、移民問題から漏れ落ちるアジア系の移民や住民をめぐる問題を浮かび上がらせた。とりわけ、ニューヨーク州が「白人」の街であることを守ろうとしてきたことが明らかになる。

その観点で見直すと、『エヴァの告白』で扱っている一九二一年が絶妙な選択であることがわかる。この年に義務づけられた読み書きテストこそ実施されていないが、彼女のもつ言語能力がエヴァを救っている。ポーランド人だったが、イギリスの外交官の看護婦として働いていたので英語を話せたのだ。ポーランド語で話す叔母との会話は、単に母語どうしというだけでなく、語学が堪能でなくても移民できた世代との違いを感じさせる。

エヴァが、ブルーノが記入を求めた書類に書くのをためらったのは読み書き能力のせいではなかった。そもそもブルーノが、入国管理局ではねられたなかから、自分の仕事に使えるめぼしい女性を物色していたときに、エヴァの前の子供を連れた女性に話しかけたが、彼女は英語を理解できなかった。それに対して、エヴァは積極的にブルーノに声をかけて、助けを求めたのだ。しかもエヴァがポーランド系の白人であることが有利に働いていた。エヴァを見逃すことは、人種の数の割当において妥当なものだった。名前の通りに、敬虔なキリスト教徒であることも観客に不信感を抱かせないのだ。彼女は入国で名前を変更する必要もなかったのだ。

エヴァがもしも中国人だったら、このように幸運な扱いを受けることもなかっただろう。アジア系移民の代表となったのが中国人だが、ゆえにマンハッタンにもチャイナタウンはある。そして、一九八九年の天安門事件や、一九九七年の香港の中国への返還などが、新しい中国人の合法不法の移民を増やした。

ニューヨークを舞台にそうした問題を先取りしたのが、マイケル・チミノ監督の『イヤー・オブ・ザ・ドラゴン』（一九八五年）だった。香港マフィアが出張ってきて、直接東南アジアの麻薬供給源と取引できるようになった。そして世代交代を訴える若手のジョーイ・タイが先代を葬り去ってのし上がり、イタリア系マフィアなど旧世代の影響力を押しのけていった。だがこれを期に、ポーランド系の刑事スタンリー・ホワイトは中国系マフィアを殲滅しようとする。彼はイタリア系ではないので、上層部のように中国系マフィアとの癒着はなかった。そしてジョーイの取引をあばき、最後には追い詰める。撃たれて瀕死になったジョーイは、スタンリーの銃を借りると自分の始末をつけるのだ。

チミノ監督は、前作の『天国の門』（一九八〇年）でロシア東欧系移民の虐殺が行われたワイオミング州のジェファソン郡戦争を題材にしていた。「るつぼ」によって同化することができない、あるいはさせてくれない移民たちの怒りや衝動を映像化した。映画がアメリカの恥部に触れているので評判が悪く、興行的に失敗したのも当然である。犯罪組織という形で移民たちが先鋭化する理由もチミノが描きたかった理由なのだ。東部十三州のアングロ・サクソンやオランダ系の名家以外は、遅れてきた移民として居場所を確保するのが精一杯だった。それが移民同士の対立を生み出す。

ポーランド出身のアンジェイ・バートコウィアク監督の『ロミオ・マスト・ダイ』（二〇〇〇年）は、『ロミオとジュリエット』を下敷きにしながら、中国系のロミオと、黒人系のジュリエットという二つのギャング団の抗争に巻き込まれた恋人たちを描き出した。明らかにバズ・ラーマン監督によるレオナルド・ディカプリオ版の『ロミオ＋ジュリエット』（一九九六年）がブラジルを舞台に空想的に描いたギャング抗争を、ニューヨークにもってきたのだ。それは中国系と黒人系のギャングという新興勢力どうしの争いになっていた。ラーマン監督もバートコウィアク監督も、ともに念頭においているのが、やはり『ロミオとジュリエット』を下敷きにしたミュージカルの『ウエスト・サイド物語』だろう。舞台ミュージカル作品を、一九六一年にロバート・ワイズ監督が映画化した。ニューヨークのポーランド系とプエルトリコ系の少年少女の争いが描き出され、これ以降、モンテギュー家とキャピュレット家はもともとはヴェローナという町の内部対立だったはずなのに、移民の衝突を描くのに便利な設定として利用されてきたのだ。

こうした暴力やアクションの動きに対して、アメリカ映画界で活躍する中国系監督たちは別の形で中国系アメリカ人を表現しようとした。たとえば、香港出身のウェイ・ワン監督は、一九九三年にエイミ・タンの『ジョイ・ラック・クラブ』を映画化したことでも知られる。タンの小説は、二十世紀初頭からの四人の女性たちの家族の物語を浮かび上がらせる。ギャングの抗争などとは異なる語り口で生活を浮かび上がらせた。小説のときから、ステレオタイプの表現が多いとして批判されてきたが、こうした限界をもちながらも、中国系の富豪を描いた『クレイジーリッチ！』（二〇一八年）にいたる系譜を生み出したのだ。

また、台湾から渡ったアン・リー（李安）監督は、『グリーン・デスティニー』（二〇〇〇年）を中国、台湾、香港、アメリカから資金調達を行い、武侠物をそのまま映画化してみせた。

北京官話を使った外国語映画であったが、外国語映画賞だけでなく、作曲賞や美術賞などアカデミー賞をいくつもとって評価されたのだ。リー監督は、ジェーン・オースティンを映画化した『ある晴れた日に』や、西部劇とクイアを重ねた問題作『ブロークバック・マウンテン』など、中国系以外の世界も描くことで、普遍性を訴えることに成功していた。

これ以降、巨大市場となった中国を意識して、アジア系の監督や俳優を使うことも増えてきた。「イヤー・オブ・ザ・ドラゴン」は辰年のことでもあるが同時に龍、つまりドラゴンは中国の別称でもある。アメリカと中国の関係は、大西洋という旧世界との関係だけでなく、太平洋を視野に入れたアメリカの歴史をたえず揺さぶることになる。『ジョイ・ラック・クラブ』のように麻雀をする四人の女性の物語が、二十世紀の米中関係を反映しているのも不思議ではない。移民排斥法からずっと油断できない相手として中国やアジア系が考えられてきたのだ。

このように映画は、観客が共有している経験や物語に広く働きかけることで、移民をめぐる神話を増殖する。もちろん成功したり、ふつうに暮らしている移民も多いわけだが、犯罪者予備軍としての移民像もある。そうした「不良」な手合を国境という水際で食い止めることが難しかったのである。なぜなら、脅威は外から来るだけでなく、アメリカ内部で犯罪者やテロリストが生み出される事態になるからだ。

第3章

犯罪者たちとＦＢＩの相克

1　組織犯罪とマフィア

移民と組織犯罪

海や陸地に引かれた国境線を越えて、すべてのものが合法的に運ばれてくるわけではない。アメリカ本土だけでも、国境線は北にカナダとの境、南にはカリブ海にメキシコとの境があり、東に大西洋、西に太平洋が広がり、非常に長い。

ＣＩＡのサイトに掲載された「ファクトブック」によると、カナダとの国境線はアラスカ側も含めて約八千九百キロで、メキシコとの国境線は、三千百五十キロとなる。海岸線に至っては、太平洋上の島嶼部《とうしょぶ》などを除いても、合計で約二万キロに達するのだ。そのすべてを監視するのは不可能に近い。しかも、沿岸警備隊や国境警備隊の監視をくぐり抜けるために、夜陰に紛れるとか、抜け穴を通るとか、港や空港の税関でも偽装されて人や物が持ち込まれる。実際には、アメリカ国内に不法移民が数多く滞在しているように、違法なものがアメリカ国内に入ってきている。

現在の国内の不法移民の数について、アメリカ国土保障安全省は、二〇一七年に一千百万人ほどだと推定し、それに合わせた政策を実行している。ところが、実際の数はもっと多く、各種の統計値やモデルを検討して、一千六百万から二千万人以上かもしれないと推定する研究もある（ツァランディィ他「アメリカの記録されていない移民の数」）。何しろ不法なので、正確な実数を把握するのはかなり難しいのである。当然ながら税法を逃れた資金が、「マネーロンダリング」されて流通する事態も引き起こしている。

同じく麻薬や酒も法によって非合法化されると、国内での秘密の製造や海外からの密輸といった手段で調達することになる。違法だからこそ、それだけ利益率の高い商売となるのだから、組織犯罪と容易につながる。そして「ロシアンマフィア」や「香港マフィア」と名づけられるように、移民に由来する犯罪組織を結びつけるのは、同じ民族や出身地という要素なのである。

移民先の米国においても血筋や出身地が強調されるのは、チャンスを与えられなかった移民が、アメリカという「るつぼ」に溶け込めない状況を示しているのだ。さらに同じ国籍であっても、人種や民族や宗教さらには、どこの地方の出身なのかで細かく分かれていることも多い。リトル・イタリーにおいても、出身地が北イタリアなのか、南イタリアなのかでも棲み分けと差別があった。

アメリカにおける犯罪と移民との関係は、移民が本格化した十九世紀に大きな問題となった。流入した人々をどのように教育し、国民として管理するのかは、連邦政府にとって大きな課題である。また、犯罪を行う犯罪者の側にとっても、FBIなどに対抗して自分たちの組織を拡大し維持する必要があった。犯罪者と取り締まる側は互いに影響しながら、それぞれ組織化の道を歩んできた。そのため、フィクションにおいて、出身の民族や階級が共通する幼馴染の友だちが、成長するにつれてマフィアなどギャングの側と警察とに進路が分かれる設定が頻出する。

移民のギャング化

ギャングが組織化していくことは、それを取り締まる連邦政府や州警察などの司法側にとっても大きな課題となる。しかも、行政者による政治的な思惑や癒着などの政治的な腐敗によって、どの移民グループを支持するとか、逆に弾圧するのかが選択される。

そうした点を明らかにしたのが、マーティン・スコセッシ監督による『ギャング・オブ・ニューヨーク』（二〇〇二年）だった。ロウアー・マンハッタンのファイブ・ポインツが舞台となるが、リトル・イタリーやチャイナタウンとも重なる。この場所に南北戦争前後にたどり着いたアイルランド系移民が直面した出来事を扱っていた。

一八四六年と六三年の出来事が扱われる。アメリカ生まれの「ネイティヴ・アメリカンズ」という集団と、アイルランド系移民「デッド・ラビッツ」とが争うようすが描かれた。そこに「デッド・ラビッツ」のリーダーとなった父と子の復讐物語が含まれる。さらに、共和党の地盤であるニューヨークで、南部の民主党系の議員を増やそうとたくらみ、アイルランド系移民を支援や買収しながら勢力を伸ばしたタマニー・ホールという集団が黒幕として姿を見せる。

監督のスコセッシ自身が、シチリア系移民の子孫として、リトル・イタリーで育ったことが、この土地の歴史への関心を高めた。出自とつながるイタリア系のマフィアを描いた『グッドフェローズ』（一九九〇年）や『カジノ』（一九九五年）だけではなく、アイルランド系移民のギャングの物語も扱っている。スコセッシは、司祭になりたかったという過去をもっていて、カトリック的な主題を追求してきた。キリストそのものを描いた『最後の誘惑』や遠藤周作の小説に基づく『沈黙―サイレンス―』を取り上げているのも不思議ではない。

『ギャング・オブ・ニューヨーク』の冒頭は一八四六年で、主人公の父親であるヴァロン神父が、アイルランド系移民たちの指導者として、ザ・ブッチャー（肉屋）とあだ名されるビル・カッティングに率いられた「ネイティヴ・アメリカンズ」とぶつかりあう。そして、ヴァロン神父が倒され、息子のアムステルダムは逃げ出してしまう。

十六年後にアムステルダムは少年院を出て、身元を隠してカッティングの手下となる。もちろん復讐心を秘めていた。ジャガイモ飢饉で流れ込むアイルランド系移民に対して、カッティングを頂点とする「ネイティヴ・アメリカンズ」は排除しようとするのだ。タマニー・ホールは、アイルランド系移民を援助して、自分たちの票田としていた。これは『エヴァの告白』で、移民の救援組織が売春を斡旋するのともつながるが、別の意図をもって援助したのである。

ビル・カッティングが肉屋をやっていたという逸話に基づき、商売として肉を切り分ける場面が出てくる。ナイフや包丁を使い、自分でも殺人を辞さない。結局アムステルダムはカッティングに身元がばれて追い出されると、荒廃していたファイブ・ポインツの伝道所を立て直そうとする。そこは、地下にトンネルが掘られ、一種の要塞のようになっているのだ。しだいにアムステルダムのもとに人が集まってきて、「デッド・ラビッツ」を再建する動きが進んでいった。

そうしたなかで徴兵騒動が起きて、昼夜四日続いた。アイルランド系住民を中心に工場労働者や町の清掃人たちが、南部から逃れてきた黒人たちや五番街の金持ち連中を襲ったのである。南北戦争の進展により、兵士の不足を徴兵制で万単位で補おうとしたのだが、その際に金を払うと徴兵を逃れることができたのである。しかも奴隷制度をなくすという理念への反対ではなくて、なぜ黒人のために命を捨てなくてはならないのか、という人種差別につながる意見も出てきた。アイルランド系が黒人を襲う暴動へと発展したのである。マイノリティどうしの争いであり、理念としての奴隷制度廃止への賛否と、リンカーンへの憎悪とが渦巻いていた。

騒動の背景には新参者のカトリックと先住していたプロテスタントとの対立があった。そして、暴動が起きる朝に、五番街の金持ち、ビル、アムステルダムの三人が神への祈りを捧げる場面がカットバックされる。三人は「アーメン」と言葉を揃えるのだが、三者の神が同じかどうかはわからない。アイルランド系の「ニガーを殺せ」「金持ちを殺せ」という合言葉からは、初期のギャングを囲む歴史的な条件が見えてくる。

放火や破壊が続くので、軍隊が出動し、動物園からゾウも逃げ出す騒動となる。「捕虜にはしない」という方針で軍隊は暴徒に発砲する。そして、軍艦から砲撃が行われる。そのさなか、アムステルダムが率いるアイルランド系のデッド・ラビッツと、カッティングが率いる「ネイティヴ・アメリカンズ」が激突するのだ。戦いの時間と場所と武器を決めて対決するのだが、それが徴兵騒動の勃発と重なるのである。

アムステルダムがカッティングを倒して、父親の復讐をはたすのである。カッティングはこれで「アメリカ人として死ねる」という。移民がいつ「真の」国民となるのかという点を問いかけているのだ。そして、タマニーホールの連中は、翌朝下船する移民にスープを配ろうと計画する。今度の騒動でアイルランド系の票をたくさん失ったせいである。そして画面では、ビル・カッティングの墓地の向こうに見えるマンハッタンの眺望がしだいに変わっていく。橋がかかり、ビルが建ち、最後にツインタワーが浮かび上がって、9・11にいたるニューヨークの歴史が回顧されるのである。

『ギャング・オブ・ニューヨーク』のなかで、中国系移民が顔をだしているが、実際にこの時期のニューヨークにいたとは考えにくい。だがスコセッシが愛読したハーバート・アズベリーの原作本（一九二八年刊）には、ファイブ・ポインツで一八九九年に始まったとされる中国人結社同士の争いを描く章があり、その箇所を取り込んだものだろう。第2章で触れたチミノ監督の『イヤー・オブ・ザ・ドラゴン』で、イタリア系と中国系のマフィアの古い絆の話が出てきたのも、リトル・イタリーとチャイナタウンの地理的な近さと、歴史的な経緯を考えるとうなずけるのである。

このようにファイブ・ポインツは、時代によってアイルランド系、イタリア系、中国系と担い手を交替しながら、組織犯罪と移民をつなぐ場所となってきたのである。その過去が地面の下に埋められていることを、こうした映画は掘り返してきたのだ。

イタリアからアメリカへ

それにしても、マフィアは今では普通名詞と思われているが、元来シチリアの犯罪秘密結社をさすイタリア語である。犯罪組織としては、ナポリのカモッラとか、南イタリアのカラブリア州のヌドランゲタ（ンドランゲタ）などと並ぶ。ところがマフィアがこうしたイタリアの犯罪組織全般の総称とみなされてきた。マフィアの名が広く知られたのは、イタリア本国だけでなく、アメリカで組織を拡大したせいである。

マフィアのシチリア起源を視覚的に定着させたのは、フランシス・コッポラ監督のヒット作である『ゴッドファーザー』とその後続作品によるところが大きい。一九七二年に公開されたこの映画をきっかけとして、マフィアのシチリア起源に関する研究が進むようになった。シチリアは鉱産資源の硫黄やレモンなどの柑橘類を産出し、その生産を守る用心棒としての自警団的な組織が、しだいにネットワーク化していったのである。横断的な警察組織が不備なところで、個別の暴力的な解決の手段がとられたのである。

そして、イタリア系の移民はニューヨーク周辺の東部に住み着いて、それからマンハッタン島の外へと広がっていった。たとえば、植民地時代からカトリックに寛容だったニュージャージー州のように、イタリア系やアイルランド系の割合が今も高い州もある。

二〇一四年にクリント・イーストウッド監督の映画にもなったミュージカルの『ジャージー・ボーイズ』は、ニュージャージー出身のロック＆ポップバンドのフォー・シーズンズを扱っていた。一九六〇年代から活躍したバンドだが、ボーカルのフランキー・ヴァリをはじめイタリア系の移民の子孫が作ったグループであった。「イタリア系移民の息子のくせに」と罵る台詞が出てくるように、折に触れてニュージャージー出身であることが指摘される。もちろんタイトルは、彼らがニュージャージー出身に由来する。

しかも、フランキー・ヴァリ以外にも、ニュージャージー生まれのフランク・シナトラやコニー・フランシスが、イタリア系の歌手のイメージを作り上げてきたのである（シモット『イタリア系アメリカ人の形成』17頁）。もちろん、マフィアもいて、テレビドラマの『ザ・ソプラノズ 哀愁のマフィア』（一九九九―二〇〇七年）は、ニュージャージー州のデカヴァルカンテ一家をモデルに製作された。

しだいにイタリア系の移民がシカゴなどの中西部に移り住むようになった。イタリア系の歌手ディーン・マーティン（本名はディノ・クロチェッティ）はオハイオ州のイタリア人移民コミュニティに生まれ、幼少時はイタリア語しか話せなかった。移民の広がりにつれて、マフィアの勢力も地方に拡大していった。禁酒法時代を象徴するマフィアといえば、やはりアル・カポネだろう。

カポネは一八九九年にニューヨークのブルックリンで、イタリア移民の子供として生まれ、シカゴで頭角を表した。顔に負った傷（スカー）から「スカーフェイス」と呼ばれ、一九二九年には「聖バレンタインデーの虐殺」を引き起こす。トミーガン（トンプソン・サブマシンガン）で、敵対するモラン派の七人を殺害した事件であったが、カポネ自身はフロリダにいてアリバイが成立していた。だが、これ以降、それまでの民衆の英雄から、恐怖の対象へとカポネの評価は変わるのだ。

カポネによる虐殺のイメージは繰り返し利用されてきた。たとえば、ビリー・ワイルダー監督の『お熱いのがお好き』（一九五九年）は、失業中のバンドマンがまさにこの事件をを目撃して、カポネ一味から逃げおおすために女装して、シカゴからフロリダに向かう女性バンドに潜り込む話だった。ジャック・レモンとトニー・カーティスがコミカルに演じているが、カーティスは一方で石油会社の御曹司という触れ込みで、バンドでウクレレを弾きながら歌うマリリン・モンロー演じるシュガーと恋に落ちる。

カポネがフロリダに滞在していたのでアリバイが成立していたように、「イタリアオペラ愛好会」というギャングたちの総会が開かれ、バンドマンたちはそこに向かうことになる。

逃げたはずが、かえって中心部に向かったという皮肉がこの映画の持ち味なのである。そして女装したことで、カーティスは恋を手に入れるが、女装したレモンのほうは、彼を熱愛する大金持ちの男に熱愛される。かつらを脱いで自分は男だと告白すると、「完全な人間などいない（Nobody's perfect）」と大金持ちの男が返答するところで終わるのだ。クイア映画として再評価されているが、カポネのイメージを三十年後に利用した点でも重要な作品なのである。なぜなら、映画製作の時点でマフィアの力がまだ強大だったのである。

『お熱いのがお好き』公開の直前の一九五七年に、イタリア本国とアメリカのマフィアとの合同会議が開催された。ボスたちを一同に集めたこの会議によって、アメリカ国民は自国が犯罪シンジケートによって牛耳られていると知ることになった。この会議をまとめたのが、ラッキー・ルチアーノだった。数あるマフィアの組織としては、シチリアから渡ってきたルチアーノが作り上げた「コーザ（コーサ）・ノストラ」は有名である。そして、一九三〇年代以降、アメリカではシチリアとは独自の組織が作られていたのだが、ルチアーノが成功させた合同会議により、連続性が再確認されたのである。

当然ながら、イタリアとアメリカのマフィアには類似点と相違点がある。類似点としては、ともに「兄弟の絆を結ぶ儀式」や「沈黙の掟」をもっていた。相違点としては、禁酒法が廃止になったあと、アメリカのマフィアはギャンブルに乗り出し、麻薬取引にシフトした（パオリ『マフィア・ブラザーフッド』4―10頁)。このように、イタリアからやって来た組織犯罪がしだいにアメリカ国内に定着していった。だが、ビル・カッティングのように「アメリカ人として死ねる」かどうかは、イタリアやシチリアとの関係を問い直すことになる。なぜならドイツ系や日系と同じく、第二次世界大戦で、アメリカはイタリアを敵に回して戦うことになったからである。

コルレオーネ家と組織犯罪

アメリカのマフィアの実像に迫ったのは、フランシス・コッポラ監督がマリオ・プーゾの原作から完成させた『ゴッドファーザー』(一九七二年)である。二年後の七四年には続編となる第二部、そして九〇年には第三部が作られた。原作者で脚本に深く関与したプーゾの死により、以後の作品を作ることをコッポラ監督は断念した。

この三部作が世界にマフィアの名前を再認識させた作品であることは間違いない。実在した複数のマフィアのファミリーの話を複合して作り上げたものだが、「名づけ親」となることで、実際の父親以上に濃密な上下関係をもち、君臨するヴィトー・コルレオーネとその息子たちの運命が描かれる。とりわけ第三部はローマ法王も絡む実際に起きたスキャンダルを題材にしていた。

一九四五年に、ゴッドファーザーことヴィトー・コルレオーネの娘のコニーとカルロとの結婚式が進んでいく。それにつれて大小さまざまな依頼が持ち込まれる。冒頭で示されるのは、性的暴行にあった娘の復讐として相手を殺してくれという頼みだった。金を払うという相手に、「友人」ならばそんなものはいらないとし、今まで疎遠だったことを詫びさせ、ゴッドファーザーと呼ばせる。頼みを聞き入れる代わりに、何か頼み事をするかもしれないと口にする。金銭ではないからこそ、心理的な貸し借りが物を言う。

また、ハリウッドの映画の出演を頼んできたジョニーという俳優は、ヴィトーの名付け子なので無条件に聞き入れる。長男のソニーと弁護士が事態の解決を命じられる。映画会社の社長が、五年かけて自分が育てていた女優の卵を台無しにしたジョニーには、役は永遠に与えられないという。彼らは警告として、社長のベッドに大切にしていた六十万ドルの価値のある馬の生首を投げ込んで血まみれにするのだった。この撮影の際に、本物の馬の首を使って、動物愛護団体から抗議を受けた。映画内での動物虐待に関するルールができたのは、ジェシー・ジェイムズを主人公にした映画『地獄への道』（一九三九年）の撮影で、急斜面を下降させて馬を死なせたことが原因だった。現在ならば、偽の首を利用するところだろう。

妹の結婚式に礼服ではなく、海兵隊の軍服を着て恋人のケイとやってきた三男のマイケルが、一家のなかでしだいに頭角をあらわす。マイケルが他のファミリーとの抗争で事件を起こすと、身を隠すためにシチリアへと旅立った。そしてヴィトーの回想シーンとして、シチリアの風景のなかをマイケルが歩く場面がある。シチリアを媒介にして、ヴィトーと次期ゴッドファーザーに上り詰めるマイケルとが重ねられるのである。

そして、身内の裏切りで、長男のソニーが料金所で銃弾の雨を浴びて殺害される場面は有名である。その悲劇的な結末に、ヴィトーは犯人を探すことなく五大ファミリーを集めて和平協定を結ぶのだ。それぞれの息子たちの復讐をこれをもって終息することで、マイケルのアメリカへの無事帰国を約束させる。そして真の黒幕がバルジーニであることを確信する。

マイケルはシチリアで恋人を得たが、彼女は車ごと爆破されてしまう。そして兄の死を聞いてシチリアからもどったマイケルが、ヴィトーの後をついで次のゴッドファーザーとなる。相談役の弁護士などもマイケルに従わされる。元の恋人のケイに求婚し、これからは父の代とは異なり合法的に商売をしていくと告げる。そしてラスベガスのホテルとカジノを買い取り、ネヴァダ出身のカルロを頼りに、そのラスベガスへ移る計画を進めていた。その折、ヴィトーが孫とトマト畑で遊んでいるときに死亡する。その葬儀で、ファミリーたちの勢力関係が変化し、バルジーニを中心に再編される様子がうかがえる。

軽く見られたマイケルは、カルロと妹のコニーの間に生まれた息子の洗礼式に、ゴッドファーザーとして出席する（まだ赤ん坊だったコッポラの娘のソフィアが息子の役をつとめたことでも知られる）。映画冒頭のコニーの結婚式に対応するものとして、儀式の進行とともにライバルのドンたちが、床屋やエレベーターのなかなどで次々と暗殺されていく。カポネが行った聖ヴァレンタインデーの虐殺のように、マイケルは洗礼式に参加していてアリバイが存在するのだ。この虐殺によって五大ファミリーの再編が、コルレオーネ家を中心に進むことになる。

洗礼式でゴッドファーザーの役割を終えると、マイケルは義弟のカルロの裏切りへの処罰を行う。カルロがマイケルの妹である妻に暴力をふるい、さらに他のファミリーに情報を売っていたことを突き止める。それが兄のソニーの暗殺につながった。敵対するバルジーニに誘われたことをカルロに告白させる。そして、マイケルは、カルロにラスベガスに行くよう指示するのだが、車に乗り込んだところでカルロは絞殺されてしまうのだ。ヴィトーが「ファミリーに入れない」と断言したように、一度よそ者と決められた者は、最終的に身内とみなされない。だがその疎外感こそが、カルロを裏切りへと追いやったとも言える。

このあたりは、古い掟に従う者としてのマイケル・コルレオーネの姿が浮かび上がる。しかも人殺しはせずに、合法的な仕事をすると妻に約束しながら、他のファミリーのドンを軒並み暗殺するというヴィトー以上の荒業を決行するのである。息子の洗礼式の日に、その父親であるカルロを殺害したことを妹のコニーはなじるのだが、マイケルは動じない。マイケルを演じたアル・パチーノが、ヴィトーを演じたマーロン・ブランドを越えようとする映画でもあった。

『ゴッドファーザー』で亡くなったヴィトー・コルレオーネの生い立ちは、続編となった『ゴッドファーザーPARTⅡ』（一九七四年）の冒頭で描かれた。若き日のヴィトーをデ・ニーロが演じていた。父親を地元のマフィアのボスであるドン・チーチオに殺され、復讐を誓った兄も、ヴィトーを守ろうとした母親も殺されてしまう。そしてアメリカに渡り力を得ることでシチリアのマフィアが、愛憎のレヴェルでもアメリカのマフィアとつながることを明示していた。

幼いヴィトーが移民の群れといっしょに船上から見上げる自由の女神像は、「チャップリンの移民」や『アメリカ　アメリカ』や『エヴァの告白』における自由の女神像とは意味合いがかなり異なる。なぜなら、アメリカで彼が得ようとしているのは、家族の復讐をするための力でもあったからだ。そしてエリス島の移民管理局で、書類のコルレオーネのヴィトー・アンドリーニという表記を、ヴィトー・コルレオーネとされてしまったせいで、自分が生まれたシチリアの土地と離れることができなくなってしまう。

大人になって自らシチリアに乗り込み、オリーブオイルの輸入の話を餌にして、肉親の敵であるドン・チーチオと向かい合う。「ヴィトー・コルレオーネ」と自分の名を告げると、チーチオは故郷の町の名前をとったのかと納得する。そして父親の名を問われて答えるヴィトーに、ドンは耳が遠いのでもっと大きくと依頼するのだ。そこで、ヴィトーは顔を近づけ「アントーニオ・アンドリーニ」と告げながら、取り出したナイフで刺し殺すのである。第二部は、ヴィトーの生い立ちを追う過去と、マイケルの現在の話が交錯する複雑な構成をもちながら、シチリアとアメリカのマフィアのつながりを二重に見せていることで評価も高い。

合法的に金を儲けるために、コルレオーネ一家は根拠地をラスベガスに移そうとした。マフィアの影響力のある場所として知られていた。ネヴァダ州が一九三一年に賭博を合法化したことによって、注目される場所となった。そして、第二次世界大戦後にユダヤ系ギャングのベンジャミン・シーゲル通称バグジーがフラミンゴホテルを建て、そのディナーショーにフランク・シナトラなどの大物が呼ばれて、客を集めたのである。けれどもバグジーは、シンジケートの不信を買って暗殺されてしまう。

『ゴッドファーザー』にバグジーは、モー・グリーンというキャラクターとして登場し、次男のマイケルが彼のホテルとカジノの買収を持ちかけると、それを断る。だが、洗礼式で虐殺されてしまうのだ。カジノとホテルとディナーショーを結びつけた合法的なビジネスが、マイケルはヴィトーが名付け親となった俳優で歌手でもあるジョニーにショーの手配を任せるという場面が出てくる。マフィアが映画産業や芸能の興行に深く関わっていることがよくわかる。

労働運動とマフィア

マフィアのような組織犯罪は、それ自体がシンジケートを作るだけでなく、政党や労働組合を通じて一般社会に浸透していった。ギャングという会社に雇われて、スト破りや組合活動を弾圧する側だけに思えるが、それよりも暴力的に組織を握り維持するという手腕によって浸透したのである。「ラケッティア（racketeer）」という独特の用語がギャングを表し定着しているが、「レイバー・ラケッティア」つまり「労働ギャング」と呼ばれる。暴力組織がそのまま会社への脅迫手段にもなれば、和解や癒着の温床にもなり、とりわけ巨大組合の資金は、組織犯罪にとって魅力的なのである。

ユニオンショップ制をとっている企業においては、「組合＝企業」ともなるので、それを牛耳ることが大きな力となる。たとえば、ブールス・スプリングスティーンが歌った「ザ・リバー」（一九八〇年）には、主人公が「十九歳、組合員証と結婚のコートを手に入れた」という歌詞がある。そして「ジョンストン会社で建設の仕事を見つけた」が、「最近景気がよくないので仕事があまりない」と赤裸々にようすを語る。ブルースの義理の弟が失業した体験をモデルにしたとされるが、この会社はおそらくユニオンショップ制なので組合員証が真っ先に必要だったのだ。

マフィアと全米トラック運転組合の関係を体現したのが、ジミー・ホッファだった。倉庫で賃上げのストなどを行う小さな組合活動から始まり、一九三二年に加入した全米トラック運転組合のデトロイトの第二九九支部から組合内で出世をしていく。トラック運転手のことを御者から転じてティームスタ（teamster）と呼ぶ。ホッファたちは、他の組合から労働者を引き抜き、会社などとも暴力行為を行う戦闘的な態度をとっていた。ついには、一九五七年に三代目の全米の委員長となった。それにはマフィアの後押しが背後にあった。

マフィアは公然と全米トラック運転組合に入り込んでいた。ニューヨークのジェノベーゼ一家の頭（カポ）であるアントニー・プロベンツァアーノが、ニュージャージー支部の支部長に就任していたほどだった。こうした点が問題となり、全米トラック運転組合は、産業別労働組合（ＡＦＬ）からの脱退も余儀なくされる。またケネディ政権のときに組合員の年金の積立金などを低金利でラスベガスに投資した問題などで、司法長官のロバート・ケネディと裁判闘争を繰り広げた。

ところが、一九七五年の絶頂のときに、ホッファは失踪してしまう。誘拐や暗殺の憶測が流れたが、死体などの手がかりになるものは何一つでてこなかった。マフィアが組合の年金資金を流用する件でホッファと揉めていたのが原因だとする説もある。興味深いのは、息子のジェイムズ・P・ホッファは大学で法律をおさめて、全米トラック運転組合の顧問弁護士を務め、その後父親の後を継ぐように委員長になった。ジェイムズは、ブッシュ政権などの政府の委員会にも招かれ、政府と敵対した父親とはかなり立場が異なっている。そして、娘のバーバラもロースクールを出て、長年ミズーリ州の巡回判事を務めたのである。法的秩序の側に二人ともついたのである。

ホッファの出世と失踪事件は大きな関心を招いた。ノーマン・ジュイスン監督がシルベスター・スタローン主演で製作した『フィスト（F・I・S・T）』（一九七八年）はこのホッファ事件をモデルにしていた。ホッファはペンシルヴァニア・ダッチでオランダ系だったが、ジョニー・コヴァックというハンガリー移民に設定を移している。脚本にもスタローンが関わり、ハンガリー語を話す場面すらある。

ホッファの生涯をなぞるように話は進む。そして、題名の『フィスト』は、組合名の略称であるとともに、握りこぶしを掲げて団結を示すシンボルともなっていた。そして、映画のなかで幾度となくフィストという歓声とともにこぶしがあがる。とりわけ、握りこぶしの組合の旗を背にして、「ワン・ビッグ・フィスト」とコヴァックが声をあげて、演説を聞く聴衆を扇動する場面は異様な迫力に満ちている。

握りこぶしをあげることは、ＩＷＷ（世界産業労働組合）が一九一七年に労働運動のシンボルに決めて以来利用されてきた。握りこぶしの過去を踏まえて、組合の名称として選ばれていた。同時にコヴァックたちは、その握りこぶしで相手をぶちのめすのである。棍棒などを抱えて、会社が雇ったスト破りのギャングたちと乱闘になる。その際のコヴァックの戦闘力と統率力に目をつけたマフィアが興味をもち始めるのだ。両者の癒着が高まっていくにつれ組織が強大化し、コヴァックが頂点に上り詰めたのだ。

コヴァックが議会の公聴会に呼ばれると、連帯の意思を表明して、組合のトラックが、縦列で議会の近くの道路で示威行動をする。そして公聴会を終えて、外に出てきたコヴァックを支持するトラック運転手たちが、コヴァックの名前とフィストを連呼するのだ。だが、帰宅すると妻のベッドは空になっていた。不安を感じてコヴァックは隠しておいた銃を片手に階段の上に立つと、下で待ち構えていた暗殺者に撃ち殺されるのだ。そして「ジョニーはどこへ行った？」というステッカーを貼ったトラックが走っていくのが映画の終わりだった。冒頭の稼働する工場がもつ、陰鬱な雰囲気から抜け出すためのコヴァックの理想や努力が、マフィアとの関わりで腐敗と汚辱にまみれてしまったのである。

これに対して、実名をあげてノンフィクション映画の体裁をとったのが、ダニー・デヴィートが監督し出演した『ホッファ　JFKが恐れた男』（一九九二年）だった。ホッファの役をジャック・ニコルソンが務めた。デヴィートは複数の側近を合わせたボビー・チャロという人物を演じている。ホッファはトラック運転組合に加入しようとしない相手を爆破するが、その際に片腕となっていた人物が焼死したので、チャロが代わりとなる。チャロはイタリア系で、イタリア語を話せるのでマフィアとの交渉も引き受けていた。

この映画はホッファに関して迷宮入りした出来事に一つの答えを与えている。ホッファとチャロが車で立ち寄ったロードハウスで、コーヒーを運んできたのがじつは暗殺者だった。車の屋根に運んできたコーヒーを置くと「ホッファさん？」と確認し、ホッファとチャロの二人を射殺した。そこに仲間が運転する大型のアルミバンがやってくる。巨大トラックの荷台に外から見えないようにアルミの囲いがあるので、そのなかへ、死体ごと車を積み込んでしまうのだ。その際に、車の屋根からトレイに載せていたコーヒーが紙コップごと地上に落ちるのが、転落を示す印として効果的になっていた。トラック運転組合の委員長とその片腕が「荷物」となって、トラックに載せられてどこかへと運ばれていく終わり方は、トラックの後ろ姿が同じように映る『フィスト』の連帯を示す終わり方とは、まるで異なる印象を与えるのだ。

脚本のデヴィッド・マメットは、営業部員の疲弊する毎日を描いて『摩天楼は夢見て』として映画化された戯曲でピュリッツァー賞をとった劇作家であり、社会派の映画脚本を何本も書いている。たとえば、TVシリーズへのオマージュを捧げたブライアン・デ・パルマ監督の『アンタッチャブル』(一九八七年)でも、エリオット・ネスとカポネの対決を描き出した。そうした視点の延長線上にホッファを捉えているのである。

組織犯罪と労働運動の関係を断ったのは、一九七〇年に制定された「RICO法」つまり「組織犯罪規制法」だった。これによりマフィアが弱体化していった。七五年のホッファをめぐる混乱や失踪事件も、RICO法に原因がある。そのなかに「組合の財産の横領の禁止」という項目があり、これ自体がマフィアと労働運動の濃密な関係を物語っているし、組合の資金をラスベガスの連中へ低利で貸し付けていたとされる、ホッファを直撃する規制内容であった。

この法律は数々の違法なラケッティア行為を禁じるもので、一九九一年に日本で制定された暴力団対策法にあたる。略語の「リコ」といえば、日本でも知られるギャング映画の古典として、エドワード・G・ロビンソンが主演した『犯罪王リコ』(一九三〇年)で描かれたイタリア系ギャングの話があるのだが、リトル・シーザーと呼ばれたリコの存在が名称をつける際に念頭にあったのかもしれない。

2　組織犯罪とＦＢＩ

州をまたぐ犯罪

アメリカ国内の組織犯罪に対抗するための連邦政府の組織としては、火器や爆発物を担当するＡＴＦや麻薬取締局という個別のものだけではなくて、ＦＢＩが州をまたぐ誘拐や殺人など包括的でいちばん大きな組織である。マフィアの側が州を越えた全国組織のシンジケートを立ち上げるようになれば、個別の犯罪を州ごとに対応していては限界となることは明らかだった。アメリカ独立の理念でもあった連邦政府からの州政府の相対的な自立が、逆手にとられていたのだ。そこで広域捜査ができるようにと、一九〇八年にＦＢＩ（連邦捜査局）のもととなる捜査局が司法省のなかに創設された。二〇〇八年に発刊された『ＦＢＩ百年史』は、百年間のＦＢＩの活躍を七つの時期にわけて紹介し、ＦＢＩのサイトで全文が公開されている。

順に「国家的要請　一九〇八―二三年」「FBIとアメリカのギャング　一九二四―三八年」「世界戦争、冷戦　一九三九―五三年」「全員のための正義　一九五四―七一年」「アメリカに蔓延する犯罪と腐敗　一九七二―八八年」「騒動の世界　一九八九―二〇〇一年」「国家安全保障の新しい世紀　二〇〇一―八年」となっている。この区分から、FBIひいてはその上部機関であるアメリカ司法省が、自国の歴史をどのように把握しているのかが理解できる（正式名称は三五年に変更となったのだが、連続性を考えて以下FBIで通す）。

FBIは連邦政府の職員だということで、Gマンと呼ばれた（日本では複数形のGメンで通用している）。『民衆の敵』（一九三一年）で冷酷なギャングを演じたジェイムズ・キャグニーは、『Gメン』（一九三五年）で弁護士から特別捜査官となった人物を演じた。三〇年代前半に、『民衆の敵』『犯罪王リコ』『暗黒街の顔役』といったギャング映画で大儲けしたワーナー・ブラザースが、世間からの批判を浴びて、今度は一転FBIに関する映画を出したのだ。その代表作が『Gメン』だった。

キャグニー演じるデイヴィスという弁護士は、仕事を選び「悪徳弁護士」になれという誘いも断り、開店休業状態だったが、そこに知り合いのブキャナンがFBIへのリクルートにやってくる。最初は断っていたが、当初のGメンは銃をもたず丸腰だったので、ギャングをブキャナンが逮捕しても、彼らの味方に撃ち殺される場面が出てくる。その知らせを聞いて、犯人を捕まえるという動機から、デイヴィスはFBIに転職するのである。

デイヴィスは首都ワシントンでの訓練に参加する。デイヴィスが教官に投げとばされる様子が描き出される。銃の扱いだけでなく、体術の身体的な訓練もほどこされていた。そして、犯人をあぶり出すのに、弾痕や指紋の一致という科学捜査が導入された。一致や不一致がたちどころに視覚的に判別されるので、FBIの捜査手法が観客に理解できるように工夫されている。

興味深いのは、デイヴィスは、マッケイというアイルランド系を示唆する名前をもった親分からの援助を受けて、弁護士になったのである。マッケイの部下のギャングたちが、彼が味方だと思っても不思議ではない。だが、マッケイは引退するので、デイヴィスがFBIに入ることを認めたのである。このようにギャングの側にも親身な人間がいるという説明の仕方で善悪のバランスをとっている。そして、ブキャナンを殺した凶悪犯のギャングが、クチナシの花を胸飾りにしているのを知っていたデイヴィスは、犯人の目星をつけて指紋を照会させる。『Gメン』は同じような出自の者が、ギャングとFBIに分かれる物語だった。

一九三五年当時、FBIが正式に発足したと世間に知られるようになったとはいえ、州別に逮捕権など警察の管轄の違いがあった。FBIが州をまたいで捜査できるのも、殺人事件や禁酒法違反などの広域捜査が必要なものに限られた。小さな窃盗や詐欺のたぐいはあくまでも地元警察に委ねられていた。これをうまく利用したのが、ピーター・ボグダノヴィッチ監督の『ペーパー・ムーン』（一九七三年）だった。

ジョー・デヴィッド・ブラウンが書いた『アディ・プレイ』という小説を映画化する際に、『Gメン』が公開された一九三五年を舞台とした。その雰囲気作りとして選ばれたのが、一九三三年に流行した歌だった。映画にでてくる巨大な紙の月に座って記念写真を撮る場面は、映画用に加えられた趣向だった。監督のボクダノヴィッチは、あえて白黒映画として撮影し、ノスタルジックな雰囲気を与えた。

カンザス州の各地で、地元新聞の死亡欄を利用して、名前入りの聖書を遺族に売りつけるという詐欺師モーゼスと、自動車事故で亡くなったその恋人の娘であるアディとの旅を描いている。ただ一人の関係者として葬式に現れたモーゼスは、アディをミズーリ州に住む伯母の家まで届けるように頼まれる。代りに自動車事故の示談金の二百ドルをせしめるのだが、二十ドルだけアディに渡して残りは使ってしまった。アディが全額の返金を迫るので、モーゼスは商売をしながら、アディを伯母のところへ送り届けることになる。

アディも協力しながらの聖書を売りつける旅の最後に、モーゼスはカンザス州の密売人に、本人の倉庫にあるウィスキーを売りつけるという詐欺を働く。一九三三年に連邦法としての禁酒法は廃止になった。だが、カンザス州は一九四一年まで禁酒州だったので、ウィスキーの密売をめぐる詐欺が成立したのである。別に三五年を舞台にしても時代錯誤なわけではない。

密売人の弟である保安官が追いかけてきて、代金を取り上げようとする。そもそも兄弟二人が結託して、払った代金を回収する仕組みができていたのだ。モーゼスたちは逃げる途中で、自分たちの車を農業用トラックと交換までするのだが、結局捕まってしまう。けれどもアディの機転で、帽子のなかに金を隠し、なんとか留置所からの脱走に成功する。

モーゼスとアディは、彼女の伯母のいるミズーリ州のセント・ジョゼフの町までやってくる。保安官たちが追いかけてきたのだが、管轄が違うのでカンザスの犯罪をミズーリでさばくことができない。そこで彼らはモーゼスに殴る蹴るの乱暴を働くことで憂さを晴らし、金をすべて巻き上げてしまうのだ。連れてこられた伯母の家に入ると、アディは温かく迎えられるのだが、本当の父親かもしれない男についていくと決心する。追ってきたアディに気づくが、拒否するモーゼスに、「まだ二百ドルの貸しがある」というのが決め台詞となる。

二人の役を実際のライアンとテイタムのオニール親子が演じたことで、モーゼス（モーゼ）・プレイ（モーゼの祈りと解釈できる）という聖書を使った詐欺師と、「顎が似ている」ので本当の娘かもしれないアディとの物語に、映像的な深みが加わった。

そして、カンザスの外にあるセント・ジョゼフでの生活が、『オズの魔法使い』でドロシーが訪れたエメラルド・シティとおなじように、アディにとっては、夢のような幸福な場所に見えて、似て非なるものにも思えるのだ。地平線まで続く一本の道を車が走る最後のシーンは、詐欺を続ける旅がこの後も続くという暗示と、別の場所に向かう結末を語っている。それは、ジョン・フォードが監督した『怒りの葡萄』(一九四〇年)で、ジョード一家がトラックに乗ってオクラホマ州からカリフォルニア州を目指す姿とも重なっている。

『Gメン』で、捜査員を銃殺したギャングを追っていくと、カンザス州からミズーリ州のセント・ジョセフへ逃げたことがわかる、というエピソードが出てくる。偶然の一致かもしれないが、ブラウンの原作小説では、アラバマ州やテネシー州のメンフィスなどが舞台だったのを、カンザス州とミズーリ州の設定に変えたのは禁酒州のことが念頭にあったからだろう。それに加えて、ボクダノヴィッチ監督が『Gメン』の映画的な記憶を盛り込んだのかもしれない。

モーゼスとアディによるカンザスからミズーリへの逃亡劇は、まさに通信や物流が州の境を越えていくことを示していた。彼らはFBIに追われるような重大な犯罪者ではないので、訪れた土地で聖書詐欺をしながら、さらに別の町や州へと逃げていけるのだ。

証人保護プログラム

いざＦＢＩが取り締まるためにマフィアと向かい合ってみると、組織を守るための「沈黙(血)の掟《オメルタ》」の存在に阻まれて、全貌を掴むのが難しかった。そこで、ＦＢＩは、減刑などの条件を与える司法取引を持ちかけ、さらに二十四時間身柄を保護する、という証人保護プログラムを提示することで、マフィアの仲間の情報を手に入れようとした。

そうした条件が整ってきたせいで、一九六三年にジョゼフ・バラキがコーザ・ノストラの一員として初めて組織の内実を話したのである。バラキはニューヨークのジェノヴェーゼ一家に属していた。たとえば、一九三〇年代後半に自分が加入した際の儀式について詳しく述べた。四十人ほどのギャングが、銃とナイフが置かれた長方形のテーブルを囲んで見守る中で、誓いの言葉を述べさせられたという。組織の人間関係や犯罪への関与についてのバラキの告白は、「バラキ文書」としてまとめられた。

バラキとヴィトー・ジェノヴェーゼという当事者が亡くなってから、それを題材にしてチャールズ・ブロンソン主演の『バラキ』（一九七二年）という映画が製作された。テレンス・ヤング監督は、文書通りに誓いの場面を再現している。

テーブルの上に銃とナイフが置かれ、そこで居並ぶマフィアたちが挙手でバラキが加入するかを決定した。指に針を刺して流れ出た血の滴を互いにすり合わせて、「ファミリーになった」と宣言するのである。そのあと、バラキは両手のなかに燃えるものをもち、炎をたてながら、誓いの言葉を繰り返す。熱さに耐えるのも試練のひとつだった。そして周囲からイタリア語なまりの英語やイタリア語そのものが飛び交った。肉親以上のつながりができたという証であることが観客にも理解できるのだ。

『バラキ』は、マフィアの後継者となったボスからの脅迫もあり、撮影はアメリカではできずに、イタリアのローマで行われた。皮肉にもマフィアの勢力は、アメリカよりも、イタリア北部のほうが弱く、管理が可能だったのである。

カポネが三代目のボスをつとめたシカゴのアウトフィットで、日系アメリカ人として活躍したモンタナ・ジョーこと衛藤健のケースもある。一九八三年にイタリア系の仲間から三発の銃弾を頭に受けたので組織に愛想がつき、八五年に司法取引で仲間のことを証言している。イタリア系の組織のなかで日系という立場は弱く、色々と人種差別的な妨害にあっていたのだ。現在ＦＢＩが公開している当時の秘密ファイルによると「ジョー・〈ケン〉・エトーは、十五から二十年ほどシカゴの組織犯罪の〈ギャングのボス〉であり、シカゴの組織犯罪とは三十年ほど関係をもってきた」という評価がなされていた。それだけにモンタナ・ジョーの証言の価値は高かったのである。

こうした手法は、ニューイングランドで起きた魔女狩りや、ハリウッドを席巻したマッカーシー旋風の赤狩りで採用されたものと同じであった。免罪を与える代わりに仲間の名前を口にすること、つまり「仲間を売る」ことが求められたのである。エリア・カザンが晩年までハリウッドで非難を浴び続けたのは、この行為に関してだった。赤狩りの際に非米活動委員会でかつての左翼仲間の名前を挙げたことで、裏切り者としてのレッテルを生涯にわたって背負うことになったのである。

魔女狩りや赤狩りの時代に証人保護プログラムなどは存在しなかった。もちろん証人に対して、暴力的に報復する組織が存在していなかったせいでもある。ところがマフィアたちは別だった。仲間を売った者の命を奪うことは珍しいことではない。そこで、一九七〇年に組織犯罪に対処するためにこのプログラムの正式な法整備がなされた。

証人保護プログラムにより、バラキやモンタナ・ジョーのようなマフィアの当事者だけでなく、重要な目撃者も保護される。このプログラムを題材にして、コミカルに描いたのが『天使にラブ・ソングを…』（一九九二年）だった。カトリック映画であり、イタリア系移民の息子であるエミール・アルドリーノ監督の遺作となった。

舞台は、ネヴァダ州で、ラスベガスに次ぐカジノ都市である「世界で一番小さい大都市」

リノである。リノを支配するマフィアのボス、ヴィンスの愛人である歌手のデロリスが、殺人現場を目撃して逃げ出した。マフィアの部下たちに殺されそうになったのを、ヴィンスを一年以上も内偵していた警察が、麻薬の取引やマネーロンダリングに加えて殺人をしたという裁判の証人として、彼女を保護プログラムの対象とした。

デロリスは、メアリー・クラレンスという新しい名前を得て、サンフランシスコにあるカトリックの女子修道院に匿われる。デロリスがスペイン語の「悲しみ」に由来し、メアリーは修道院長が説明するように「聖母」から来ているのだから、ここには「悲しみの聖母」が隠れている。少女時代のデロリスが、尼僧に使徒の名前をあげろと言われて「ジョン（ヨハネ）、ポール（パウロ）、ジョージ（ゲオルグ）そして、リンゴー」とビートルズの名前をあげて叱られる場面からは、使徒や聖人の名前がふつうに使われている事実にあらためて気付かされる。このあたりも宗教映画である証だった。

デロリスは修道院での窮屈な暮らしを抜け出し、向いの店に酒を飲みに出かけたりしていたが、ひょんなことから歌の基礎ができていない合唱隊をしだいにトレーニングして、見事なハーモニーを聞かせるようになる。「オー・マリア」の歌声に惹かれて、教会の外から若者が入ってくる。劇場やカジノを超える魅力を教会がもっていないのが、人気がでない理由だとデロリスは修道院長に訴えたが、彼女は、プロテスタントの黒人教会が行っているゴスペルのやり方を踏襲している。このあたりが、非カトリックの観客にも訴えるための工夫なのである。

合唱隊が評判となり、テレビのニュースに取り上げられて、デロリスの存在がヴィンスたちに知られ誘拐されてしまうのだ。その騒動から、彼女が本物の修道女ではないという素性が修道院内で明らかになる。だが、仲間意識をもった修道女たちは、デロリスを救出するために、悪徳の都であるリノまで出かける。事態が無事解決し、アメリカを訪れたローマ法王の前で合唱隊が、ペギー・マーチの曲である「アイ・ウィル・フォロー・ヒム」のヒムを恋人ではなくて、神に変更して歌うのである。それは「マイ・ガール」を「マイ・ゴット」と読み替えて歌うのと同じだった。俗っぽいラブソングが、神への愛の歌となる。

『天使にラブ・ソングを…』では、本来は罪人でさえも保護する役目をもつ「神の家」としての教会や修道院が、社会的な機能を果たせずにいる。それが教会の外にある若者たちなどの抱える苦境に手が届かないことだった。そうした現実への皮肉がこもっていた。「間違えるのが人間、許すのが神」と修道院長は口でも言うが、デロリスと関わることで実行するようになる。デロリスを警察からの要請で保護した修道院が、彼女の力によって本来の役目を自覚し社会に門戸を開いていく。

ひとつは歌声のハーモニーによって、建物の外へと教会の力が広がって、聴衆ひいては信者を増やした。また、テロリスを救出するために、修道院長以下がリノへと向かう選択をしたのは、女たちの連帯、まさに文字通りの「シスターフッド」の証であり、修道院内の身内意識からではない。司法とは異なる「救済」がありえるものとして、宗教の意味合いを新たに問いかけているのだ。

当然証人保護プログラムがあっても、マフィアたちは自分たちに不利な証言をする証人を消そうとする。検察側の証人を裁判所まで無事に届ける様子を描いたのが、クリント・イーストウッド監督主演の『ガントレット』（一九七七年）だった。ガントレットとは、両側から武器で襲われるなかを通り抜ける処罰のことだが、映画の最後、裁判所の前での壮絶な銃撃戦が有名である。そして、アーノルド・シュワルツェネッガー主演の『イレイザー』（一九九六年）は、証人保護プログラムで保護されているはずの証人が狙われるのを阻止する連邦保安官の活躍を描いていた。違法な武器輸出に大企業や国務省の役人がからみ、証人が消されていくなかで、内部の裏切り者から証人を守り抜く必要があるのだ。どちらも証人保護プログラムを維持すること自体に困難を伴う現実が、映画としての見せ場を生み出している。

マフィアへの潜入捜査

司法取引や証人保護プログラムを利用して、マフィアの一員に仲間を裏切らせて証言を得るというのは、やり方として間接的である。撹乱するための虚偽の情報を掴まされる危険もある。そこで潜入捜査という手法が採用される。相手の組織を密かに管理するためには、このスパイ手法は有効である。ただし、相手の組織内で地位が上昇しないと得られる情報が少ないので、マフィアの犯罪に加担することになるし、出世のための点数稼ぎをFBIの側がお膳立てをすることさえある。これは犯罪の抑止という点で危うさを秘めている。

FBIの潜入捜査官の実話に基づいてマイク・ニューウェル監督の『フェイク』（一九九七年）は製作された。ニューヨークのマフィアのボスであるレフティをアル・パチーノが、右腕となる潜入捜査官ピストーネをジョニー・デップが演じている。原題の「ドニー・ブラスコ」はピストーネが潜入したときの変名だった。

宝石鑑定ができるドニーという人物としてピストーネはレフティに近づく。レフティが鑑定を指示したダイアモンドがジルコンだと見破り、言い値の八千ドルの価値などないと査定する。そして騙した相手から代わりにドニーはポルシェを巻き上げるのだ。その鮮やかな手腕に、潜入捜査官ではないかと疑って、ドニーの車のカーステレオなどをレフティは分解してしまう。だが見つからずにかえって信用してしまう。この偽物の宝石をめぐる騒動が、フェイクとしてのドニーを見破れないレフティの姿を浮かび上がらせている。

レフティの息子は麻薬に溺れているので、その代わりをドニーに求めてもいた。そして仲間に入ったら、「おれの友だち」は子分のことで、「おれたちの友だち」は仲間のことだとか、呼び出されるとは「消される」ことだとか、マフィアの仲間内の決まりを教わっていく。

マフィアの縄張りとして、レフティはリトル・イタリーを任され、ライバルであるソニーはブルックリンを任され、親分に昇格する。レフティは大親分のために二十六人も消したのに、評価されなかったことを根に持つ。しかも上に立ったソニーは、レフティたちにノルマを求めるのだ。組織犯罪としてのマフィアが成果としての数字を求めるだけの「官僚主義」体制となっていた。ドニーはレフティを踏み台にして、ソニーへと近づく。そして、ソニーの一派をマイアミにおびき出して、彼がそこで開いた店で一網打尽にする。マフィアたちは弁護士の力ですぐに釈放されるが、裏切り者を探して仲間割れを始め、三人の親分がソニーたちによって殺される。互に自滅させるのも、ＦＢＩの狙いのひとつだった。

ところが、捜査官ピストーネはドニーとしての役割に疑問を感じ始める。日本料理店に入ると、ブーツに隠したマイクを見つけられたくないので脱がないと言い張り、戦争で勝ったのはどっちだと店員に難癖をつけ、みなで殴る蹴るの乱暴をはたらくのに加わるのだ。身分がばれないようにマフィアらしく粗暴に振る舞わなくてならない。そうした方法に自己嫌悪を感じつつも、レフティからの信頼関係を利用し、ソニーとレフティの対立を煽るのだ。

ピストーネは自分の家族との関係は最悪となる。ＦＢＩという組織の「官僚主義」のなかで、自分の生活をつぶされそうになっている。娘の重要な儀式にも父親として参列することができない。しかも潜入捜査の六年間は「出向」扱いなので、昇給もないといったあからさまな事情も妻の口から悪口として出てくる。一方でレフティも「自分は歯車」だと言って、ソニーの命令に逆らえない。ドニー＝ピストーネは苦悩のなかでＦＢＩへの定時連絡も断つようになる。レフティとドニーがいっしょに逮捕されたところで作戦は終了した。

その後、保釈されたレフティが仲間から呼び出しを受け、死を覚悟して妻のために指輪や金など価値あるものを引き出しに残していく。ピストーネはＦＢＩから表彰のメダルと五百ドルの小切手をもらって終わる。身元がマフィアに知られてしまったので、今度はピストーネの一家が変名で暮らし、マフィアに五十万ドルの賞金をかけられているのだ。実際のレフティは、一九八一年に逮捕されたときにも、ドニーが潜入捜査官だったとは信じられずに、ＦＢＩとの司法取引には応じず保護プログラムも拒否して証言をしなかった。刑期の途中で癌になり病気釈放され、すぐに亡くなってしまった。

この映画で、裏切られながらもFBIの潜入捜査官だったドニーへの愛情を捨てないレフティを演じたのがアル・パチーノだった。パチーノは、ウィリアム・フリードキン監督の『クルージング』(一九八〇年)で、「ゲイSM」の世界に殺人捜査のために潜入捜査をする刑事の役をやった経験がある。今度は、ジョニー・デップにその役割を譲ったわけである。

『フェイク』は、潜入捜査でニューヨークのマフィアを弱体化させるものだった。RICO法もあり、ピストーネが入手した情報により二百件以上を起訴、有罪が確定していった。ところが、マフィアとFBIがお互いに相手を利用する場合もある。その癒着により生じたスキャンダルを描いたのが、スコット・クーパー監督の『ブラック・スキャンダル』(二〇一五年)だった。一九七五年のボストンから話が始まるのだが、これも実話が基になっている。

ウィークスという男が、「ウィンター・ヒル」という南ボストンのアイルランド系ギャングをめぐる真相を告白してFBIと司法取引をするところから始まる。南ボストンのギャングの親玉ジミー(ジェームズ)・バルジャー、その弟で上院議員のビリー、さらにFBIの特別捜査官のコノリーの関係が中心となる。このジミーを、『フェイク』で潜入捜査官を演じたジョニー・デップが演じている。

ボストンの川をはさんだ北部を牛耳るイタリア系マフィア、アンジュロ一家の殲滅をFB

ＩのボストンMuch支部が決断したのだが、証人や情報が足りずに起訴できない。そこで、コノリーは、バルジャー兄弟に接触して、情報を流してもらう約束をとりつける。彼らは「サウシー」と呼ぶ南ボストンの同じ公営住宅で育った幼馴染だった。コノリーは自分たち三人の関係を述べ、マフィア撲滅に積極的に利用しようとＦＢＩの上司に持ちかける。麻薬と殺しは厳禁、という条件をつけて許可される。

ギャングのボスが密告者となることで、ギャングとＦＢＩの両者が本格的な癒着関係になってしまった。ジミーたちは自由に行動できるために、警官から金を得る汚職事件へと発展していったのである。一九八二年には、コノリーがジミーから得た情報により、アンジュロの本部を盗聴し逮捕することができた。これによりジミーがボストンの犯罪王となったのである。その結果ドラッグの販売をはじめ非合法な事業の利権を握ることになった。そして、ジミーは裏切ったと自分が考える者を自らの手で殺していくのである。最終的に、コノリーの同僚のモリスが一九九五年にボストン・グローブ紙にすべてを打ち明け、コノリーは逮捕され、ビリーは議員を辞めた。ジミーは逃亡したのだが、最終的に二〇一一年に逮捕された。

『フェイク』のレフティとドニー（ピストーネ）には擬似的な親子関係のようなつながりが生じた。それに対して、『ブラック・スキャンダル』でのコノリーとバルジャー兄弟の三人の関係は、ボストンという地域とアイルランド系という血筋で深く結びついている。ジミーは敵対するマフィアに対して「イギリス人を追い払ったようにイタリア人を追い払う」と言うし、聖パトリックの日の祭りでは、上院議員となったビリーが、やはりイギリス人に対する憎しみを口にして、「麻薬や犯罪を追い払う」と演説する。

そしてジミーは、息子と母親を亡くしたあと、IRAの活動に肩入れし、武器を供給すると約束するのだ。麻薬の儲けでテロリズムの支援をしたのである。しかし部下が麻薬取締局にすべてを打ち明けたことで、アイルランド側で漁船に隠した積荷が没収されて失敗に終わった。いずれにせよ、アメリカとアイルランドの共通の敵であるイギリス人を叩くために協力するというのが口実だった。そしてコノリーの口からアイルランド人としての「血の絆」や「忠誠心」の重要性が何度も説かれる。それはマフィアの「血の掟」と変わらないのである。しかも、プロテスタントの国におけるカトリックの悲哀もそこには含まれている。

RICO法の成立と、FBI内でのマフィア一掃の動きによって、マフィアは弱体化していったが、潜入捜査によって、逮捕するときには組織の全貌が明らかになっていたので、大人数を検挙できたのである。『フェイク』も『ブラック・スキャンダル』もまさに、『FBI百年史』における第五期となる「アメリカに蔓延する犯罪と腐敗　一九七二―八八年」での出来事だった。

フーバー長官と公民権運動

ＦＢＩを現在のＦＢＩたらしめた重要人物といえば、誰しもが認めるように、Ｊ・エドガー・フーバーである。一九二四年に司法省内の捜査局の長官となり、大きな改革を行った。そして組織がＦＢＩと名称を変更した三五年に初代長官に就任する。その後一九七二年まで半世紀近く君臨した。『ＦＢＩ百年史』の第二期から第四期、禁酒法やギャングの時代から、第二次世界大戦、冷戦からキング牧師の暗殺やニクソンのウォーターゲート事件の勃発まで君臨していたのだ。

その意味で、ＦＢＩの百年は、大きくフーバー期とフーバー以後に分けられる。ＦＢＩが組織として巨大化した際に、八人の大統領につかえ、ＦＢＩの第四期まで半世紀近く長官として君臨したフーバーという個性が、特別捜査官やＦＢＩの組織づくりに大きく作用したのは間違いない。この点を、クリント・イーストウッド監督の『Ｊ・エドガー』（二〇一一年）は扱っている。

晩年のフーバー長官が、自分の過去を伝記として口述筆記で残すという体裁で、ＦＢＩの歴史を回想する話になっていた。ここでフーバーを演じたのが、レオナルド・ディカプリオで、『ギャング・オブ・ニューヨーク』でアイルランド系ギャングを演じ、今度は取り締まる側のFBIの長官を演じたのである。取り締まる側とされる側の両者を演じるというのが、俳優たちにとっての挑戦であるだけでなく、両者の立場に大きな違いがあるのかという疑問を抱かせることにもなる。

しかも口述筆記を担当する係が、疑問などを呈して内容をチェックしているため、描く対象への批判的な目を持った映画となっている。一九一九年の一連の小包爆弾テロは、フーバーが共産主義者やテロリストと対決する姿勢を持ち始めるきっかけとなった。そして、リンドバーグ愛児誘拐事件を期に、誘拐罪もFBIの捜査対象となった。こうして五十年にわたるFBIの歴史とフーバー自身の歴史が語られていくのだ。

ジョン・F・ケネディ大統領のとき、フーバーは弟のケネディ司法長官に、共産主義の脅威を説くが、それは国内問題ではなくて国際問題、つまりCIA（中央情報局）や外務省の担当だと返答される。FBIが活躍する分野ではないというのが司法長官の見解だった。ケネディ暗殺の背後にFBIの陰謀があるという論も、こうした流れを受けてのことだろう。ケネディと同じように司法長官と対立した全米トラック組合委員長のホッファと、関連するマフィアもケネディ暗殺の動機をもつとされる。イデオロギーや政治的理念ではなく、利権争いが暗殺の背後にあるという陰謀論である。

フーバー長官は盗聴などをして、キング牧師がボストン大学に提出した博士論文の剽窃問題や、セックス・スキャンダルを手がかりに、公民権運動の拡大に歯止めをかけようと試みた。とりわけキング牧師が一九六四年にノーベル平和賞を受賞するのを阻止しようとしたのは、共産主義と結びつく危険性を警戒したからというのが理由だった。そして、キング牧師の不倫をネタに脅迫の手紙まで送ったのだが、阻止は成功しなかった。だが、二〇〇九年にオバマ大統領がノーベル平和賞を受賞したときに、ＦＢＩは阻止しようと試みたとはされていない。『Ｊ・エドガー』はこの点を踏まえて制作されている。

それとともに、『Ｊ・エドガー』では、フーバー長官自身が同性愛者であった点が描かれる。多くは母親との関係で示される。女性とダンスをしたくないと母親に訴えると、「同性愛者（タンポポ）」であるくらいなら死んだほうがましだから、ダンスはするようにと忠告を受けて実行するのだ。しかも、四十年にわたる同僚で、ランチも休暇も一緒にすごしたクライド・トルスンがパートナーとされ、彼とキスをする場面も出てくる。ただし、それは自分の気持ちを理解してくれないと怒ったクライドのほうからの行為で、フーバー長官からではないという配慮を見せている。

いずれにせよ、従来の公的なフーバー長官像から一歩踏み込んだ作品となった。この脚本を書いたのは、自らもゲイであるダスティン・ランス・ブラックだった。ブラックは同性愛者の活動家ハーヴェイ・ミルクを扱った『ミルク』(二〇〇九年)でアカデミー脚本賞を受賞した。その映画も、ミルクがテープレコーダーに遺言として八年間の記録を残すという形で話が進む。その点では『J・エドガー』と同じ構成をとっている。

自身がスキャンダルになりかねない要素をもちながらも、フーバー長官が主導して監視したのは、キング牧師のような活動家だけではない。ギャングやマフィアを封じ込めても、その後「民衆の敵」を次々と意図的に作る必要があり、公民権運動さらにブラックパンサーや共産主義者と時代に合わせてターゲットを作ってきた。フーバー長官が歴代の大統領のスキャンダルなどの情報を収集しているのは、決して政界に乗り出したいといった野心からではなく、自分の組織を守るためだった。そのためには次々と「敵」を生み出すしか方法がなかった。ギャングや共産主義者や平等を求める黒人たちといった相手をFBIが調査して、敵に仕立て上げていくのである。

そうした監視対象のなかにはアメリカ社会学の学者たちも含まれていた。社会を扱うので、共産主義者の偽装集団ではないかと思われたのである。タルコット・パーソンズをはじめ、デュ・ボイス、リンド夫妻、ライト・ミルズなど高名な社会学者が監視対象だった。なかには、犯罪学の始祖ともいえるエドウィン・サザーランドのように、フーバー長官がシンポジウムに招いて意見を聞くような学者もいたのだ。

こうして集められた報告書のデータの一部は、現在サイトでも公開されている。国民を管理するというのは、FBIに限らず増え続けるデータとの戦いでもあった。しかも大量のデータを効率よく瞬時に整理し分析する必要があった。

データ主義のFBI

FBIが効率よく犯罪活動を管理するためには、現場の特別捜査官の活動を裏付ける科学捜査やデータ分析が欠かせなかった。これはフーバー長官がもちこんだ改革のひとつだった。『J・エドガー』でも、新人秘書をくどく際に、議会図書館で本を探し出すために主題と年代別に分類したことを得意になって話す。そして、わざわざ時間を測らせて、一分あまりでリクエストされた本を探し出して見せるのだ。本を探すのに時間を掛ける必要がないというのが持論だった。

フーバー長官が推奨した情報やデータの瞬時の活用は、管理社会へと向かうときには不可欠となっている。シャーロック・ホームズも記憶だけに頼らずに、地図や辞典の類を利用し、自ら人名や事件の犯罪データを整理していた。同居してからはワトスン博士がその作業を担っていた。医者なのでカルテを作るのは得意だったのである。犯罪の推理には過去のデータが不可欠というのはすでに十九世紀には常識となっていた。

　これを活用したことでＦＢＩの立場を有利にした。しかも、地方警察とは異なり、ＦＢＩはアメリカ全体のデータベースをもっている。『Ｇメン』でも、一九三五年当時の弾痕や指紋の照合、さらに各地の情報を州をまたいで参照できるようになった。さらに特別捜査官たちが、メモや報告書といった膨大な書類を残している。メモや書類のタイピングをしている場面が多くの映画で効果的に使われるが、それはＦＢＩのデータ主義を物語っている。

　しかも、コンピューターの導入で、データ主義はさらに徹底されることになった。たとえば、『リトル・ニキータ』（一九八八年）では、ＦＢＩの特別捜査官が、通常の身元調査で、空軍士官学校を志望したジェフの両親に疑問をもったのは、夫婦の名前に紐付いたデータでは、すでにどちらも死亡していたからである。ソ連のスパイが死者の名前を乗っ取って利用していたのである。しかもコンピューターが、ジェフのデータとの間に「矛盾がある」と教えてくれたのであり、特別捜査官の資料検索能力がすぐれていたわけではない。大量のデータを処理して警告するプログラムが存在していた。

『ハートブルー』（一九九一年）は、サーフィン青春映画にＦＢＩをからめた作品である。新人のユタ特別捜査官は、銀行強盗係に配属されると、「鑑識とデータ処理」の重要性を口うるさく言われる。室内には、コンピューターのディスプレイが並び、端末から情報を呼び出せるようになっていた。ユタもロサンゼルスの銀行強盗検挙率があがっていることを数値で答える。

ユタが担当することになったのがレーガンやニクソンなど元大統領のマスクをかぶった連続銀行強盗だった。彼らが夏の四ヶ月しか活動しないので、チームの先輩であるパパスは、サーファーだと当たりをつけていた。そこで若いユタが潜入捜査をすることになった。

ユタはヴェニス・ビーチにでかけ、サーフィンをして溺れそうになったところを助けてくれた女性サーファーと顔見知りになる。彼女の乗っている車のナンバープレートから、所有者の身元や駐車違反記録などを知る。彼女と近づくきっかけとなるデータを求めて、航空機の事故で両親を失っているという情報を得ると、その心の隙間につけこむのだ。

レストランで働いている彼女に、サーフィンを習いたいといいながら、自分の両親も死んだと嘘をついて同情を引く。さらに、ユタはそこそこ知られた元アメフト選手で、事故のあとロースクールへ行ったという事実を隠れ蓑にして、サーファーたちに潜入捜査するのである。

ところがユタは自分でサーフィンをするなかで、大きな波に魅入られるサーファーたちの気持ちを理解し始めるのだ。映画の「ポイント・ブレイク」という原題は、サーフィン用語で、波が右か左に分かれるポイントのことだが、それがサーファーたちへのユタの共感を表現している。最後にオーストラリアの海岸に巨大台風が近づいて、五十年ぶりの巨大な波が立っているので、連続銀行強盗の首謀者であるボンディがやってくると確信していた。ユタ特別捜査官の勘ではなくて、そこでもデータが物を言った。

ＦＢＩのデータ収集は、特別捜査官がタイプをする報告だけではない。『ハートブルー』でも、犯人の残した靴の泥に付着していたオイルから使用された製品を突き止め、五百の製品のひとつがサーフボードによく塗られる「セックス・オイル」であると判明し、サーファーが犯人という推理の根拠となった。データ専門の分析官のバックアップがあって、特別捜査官が推理をめぐらして活躍できるのである。

さらに、インターネット時代になって、フーバー長官の頃には想像もつかないような速度で犯罪が州境や国境を越えているのだ。その怖さを描いたのが『ブラックサイト』（二〇〇八年）だった。メリーランド州のボルティモアを舞台にして、殺人を実況中継して楽しもうという犯罪者をＦＢＩのネット対策班が阻止する話である。実際の殺人を撮影した「殺人フィルム」が存在するというのが、都市伝説的に現れては消えてきた。かつては好事家が秘密裏に鑑賞するものだったが、ここではインターネットを使って実況中継をする話になっている。しかも、閲覧数が増えるほどに犠牲者に対する殺人が実行されていくのだ。たとえば二人目の犠牲者の場合は、全身を囲んでいる発熱ランプの加熱が増える仕組みとなっていた。しだいに温度があがり灼熱となって、犠牲者の顔が焼けただれていく姿がアップになる。

ネット上でこうした他人の不幸を見て楽しむという心性（いわゆる「シャーデンフロイデ」）が、殺人を実行する手助けになっている。「閲覧者がゼロなら助かるよ」と犯人は見透かしたように犠牲者に言う。ボルティモアで起きている犯罪だが、瞬時に世界中に広がるのだ。犯人が作ったサイト名が「私と一緒に殺そう（Kill with me）」とあるように、姿が見えない共犯者を求めている。そしてチャットで匿名の人間たちが、無責任に会話を楽しむのだ。インターネットが犯罪の温床となっているだけでなく、それを広げて煽っている状況を示していた。

事件を担当するFBIのジェニファー・マーシュ特別捜査官は、インターネット犯罪を監視する役目を担っている。しかも「公開処刑」がいつ起きるのかはわからないので、昼も夜も待機していなくてはならない。夫を亡くしてシングルマザーなのだが、犯罪が起きると、娘の誕生会でも途中で抜け出すしかない。電話越しに寝る前の話を娘に聞かせていても、仕事仲間が訪れてくる。『フェイク』で、潜入捜査のために家族との関係が最悪となったピストーネのような苦しみを、女性であるマーシュ特別捜査官も抱えている。これが二十一世紀の現実なのである。

そして、すべてがデジタル化しネットワーク化するなかで、事態を解決するのはデジタル化されたデータや装置ではない。『ブラックサイト』の主眼はそこにある。原題は「追跡不能」という意味だが、コンピューターを使い電話などのハッキングも自在に行う犯人に対抗するのは、もっとアナログな方法だった。

二人目の犠牲者は、連れ込まれた家の住所を口で伝える。音声は聞こえないので、読唇術で番地などが読み取れたのだ。三人目の犠牲者として捕まったFBIの特別捜査官は、硫酸で皮膚を溶かされながら、右目と左目を使って、犯人に繋がる情報を旧式のモールス信号で送ってくる。四人目の犠牲者としてマーシュも捕まったが、自分の携帯電話がハッキングされて使用不能になっても、路上にある緊急連絡用の有線電話でFBIに状況を知らせることができたのだ。そして逆さ吊りになって殺されかけたときに、脱出したマーシュが使うのは拳銃であり、犯人の体にアナログな弾丸を続けて撃ち込むのだ。

FBIという組織が、データ主義になったのは、社会の変化や犯罪の変化に対応してきたせいだが、当然ながら犯罪を行う側はさらに巧妙に法の網の目をくぐり抜けようとする。そして、インターネットを含めて、規制や法整備がつねに後手にまわるというジレンマを抱えているのである。『ブラックサイト』のデジタルを駆使する犯人に立ち向かう姿は、『Gメン』で描かれた丸腰で犯人と向き合う姿と重なるのである。

FBIの人種やジェンダーへの拡張

公民権運動を嫌悪していたフーバー長官が君臨していた頃とは異なり、しだいに特別捜査官も「白人男性」というステレオタイプを抜け出し、多様性をもつようになってきた。黒人のFBI特別捜査官も登場した。もちろん、他の人種や民族の特別捜査官も増えている。そして、『ブラックサイト』でも明らかなように、「Gマン」ではなくて、「Gウーマン」も多く見られるようになった。

たとえば『ダイ・ハード』（一九八八年）で、白人と黒人の二人のジョンソンFBI特別捜査官が事態の収拾に駆けつけることからも変化がわかる。ヴェトナム帰りの白人のジョンソンのほうがヘリコプターによる急襲作戦をたてて、テロリストを蹴散らそうとし、かえってその術策にはまって爆死してしまう。巻き添えを食った形になった黒人ジョンソンは、映画内ではあくまでも補佐的な役割をしていたに過ぎない。

ところが『ダイ・ハード』と同じ年に公開された『リトル・ニキータ』と『影なき男』で、シドニー・ポワチエがFBI特別捜査官として活躍する。ポワチエは第二次世界大戦後に成功した黒人俳優の代表格である。シリーズ化された『夜の大捜査線』（一九六七年）では、辣腕刑事として他の州からやってきたが、人種偏見をもつ南部の白人の保安官と、事件解決を通じて心が通い合うのだ。ポワチエは、フーバー長官が恐れたキング牧師のような扇動的な言葉は吐かず、白人と黒人の境界線を越えられる人物を演じている。そのため、白人に都合の良い端正な黒人の役を演じているだけ、という非難も受けてきた。

そして、『リトル・ニキータ』の十年後に、デンゼル・ワシントンはFBIの特別捜査官を演じて、戒厳令にいたるニューヨークを描いた『マーシャル・ロー』（一九九八年）に主演した。社会派を演じてきたポワチエの後継者で、なおかつイメージを一新したのがワシントンだろう。

アパルトヘイト下の南アフリカでの黒人活動家を扱った『遠い夜明け』（一九八七年）や、『マルコムX』（一九九二年）ではタイトルロールを演じた。人種間対立の現場にさらされる役だが、ステレオタイプの黒人像を演じることを拒否してきた。さらに『トレーニング デイ』（二〇〇一年）では麻薬取締の悪徳警官に、『アメリカン・ギャングスター』（二〇〇七年）では麻薬で儲けるギャングに扮し、悪役も数多く演じて幅を広げた。これはポワチエにはできなかったことである。

なかでも『マーシャル・ロー』は、湾岸戦争を踏まえ、アラブ系アメリカ人の孤立と、テロ行為を描いている。人種や民族の多様性をもつニューヨークを舞台にするからこそ現実味を増すのである。サウジアラビアでの多国籍軍のビル爆破の首謀者として、軍が族長を逮捕したことから、全てが始まる。彼を解放しろという要求で、最初はバスに仕掛けた青いペンキ、次に本当に爆弾が破裂する。ブロードウェイの劇場が爆破され、さらに小学校に爆弾をもった男が押し入り、しだいにエスカレートする。

黒人のＦＢＩ特別捜査官のハバードと、相棒のアラブ系のハダッドが捜査にあたる。そこにＣＩＡの女性がからんでくる。中東の専門家で、彼女が爆弾の作り方などの破壊活動を教えたのだが、その矛先がアメリカへと変更されたのだ。その後始末にやってきて、かつての教え子たちのつてで、真の首謀者を突き止めようとする。相次ぐテロリズムに、ＦＢＩでは制御できないと見たので、大統領は戒厳令を発した。そのため陸軍のデヴロー将軍は部隊を引き連れて、ニューヨーク市内でのテロの連鎖を防ぐためにやってきた。そして、アラブ系住民を強制的にスタジアムなどに封じ込めるのだ。それが第二次世界大戦中の強制収容所を思わせるというので、イスラム系だけでなくユダヤ系など他の宗教者からも反発が生じた。

国内問題と国外問題が直結する。「ニューヨークがベイルートになった」というニュースが流れる。そこが、９・11を予感した映画となっていた。アメリカが武器の供与をし、育てた者が敵対するテロリストとなる恐怖である。これが９・11と直結する主題となる。

国内の状況を封じ込めてコントロールしようとする陸軍の将軍が、じつは独断でアラブ世界の族長を誘拐していたということがわかる。そうした海外での軍とＣＩＡの行動が、国内のテロを招くことになったのである。最終的にはＦＢＩが軍と対立しながらも、その犯罪を暴いていくことになる。

指紋や映像や物証などさまざまな情報が解析されるようすが描かれるが、最後には人から聞き出すしかない。ハバードは、情報を手に入れるために、火の点いたたばこを目の前でちらつかせたりする。だが、軍やＣＩＡは情報源となりそうな人物を水責めなどの拷問にかけ、最後は殺してしまうのだ。ＦＢＩ側の反発は、ある意味でニューヨークの国内事件を他の管轄の者に邪魔されたという縄張り意識がある。それとともに人種や民族の多様性を無視して、それを利用して操るだけのＣＩＡとか、敵対して殺害するだけの陸軍とは異なる態度をとることになる。それは市民を守るという大義名分があるからだった。しかも、その際に、黒人とアラブ系というコンビがとても有効だったのだ。

ＦＢＩの特別捜査官の担い手は、人種だけでなく女性にも拡張されてきた。二十一世紀の『ブラックサイト』では女性の特別捜査官は当たり前になっているが、それを最初に視覚化させたのが、トマス・ハリスの小説を映画化したジョナサン・デミ監督の『羊たちの沈黙』（一九九一年）だろう。

原作小説が発表されたのは一九八八年で、ＦＢＩは第六期に入ろうとしていた。前作の

『レッド・ドラゴン』は、ＦＢＩアカデミーの教官でもある特別捜査官のグレアムが、連続殺人鬼を追うプロファイリングのために、レクター博士から知恵を借りたのだが、続編ではレクター博士は脇役ではなくて、重要な人物となっていた。

女性の皮膚を剥いで、それを縫い合わせて自分の着る服を作るという猟奇的なバッファロー・ビルによる連続殺人事件だった。クラリス・スターリングは特別捜査官になるための候補生として、ヴァージニア州のクアンティコのＦＢＩアカデミーで訓練中だった。教官のクロフォードから、一週間だけの身分証をもらい、ボルティモアの精神病院に収容されているレクター博士に意見をもらいに出かける。それがチャンスになることをクラリスは知っていた。

クラリスは映画の冒頭で屈強な訓練生の男たちに囲まれ、精神病院で性的かつ卑猥な言葉を患者の一人に投げかけられたのを耐えていく。そのたびに、自分が置かれている状況を理解することになるのだ。男女の出世に差がある「ガラスの天井」とぶつかる世代として、クラリスは事件だけでなく、男社会であるＦＢＩ内の偏見とも戦わなくてはならなかった。

レクター博士は、クラリスが上昇志向をもっていることを見抜いていく。ウェストヴァージニア州訛りの言葉遣いや、ジャケットは上等だが靴は安物というファッションセンスが、貧困から抜け出そうとしている者の特徴だと指摘する。そして、父親が炭坑夫ではなかったか、とまで推測する。クラリスの心の底にわだかまるのが、父親の死後引き取られたモンタナの伯父の農場で、間引くために殺される子羊の声の記憶であるとレクター博士は探り当てる。クラリスは一頭を連れて逃げ出すのだが、それで怒りを買ってしまい、孤児院へと送られてしまうのだ。

原題は正確には『子羊たちの沈黙』となっている。子羊は神に捧げる生贄でもあり、同時に「神の子羊」とはキリストのことでもある。気に入らない国勢調査の男を殺して、レクター博士は、バッファロー・ビルの事件の女性の被害者たちと、クラリスが共鳴するところを突きながら、「神ははたしているのか」という問いかけをする。レクター博士が子羊を抱いたクラリスの絵を描いているのが印象的である。もちろん、キリストを抱いているのは聖母マリアに他ならない。この作品がＦＢＩ物のアクション映画を越えたのは、こうした宗教的な象徴性を利用しているからである。

レクター博士から得たヒントによって、クラリスはバッファロー・ビルの事件を無事に解決し、クロフォードから高い評価を得る。最後のアカデミーの卒業パーティ会場に、レクター博士からの電話がかかってきて、「子羊たちは泣き叫ぶのをやめたかね」とクラリスに問いかける。それは犯人を射殺することで事件を解決したクラリスに、殺人をめぐる態度を問いかける言葉でもあった。続編となる『ハンニバル』は、クラリスが再び主人公になるのだが、麻薬捜査課で活躍しているのである。

この映画は、ジョディ・フォスターがクラリスを演じ、アンソニー・ホプキンスがレクター博士を演じて、それぞれアカデミー主演女優賞と男優賞を受けた。授賞式で、フォスターが、クラリスは「フェミニスト・ヒーロー」だと述べている。現在は同性婚をし、しかも二人の息子を出産した。その意味で、ハリウッドにおけるＬＧＢＴの旗手としての役目もはたしているのだ。このように人種だけでなく性差にも拡張してきたと描かれるのは、ＦＢＩが外の組織犯罪などと戦うだけでなく、百年の歴史のなかで内なる組織改革をしてきた表れでもある。

内部の腐敗との戦い

ＦＢＩという組織が巨大化するにつれ、官僚化し形式化していく。『フェイク』にはマフィアもＦＢＩも「官僚主義」という言葉が出てきた。互いに癒着をしたり、賄賂などで捻じ曲げられる可能性は、犯罪組織だけでなくＦＢＩの側も同じだった。そして、マフィアなどの組織犯罪に対抗するためには、自分の組織の腐敗を発見し、それをえぐり出す必要もある。自らの組織そのものを刷新し、管理体制を確立していかなくてはならない。

ＦＢＩの副長官として、一九七二年のウォーターゲート事件の「ディープスロート」となったマーク・フェルトの伝記映画である『ザ・シークレットマン』（二〇一七年）は国家や大統領の腐敗を目にしたときに、どのように振る舞うべきかを問いかけている。『今そこにある危機』のライアンＣＩＡ副長官の態度にもつながる。ここでフェルトが取った方法は、フーバー長官がやったような相手のスキャンダルを握って、ＦＢＩという組織を守るということではなかった。

ニクソン政権下のホワイトハウスが、敵対する民主党本部を盗聴する事件が発覚して、ＦＢＩが犯人探しの調査を始めたとき、ニクソンの指名したＦＢＩの長官代理がウォーターゲートの首謀者に情報を渡していたのである。ホワイトハウスからの妨害に対して、フェルトは、ＦＢＩを守ろうとしたのである。そして、フェルトの妻の役を『ブラックサイト』でシングルマザーのＦＢＩ特別捜査官を演じたダイアン・レインが務めている。

フェルトの動機には、副長官だった自分をニクソンが長官代理に指名してくれなかったことへの私怨も混じっているが、ＦＢＩが組織としての独立性を保てないことに不安を覚えていたのだ。映画のなかで、ＦＢＩのなかにリークしている人物がいるので内部調査をするという台詞を、他ならないフェルト自身が吐く。一種の面従腹背的な態度であるが、それは大統領の犯罪を調査し告発するという大義名分があった。そして、記者へのリークが記事になって、ニクソンは任期の途中で辞任せざるをえなくなった。

これに対して、ＦＢＩの内部組織の腐敗がもたらしたショックとしては、『アメリカを売った男』（二〇〇七年）が描いたロバート・ハンセン事件がいちばん大きかった。二〇〇一年二月には司法長官が国民に直接陳謝することになり、本物のニュース映像が冒頭で流れる。『リトル・ニキータ』では、ソ連のスパイが入り込む話をＦＢＩがあばく、として単純に成立していたが、今回は罪を犯している人物が内部の者であり、敵が外にいるわけではないので、組織の問題がえぐり出されることになる。

ハンセンはソ連分析の専門家だったが、二十年にわたってソ連そしてロシアへ秘密を漏洩していた。次々とアメリカのスパイが殺害されるなどして、不審に思われたので、二〇〇一年の初めに、ハンセンを監視するために「情報保護部」という架空の職が作られた。ハンセンの部下として、訓練生のエリック・オニールが配属される。当初は、ハンセンがインターネットに性的倒錯の情報を流しているので、その漏洩を監視するのだと上司のケイトはオニールに指示した。

ハンセンは妻とともに熱心なカトリックの信者で、最初に登場するのも祈っている場面だし、最後の場面でも祈ってくれとオニールに頼むのだ。オニールは、報告書を書きながら、しだいにハンセンに好意をもち尊敬するようになる。だが、それはＦＢＩの上層部が望んだことだった。親密になった段階で、上司のケイトから真の目的が知らされる。

ハンセンは一九八五年からロシアのスパイとして活動し、五十人以上のアメリカのスパイの身元がばれ、三人がKGBに殺害された。しかもその調査をする委員会の本部長をハンセン自身が務めていたので、真相はあいまいなままで終了した。ハンセンの容疑に関しては、ロシアからのリーク情報があったのだが、それは裁判の資料に使えなかった。しかも、間接的な罪ではせいぜい数年しか服役しないので、十億ドルとされる被害を受けて、FBIは終身刑を望んだ。それには現行犯で逮捕する必要があった。そのために泳がしたのだ。

ここで描かれているのは、ハンセンとオニールという二人の奇妙な関係である。しかも途中からハンセンは、自分が監視されているのを察知している。ハンセンがソ連およびロシアのスパイとなった動機は、フーバー長官が恐れたようなイデオロギーによるものではない。また、単なる金でもない。FBIで長官まで出世できるのは、銃を撃って現場で捜査する者だけだという不満をハンセンは述べていた。情報畑出身では先が見えているというわけだ。ラストシーンで、最高機密をロシアに渡すために、公園の橋の下に隠したところを尾行してきたFBIによって現行犯逮捕されるのだ。

FBI史上最悪のスパイを摘発する功労者となったオニールだが、ケイトが訓練生から特別捜査官への昇進の話を持ってきても断り、五月には退職して現在は弁護士となっている。

ＦＢＩ内の腐敗は摘出できたのだが、それを生み出した原因は解消されてはいない。ロシア通になるほどに敵に魅入られてしまう。そして、情報畑がＦＢＩ内で疎外されるのも確かなことだった。

『ザ・シークレットマン』と『アメリカを売った男』はどちらも実話に基づくのだが、ＦＢＩがはたす政治的な役割を明らかにしている。移民国家としてのアメリカは、国の内外と密接な関係をもっているので、国内犯罪と言っても、それはすぐに国際情勢と結びついてしまう。そして腐敗は管理を徹底しているはずの内部からも生じてくるのだ。どちらが腐敗の原因とは言えないくらいに内外が通底している。

第4章 麻薬とテロリズムの制圧

1　アルコールから麻薬へ

禁酒法とギャング

マフィアのようなギャングが資金を稼ぐ手段は、カジノのような賭博、売春斡旋、スト破りや組合つぶしの暴力行為、あるいは組合ボスとなって利権を手に入れるなど方法はいくつもある。もちろん数々の法律、近年では「ＲＩＣＯ法」などによって活動に大幅な制限がかけられるようになった。

違法な酒や薬物の売買は、昔から大きな資金源となってきた。マフィアは禁酒法時代に勢力を伸ばしたことが知られている。禁酒法は一九二〇年にアメリカ合衆国憲法修正第十八条として制定された。連邦政府が法による国民の飲酒習慣の管理を目指したことが、かえって違法な調達ルートや闇の文化を生み出した。「もぐり酒場（スピークイージー）」が林立し、そこには国内の密造酒や密輸入された酒が出回り、当然ながら品質が粗悪なものも多かった。

また、十九世紀に生まれたカクテルは、女性が飲んでもいてもフルーツジュースに見せかけられるので、その種類を増やした。しかも、禁酒法で失業したバーテンダーたちがヨーロッパに移住してカクテル文化を広げたのである。

有名なアル・カポネを生み出したのも、まさに禁酒法時代だった。映画『ギャング・オブ・ニューヨーク』（二〇〇二年）の原作となるノンフィクションを書いたジャーナリストのハーバート・アズベリーは、メソジストの一家に育った。だが、宗教的な欺瞞に反発し、メソジストの町に売春婦が存在することを扱った記事を書いた。その記事が雑誌から掲載拒否される事件を引き起こして有名になった。現実の裏側を追求する姿勢は崩さず、黒人奴隷から教育者になったブッカー・T・ワシントンの自伝にあやかり、『メソジストから立ち上がって』（一九二六年）という多少自虐的なタイトルの自伝も出すほどだった。

アズベリーは闇社会の実録物に手を染めていった。ニューヨークの他にもシカゴ、サンフランシスコ、ニューオーリンズといった大都市の非合法な世界に関し、「非公式史」という副題をつけた記事や本を多数残している。アズベリーの最後の著作は『大いなる幻影――禁酒法時代の非公式史』（一九五〇年）だった。闇社会を対象にしてきた仕事の集大成ともいる。一九二〇年に始まり三三年に終わった世界でも稀な「高貴な実験」に関する本は、次のように始まる。

アメリカの歴史で、いちばん暴飲だった時代は、十八世紀の後半に始まった。ラム酒が奴隷交易での主な交易手段となり、植民地経済の要素として重要だった状況はピークに近づいていた。また、ウィスキーがペンシルヴァニアの西部ではじめて醸造されると、これが穀物を金にするもっとも手軽で儲かる方法だ、とみなに知られるようになった。にもかかわらず、独立戦争後の五十年ほどで暴飲の時代が終了したのは、ヨーロッパからの移民の第一波によって、アメリカ人の飲酒の習慣が幾分変わったことと、禁酒運動が宗教的な信仰復活運動の特徴とみなされ、アメリカ国民に強く訴える基盤となる、と思われだしたせいだった。（3頁）

この短い文章の中に、禁酒をめぐる鍵語が散りばめられている。サトウキビから作られるラム酒は海賊映画などでおなじみだが、海賊行為の背後には、金品の略奪だけでなく奴隷交易があった。そして、独立戦争後に、連邦政府が西ペンシルヴァニアの業者に課税したせいで、ウィスキー税への反発が一七九四年に起き、「ウィスキー暴動」と呼ばれる、政府が軍隊を出して鎮圧する騒動となった。

この騒動の余波もあり、南部のケンタッキー州やテネシー州で、トウモロコシを主原料としたバーボンウィスキーが発達したのである。そして、「ムーンシャイン」と呼ばれる密造酒がアパラチアの山中で作られるようになる。税金対策もあって、連邦政府の目を逃れたところで製造され、それが密かに持ち込まれる伝統が、禁酒法によってさらに広がったのである。カナディアン・ウイスキーが隆盛したのも同じ理屈からだった。それとともに独立後も続く「連邦」対「州＝地元」という対立があり、それはアル・カポネを民衆の英雄のように持ち上げる心性へとつながるのである。

飲酒の習慣を変えた移民の第一波とは、十九世紀のドイツ系移民を指している。それまでのイギリス式のエールではなくて、ラガー・ビールの製造法が持ち込まれ、ラム酒やウィスキーとは異なる飲酒文化が広まった。日本でも知られる「バドワイザー」は、一八七六年に発売開始となったが、その際に創業者のアドルファス・ブッシュがチェコのブランド名を借用してつけたものだった。商標権の問題もあり、ヨーロッパでは「バド」という略称しか使えないのである。

禁酒運動そのものは、十九世紀に広がり、酒が家庭内暴力の原因となり、酒場（サルーン）が腐敗や汚職の温床にもなるとみなされて、女性や聖職者を中心とした禁酒運動が広がった。すでに一八五一年にメイン州で禁酒法が制定されると、他の州も追随したのだが、実際には、数年で撤回されることが多かった。連邦法となったのは、一九二〇年だったのである。

禁酒運動と宗教的な狂熱

禁酒運動を支えたのは宗教的な熱狂だった。伝道のために、メソジストとバプティストの説教師が各地を回っていた。アメリカ・メソジスト教会の初代監督となったフランシス・アズベリーが、他ならない『大いなる幻影』や『ギャング・オブ・ニューヨーク』を書いたハーバートの大叔父にあたるのである。しかも、メソジストの説教師のなかに、儀式用のアルコールのせいで飲酒に耽ってしまう者がいたのだ。

聖書には、キリストが水をワインに変えたという奇蹟のワインが登場する。なので、儀式にワインが使われるし、カトリックの修道院では自家製のワインを収入源としている。フランスのブルゴーニュでは、ワインの競売までするオスピス・ド・ボーヌ（ボーヌ施療院）が有名で、自前のブランドのワインも販売している。ところが、プロテスタントは立場が異なる。酔っ払った説教師に手を焼いたメソジストたちは、聖書に出てくる奇蹟のワインにはたしてアルコールが含まれていたかをめぐって真剣な議論を行った。そして、対抗策として、宗教儀式に使う代替物として「未発酵のワイン」という飲料が発明された。発酵していないブドウの液体なので酔うことはない。発明したのは、歯科医師のトマス・

ウェルチで、一八六九年には自分の会社を設立して、「ウェルチ博士の未発酵のワイン」として売り出した。一八九三年からは「ウェルチのグレープジュース」という商標で販売している。現在日本でも購入できるウェルチの始まりは、メソジストの禁酒運動だった。

アルコールの代替の飲み物としてコーヒーやお茶もあるのだが、もうひとつ知られているのが、チョコレートやココアだった。ヨーロッパでは長い間チョコレート飲料などとして消費してきたが、オランダ人のカスパルス・バン・ホーテン（ファン・ハウテン）が、一八二八年にココアパウダー化する特許を取得し、もっと手軽に飲めるココアの可能性を広げた。ココアを抽出するための機械化が進んだのは十九世紀の後半で、パウダーにより手軽にココアを飲むことができるようになった。

カカオ豆自体はアメリカ大陸の原産だが、ブラジルやベネズエラで栽培されてチョコレートの原料とされていた。その後西アフリカや東南アジアでの栽培が広まった。植民地のプランテーション栽培に適していて、これによって、南米を支配していたスペインだけでなく、ハプスブルグ家の領地だったベルギーやオランダ、さらにイギリスなどでチョコレートやココアのブランドが誕生した。結果として、ゴディバ（ベルギー）、バン・ホーテンやドロステ（オランダ）、キャドベリー（イギリス）などのブランドが登場したのである。

こうした代替の飲料はあくまでも代替であり、やはり本物の酒にはかなわない。禁酒法時代にはカナディアン・ウィスキーといった国境の外での酒の生産が進んだ。F・スコット・フィッツジェラルドの『グレート・ギャツビー』(一九二五年)で、ジェイ・ギャツビーが稼いだのは酒の密輸によることが示唆されている。

スコセッシ監督の『ギャング・オブ・ニューヨーク』で主人公アムステルダムを演じたレオナルド・ディカプリオが、バズ・ラーマン監督による『華麗なるギャツビー』(二〇一三年)でギャツビーを演じたことで、二つの役柄に連続性を感じさせた。さらにスコセッシ監督は、ディカプリオの主演で、詐欺のような手口で安いジャンク株を売りつけて大儲けをし、その後破滅した男を主人公にした『ウルフ・オブ・ウォールストリート』を同じ年に発表している。

一九三三年の憲法修正第二十一条によって、禁酒法は廃止となった。だが、カンザス州のように一九四一年まで禁酒州だったところもある。また、禁酒郡とよばれる地域が現在も南部を中心に数多く点在していて、酒の売買を禁止しているところもある。そうした場所では、酒を買うには遠出をする必要があるので交通事故が多いとか、酒税が地元には入らないので税収がダウンするなどのデメリットも報告されている。販売の制限という法的な手段と、課税という経済的な手段によって、飲酒の管理が行われてきた。アメリカでそれを支えているのは、宗教的な狂熱なのである。

酒から薬物へ

アル・カポネをシカゴで取り締まったエリオット・ネスは、酒類取締局の職員だった。この組織は禁酒法の廃止以降、酒税の管理や交易を担当していた。そして一九五〇年代にはタバコの販売や税金を管理する業務を兼ねるようになり、一九六八年には銃規制法で火器を、9・11のあとの二〇〇二年には爆発物も取り扱うようになった。

六八年以降、ATF（アルコール、タバコ、火器《ファイアーアームズ》）と呼ばれているが、現在ではアルコールやタバコの販売の管理、税金の取り立ては別の部門が担当している。そのためATFは、武器を携帯し捜査も行う火器や爆発物の専門集団となった。組織犯罪に対抗するために、FBIとは別の発展をとげた連邦政府の組織なのである。

当然ながら、禁酒法の廃止はマフィアたちにとって大きな痛手だった。『ゴッドファーザー』で、長男のソニーが殺害された後、ヴィトーは五大ファミリーを招集して会議を開き、平和協定を結ぶのに成功する。それは、ファミリー間の復讐の連鎖を止める和解が目的だったが、その際に、麻薬の取り扱いを禁止しようとヴィトーは提案する。酒や売春と異なり、若者への害が大きいというのが反対理由だった。そこで合法的な路線として、コルレオーネ一家は、ラスベガスのカジノやホテルを買収して正業で利益を得ようとしたのだ。

『ゴッドファーザー』で示されたのは、トルコで栽培されたケシをシチリアで精製してヘロインに変えて密輸するルートだった。タッタリア・ファミリーがすでに売買を行っていて、ヴィトーの長男のソニーも顧問弁護士も麻薬を扱うことに賛成していた。他のファミリーが手を出して、稼ぎを警察や政治家への賄賂に回し、勢力を拡大する懸念があるせいだった。ここに政治的な腐敗と麻薬が結びつく理由がある。

ファミリーのボスたちは利益率の高い麻薬へと手を伸ばしていた。もちろん麻薬そのものの定義や範囲は時代によって変化している。二大麻薬のひとつが、ケシから作られるアヘン、モルヒネ、ヘロインである。そして南米産のコカの実からコカインが作られる。他に合成麻薬であるＬＳＤや、大麻から作るマリファナがある。なかでもマリファナは習慣性が低いとされ、ヨーロッパだけでなく、アメリカ国内でも州により解禁の動きがある。

一八八六年に販売を始めた初期のコカ・コーラにコカイン由来の成分が入っていたのは、その時点では合法だったからだ。正確にいえば、まだ違法ではなかったのである。だが、当時のマーチン・コカ・ワインにほんの僅か成分が入っていることが、世間では毒入りとみなされ非難を浴びたので、非合法になる前に、会社は商品そのものを市場から撤退させてしまった。

一九〇六年には、純正食品薬品法が施行され、取締が強化されたので、この頃にはコカインの成分が一般の飲み物などに使用されることはなくなった。コカ・コーラそのものの販売は中止されなかったし、現在では非コカイン化されたコカの葉から抽出した成分を利用しているとのことである。ただし、コカ・コーラの原液を作るオリジナルのレシピは一般公開されていないので、あくまでも未確認の推測でしかない。

十九世紀にはコカインの弊害は知られていたが、それが法的に禁止になるまでは、医学的な警告などによるしかなかった。シャーロック・ホームズがコカインの七パーセント水溶液を注射する場面が『四つの署名』（一八九〇年）の冒頭に出てくる。医学博士である助手のワトスンは悪癖をやめるように忠告するが、ホームズがやめたのはずっと後になってからなのである。麻薬とされるアヘン、モルヒネ、コカインも医療用として今も生産され、ガンなどの終末期の痛みの緩和剤として使用されている。つまり、毒であるとともに薬である点に、こうした麻薬が存続してきた理由があるのだ。

だが、痛みもないのに多幸感などをもとめて麻薬は使用される。ホームズは明晰な頭脳を保つためにコカインやモルヒネを必要としていたが、「覚醒」や「興奮」や「瞑想」や「妄想」の効果をもたらすからこそ、麻薬は愛用されてきた。厳重に管理されて処方される医療用ではないからこそ高価であり、常用者は麻薬を購入するために、借金から犯罪までさまざまな手段をとることになり、社会的に破滅していくのだ。

麻薬が運び込まれるルートはいくつかあった。ウィリアム・フリードキン監督の『フレンチ・コネクション』（一九七一年）は、フランスのコルシカ経由の麻薬を四十キロ差し押さえたという一九六一年の実話に基づいたものである。ポパイとクラウディの二人組の刑事が、ヘロインの密輸ルートをつかみ、叩く話である。

マフィアのボスたちに取り入ってる男からフランス経由のルートを嗅ぎつけたために、ポパイはビルの上から狙撃される。逃げた犯人をポパイが追いかけると、犯人はＢＭＴウェスト・エンド・ラインの高架を走る地下鉄に乗り込んだ。反対のホームから見送ったポパイは、警察の身分証を見せて市民から車を調達すると、高架の下の道で追いかける。

ベイ五十丁目駅から六十二丁目駅まで続くカーチェイスは有名である。走り回るポパイを追いかける手持ちのカメラのぶれる映像が、ブルックリンの路上の車などのぶつかるようすを捉えて、ニューヨークの風景を生々しく伝える。犯人は車掌を撃ち、さらに運転士を脅して途中駅を通過させていく。そして、六十二丁目駅で別の車両と衝突して止まったところで、逃げ出した犯人をポパイが階段で撃ち殺すのだ。ポスターにもなっている場面である。

この映画が、十年前の出来事を踏まえながら同時にニューヨーク、それもブルックリンの風景が写し取っている。地下鉄と車のカーチェイスは異色で、可能な場所として高架の下に二車線の道路が伸びるウェスト・エンド・ラインが選ばれたのである。七〇年代にはこの『フレンチ・コネクション』をはじめ、カーチェイスを売りものにした映画がたくさんあった。乗用のアメリカ車が、頑丈で耐久性にもすぐれ、排気量もあり、力強さをもっていたからだ。

映画化に際し、車に関してもアップデートされていた。フランスのマルセイユから麻薬を搭載して運ばれてきたのは、フォードのリンカーン・コンチネンタルだった。しかも、使われたマークⅢは一九六九年に生産されたので、実話の六一年には存在していない。また、ポパイが路上で警察手帳を振り回して市民から調達したのは、GMのポンティアック・ルマンの七一年という最新型だった。こちらは色々な障害物や車両と衝突して側面が壊れても、走り続けることができた。現在のようにピックアップトラックが一番売れる時代とは、カーチェイスの表現も意味合いも大きく異なっていた。

麻薬カルテルとの戦い

ヘロインはモルヒネから精製され、そのもとはアヘンである。アヘンを生み出すケシの栽培地がそのまま麻薬の原産地となる。世界には、「黄金の三角地帯」と呼ばれるタイ、ミャンマー、ラオスの一帯、それから、「黄金の三日月地帯」とよばれるアフガニスタン、パキスタン、イランの一帯が、ケシ畑にふさわしい土地として知られている。『ゴッドファーザー』や『フレンチ・コネクション』で麻薬の原産地をトルコと呼んでいるのは、黄金の三日月地帯の西の端のことだった。

ヴェトナム戦争では黄金の三角地帯からの純度の高いヘロインが、アメリカ軍兵士の間に蔓延し、厭戦気分と心身への障害で社会復帰の難しさをもたらした。そのためニクソン大統領が麻薬戦争の宣言をした。そうしたヴェトナムからの帰還兵たちにより、国内でのヘロイン需要が高まり、違法な入手ルートが開拓されてきたのである。

リドリー・スコット監督の『アメリカン・ギャングスター』(二〇〇七年)は、一九六八年から話が始まる。実在したギャングであるバンピー・ジョンソンの運転手であるフランクが、バンピーの死後自分で麻薬ビジネスを始める。フランクを演じるデンゼル・ワシントンが、映画の冒頭で裏切り者に火を点けて、さらに銃弾を撃ち込むカットは、彼が正義の人を演じるのに見慣れた観客にショックを与えるほどだった。

売上の二十パーセントを新しいボスに巻き上げられるのを嫌ったフランクが開拓したルートは、フレンチ・コネクションに対抗し、ヴェトナム戦争の軍用機を利用して、東南アジアのヘロインを運んでくることだった。「アメリカ兵の三分の一がアヘンやヘロインを常用している」と映画内のニュースで流れる状況だった。タイのバンコクにいる従兄弟を頼りにして、わざわざ乗り込み、黄金の三角地帯の生産者との直接取り引きに成功する。

ギャングの車のなかで発見した百万ドルを横領しなかったので、「ボーイスカウト」と周りから揶揄されたリッチーという刑事が、麻薬取締局にスカウトされて、フランクと対決することになる。しかも、リッチーが戦う相手が、フランクの麻薬組織だけでなく、悪徳警官たちである点が厄介なのである。

麻薬まみれで腐敗したヴェトナムの戦場と、腐敗したニューヨークの警察組織とが、国の内外で組織を制御できなくなる状況を踏まえていた。このような変化に関連して、フランクのボスだったバンピーは冒頭で、個人商店がチェーン店に変わっていくことを嘆いていた。そしてまさに巨大な店のなかで亡くなるのだ。フランクが「救急車を呼んでくれ」といっても、広い店内に応答はなく、すでに手遅れなのだが、これが映画全体のトーンを形作っていた。

黄金の三日月地帯とつながるフレンチ・コネクションも、黄金の三角地帯とつながる東南アジアルートも、アメリカへ渡ってくるまでの距離は長い。途中前者には地中海や大西洋があるし、後者には太平洋がある。それだけに、輸送中トラブルに巻き込まれる可能性も高かった。ヴェトナム戦争が敗北によって終結すると、軍事物資にまぎれて運ぶことも難しくなったのだ。

『イヤー・オブ・ザ・ドラゴン』のように、二十一世紀には中国系マフィアが次の担い手となってルートを開拓することになる。それは米中関係の変化を受けている。一九七二年にニクソン大統領が中国を訪問して、国交正常化した状況と重なっている。そこには昔ながらのマフィアたちの入る余地はなかった。直接買いつけるというフランクの取った手法を中国系マフィアがやるようになったのだ。

そこで、麻薬をさばきたいギャングたちに新たなうまみをもたらす相手として、冷戦崩壊前後、中南米の麻薬カルテルの役割が浮かび上がってきた。FBIや麻薬取締局やCIAが対決すべき相手が変わったのである。アメリカ国内へのヘロインの供給ルートは、それまでは旧世界からだったが、新しい供給源となったのがペルーやコロンビアやメキシコなどの中南米諸国だった。距離も近いカリブ海やメキシコ国境を越えて「南」から直接脅威がやってきたのである。

この変化に対応したのが、トム・クランシーによるCIA情報分析担当の局員、ジャック・ライアンを主人公にした人気シリーズだった。一九八九年に発表された『今そこにある危機』はコロンビアの麻薬カルテルとの戦いを描いていた。シリーズの第一作目は『レッド・オクトーバーを追え！』（一九八四年）だった。ソ連からアメリカに亡命する艦長と最新の原子力潜水艦レッド・オクトーバー号を扱ったが、ソ連がロシアになってしまい、かつてのような古典的なスパイアクション小説そのものが成立しなくなったのだ。その方向転換は「予言的」とまでされた。

冷戦崩壊を見据えて、麻薬戦争に焦点を当てた『今そこにある危機』は、ハリソン・フォード主演で一九九四年に映画となった。背後にキューバをおいて、冷戦的な対立関係は維持されているが、そのキューバの影はずっと後ろに退いている。カストロ政権とアメリカが直接対決する場面はない。

映画では小説の内容が簡略化されているが、アメリカ大統領の友人であるハーディング一家がカリブ海上で惨殺され、ヨット・クルーザーが乗っ取られたところから始まる。その船は沿岸警備隊に発見されたのだが、ハーディングは二十箇所のショッピングセンターに投資をして成功した人物だった。コロンビアの麻薬王ミゲルの財産をマネーロンダリングするための投資であった。利益をハーディングが横取りしたのが露呈して、殺害されたのである。そしてアメリカ政府は国の内外のミゲルの六億五千万ドルの資産を凍結した。

大統領は報復として、麻薬王の始末を命じる。大統領補佐官は、曖昧にしか話さない大統領の意図を忖度して、ＣＩＡの作戦司令副長官に命じて、歩兵による工作部隊をコロンビアに送り込む。そして、ミゲルの麻薬製造工場や輸送機を破壊していく。さらにコロンビア政府と話をつけるために外交ルートでＦＢＩ長官を送り込んだが、暗殺されてしまう。

暗殺できたのは、長官の秘書とつながりながら、キューバ政府の意向を受けてミゲルの相談役もやっているコルテスという男のせいだった。そして、コルテスと大統領補佐官が直接取り引きをし、アメリカが関与した証拠を消すこと、麻薬カルテルを管理しやすいように一本化することを認める。それによってコロンビアでの工作部隊による作戦を停止することなどを約束する。送り込んだ工作部隊への支援もせずに見捨てたわけである。

そこで、ライアンが直接でかけていき、工作部隊を直接送り込んだＣＩＡ工作員と、残存する兵士たちを救出し、三人で麻薬王ミゲルを倒すことになる。このときライアンは代理からＣＩＡ副長官になっていた。管理職であるはずの副長官本人が身体を張って戦うのが、アクション映画としての醍醐味となっていた。

最後に大統領自身がコロンビアでの秘密作戦をもみ消そうとした。ライアンは、ＣＩＡ副長官として、コロンビアに資金援助はしても軍隊を派遣しないという約束を議会の委員会で行った。その言葉が虚偽となったのは大統領に責任があるとして、自分の仲間になってスキャンダルをもみ消してくれという要請をはねつける。大統領といえども、憲法に違反するのは国家への背信となるというので、上院の委員会で大統領の罪をライアンが宣誓証言するところで終わるのだ。

『今そこにある危機』で描かれているのは、一九八一年にイスラエルがイラクの原子炉を潜在的な脅威とみなして、自衛のために「先制攻撃」したのと同じ論理である。大統領の友人であるハーディング一家が殺害されたので報復をし、なおかつ彼がマネーロンダリングをしていたスキャンダルを消し去るという動機を隠し、コロンビアの麻薬カルテルを叩くという大義名分をでっち上げたのである。

さらに、コロンビア政府と話し合うために派遣したFBI長官が麻薬カルテルに殺されたことで、今度は大統領補佐官により、一転して和解へと向かったのである。その際に、麻薬カルテルが潜在的な脅威となるというので、相手国であるコロンビアに通告もせずに、軍の工作員を送り込んで破壊活動をした。また、コロンビアの領空内で麻薬のボスたちをミサイル攻撃するのが、国際法上許されるのかはきわめて疑わしいのである。

麻薬はアルコール以上に国の内外が密接に絡み合ったビジネスとなっていたのだ。そして本来は言論の自由をめぐる表現から借用された「今そこにある危機」という語句が、麻薬カルテルだけでなく、それを取り締まるべきアメリカ政府の側をも指摘している。そして、大統領補佐官は、全てをなかったことにするために、過去の記録の抹消を指示する。

映画のなかでは、大統領の指示書のファイルをコンピューターのなかに記録しておいた作戦担当副長官が危機を感じて消去しようとし、それを見つけたライアンが必死に印刷しようとする攻防の場面に対立が現れていた。真の危機は、闇に葬り去ろうとするアメリカ政府のほうにもあったのだ。それは『アメリカン・ギャングスター』で、戦場のヴェトナムと、ニューヨークを同じように腐敗したものとみなす視線と重なるのである。

メキシコ国境線と麻薬戦争

ドナルド・トランプが二〇一六年の大統領選で勝利した要因のひとつは、不法移民対策としてメキシコ国境線に「壁」を作ることの公言だった。二〇一四年にオバマ政権が五百万人の不法移民を救済する策をとったことへの反動でもあった。だが、壁の建設そのものは目新しい話題ではなく、すでに一九九〇年にはカリフォルニア州サンディエゴに、十四マイルの壁が作られていた。そして、二〇〇六年に制定された「安全フェンス法」などにより、都市部を中心に「壁」は設置されてきた。オバマ政権下でも、壁の補修や建て替えも含めて建設は行われていたのである。ただし、都市部を除くと、実際にはフェンス程度のものが多かった。それを強固なものに替えるのも、壁の建設と考えられるのである。

トランプの公約は「壁の建設費用をメキシコに負担させる」という内容だった。アメリカの財政負担なしに壁を建設するという玉虫色の主張だった。もちろんメリットのないメキシコは反発し、関税などをめぐって一時的には政治的な対立関係となった。三千キロ以上あるとされるメキシコとアメリカとの国境線すべてに、冷戦下の百六十キロの長さのベルリンの壁や、中世の城塞都市のような堅固な壁を建設するのは不可能であろう。地下トンネルや海上経由などの他の手段をとって、移民や麻薬は入ってくる。

麻薬戦争において簡単に敵味方の区分ができないという点を、ドゥニ・ヴィルヌーヴ監督の『ボーダーライン』(二〇一五年)は描いていた。アメリカ側のテキサス州エルパソと、隣接するメキシコ側のシウダー・フアレスの両側を扱いながら、麻薬カルテルの背後の親玉であるファウストをめぐる復讐の物語となっている。原題はスペイン語で「殺し屋」の意味で、一体それが誰を意味するのかがひとつの謎になっている。邦題の『ボーダーライン』も映画が扱っている主題をすくい取ったものであり、示唆的だった。

ヴィルヌーヴというアメリカとの国境線の問題を抱えているカナダの監督だからこそ、この映画を撮る意味があったのだ。境界線とその越境は、ヴィルヌーヴ監督の一貫した関心でもある。オリジナルとコピーをめぐる『複製された男』(二〇一三年)、宇宙人と人間のコンタクトをめぐる『メッセージ』(二〇一六年)、人間とレプリカントの境界線を扱う『ブレードランナー２０４９』(二〇一七年)と続いて発表された。『ボーダーライン』にＳＦ的な設定は存在しないが、それだけに麻薬戦争という現代の課題を扱いながら、人間をめぐる境界線に目を向けている。

『ボーダーライン』の始まりは、アリゾナ州での誘拐事件のためにＦＢＩが急襲し、建物の壁のなかに誘拐された被害者の死体が埋め込まれているのを発見するところだった。映画のヒロインのケイトはＦＢＩの誘拐対策班に所属していたが、倉庫に仕掛けられた爆薬で仲間が爆死したのを見て、事件の真相を知りたくなる。そして、上司の推薦もあって、国防総省つまりＣＩＡのマットが指揮する麻薬対策チームに出向するのだ。

エルパソで地下のトンネルを通じて不法移民や麻薬が入り込んでくるのを断つ、というのが当面の作戦だった。そして、麻薬カルテルどうしの争いや混乱を引き起こすことで、最終的にボスをあぶりだし、乗り出してきたところを叩くことで麻薬戦争を有利に持ち込むというのが、マットの考えだった。実際の指揮をとるのは、アレハンドロという謎のコロンビア人だった。ケイトもチーム内の駒のひとつに過ぎず、マットの質問に答える形で、離婚をして現在独身で子供もいない、という状況が確認される。いつ死んでも誰も悲しむ者がいない、という事実の確認でもあった。

ケイトと対照的なシウダー・ファレスに住む地元の警官シルヴィオの一家の話が描かれる。シルヴィオには妻も子供もいるが、ここには、「国境の南」をめぐる牧歌的なイメージはかけらもない。シルヴィオは麻薬を運ぶ手伝いをする悪徳警官でもあるからだ。この映画の抱えているボーダーラインはアメリカ側の警察権力が、メキシコ側で超法規的な活動をする際に無視する国境線を指すだけではない。それぞれの行為の倫理的な善悪の境目、あるいは職分をめぐる線引など、さまざまなボーダーラインが働いている。しかもケイトがチーム内の唯一の女性として、周りの男性たちの暗黙の了解に異議を申し立てる場面も多い。

ケイトが国防総省の作戦に誘われたのは、FBIの協力が必要とされたせいである。「CIAは国内での活動が禁止されているのでお前を入れた」とマットは断言する。犯罪のネットワーク化に対抗するためには単独の組織や地理的な縦割り行政では対処できない。CIA、麻薬取締局、そしてFBI、さらに地元警察などが連携しないと難しい。国外との関係はCIAが、国内はFBIといった区割りができないのだ。そもそも、ケイトが所属しているFBIそのものが、州というボーダーラインを越えた犯罪に対応するために生まれた組織だった。ボーダーラインが引かれると次にはそれを越える犯罪が生み出されるのである。

謎の人物だったアレハンドロが、コロンビアの元検事で、自分の妻や娘を麻薬王のファウストに殺された私的な復讐のために、計画に参加したことがわかってくる。この役を演じたベニチオ・デル・トロは、やはりメキシコとの麻薬問題を扱ったスティーヴン・ソダーバーグ監督の『トラフィック』(二〇〇〇年)でアカデミー助演男優賞を獲得していた。『ボーダーライン』では、心の奥底に信念をもつせいであらゆる善悪を相対化してしまう人物となっている。アレハンドロが作戦を実行する手段があまりにも残虐なので、ケイトはアレハンドロを銃で制止するが、「おれに銃を向けるな」と言われ逆に撃たれる。防弾チョッキの上からであったが、味方であっても平然と撃ち殺せる人物として描かれている。

そしてメキシコ側の人物として描かれてきた警察官のシルヴィオが、アレハンドロに利用されて撃ち殺されるのだ。ファウストという自分の復讐相手へ接近するための道具に過ぎないからだ。そして、食事中のファウスト一家に近づくことに成功する。ファウストの妻子を助けてくれという助命に対して、まず妻子を銃殺し、それからファウスト本人の口から自分の妻や娘を殺すという命令をだしたことを確認して殺害し、復讐を遂げるのだ。

『ボーダライン』は『今そこにある危機』と同じで、FBIも含めた連邦政府が麻薬戦争を管理しやすいように、麻薬カルテルを一本化する作戦を考えていた。『今そこにある危機』では関連したボスたちはすべて殺されるのだが、『ボーダーライン』では、ファウストや手下のボスは殺されるが、それ以外は生き残る。そのため新しい混乱が絶えず巻き起こるのである。

父親に自分の活躍を見てもらいたくて帰宅を待っていたシルヴィオの息子が参加するサッカーの試合の最中に、遠くで機銃の音がする。一瞬、全員の動きが止まるが、笛が鳴って試合は再開し続行するのだ。銃撃など日常生活の一つにすぎないからだ。ここでのボーダーラインは、メキシコからの不法移民の息子がイングランドでプロのサッカー選手になるために国境を越えた『ゴール！』とは意味合いが異なっている。

心身ともに疲弊したケイトの家にアレハンドロが訪れて、今回の作戦では一切違法な行為はなかったという書類にサインを求める。最初ケイトは拒否するのだが、銃を突きつけられて強引にサインさせられる。そして、銃を分解して立ち去ったアレハンドロが、駐車した自分の車のところへ向かうのを見て、ケイトは慌てて銃を組み立てて照準を向けるのだ。

だが、ケイトはアレハンドロを撃つことができなかった。映画の冒頭で誘拐犯の家を急襲したときの、強い決意をもったケイトはもういない。憎しみの連鎖に、自分が入り込んでしまうことへのためらいや、麻薬戦争は終わりのないものだとわかってきたからだ。どうやら麻薬戦争は、貧困や欲望や経済格差がからみ、歴代の大統領たちが考えてきたように、壁を築くことによって防げるような対象ではないのだ。

2　テロと暗殺のアメリカ

テロと暗殺の歴史

アメリカの歴史をたどると、そこには爆破などのテロリズムや政治家や宗教指導者などの要人暗殺があった。こうしたテロリズムや暗殺は、映画や小説といったエンターテインメントにおいて、アクションを導入したり、緊迫感を生み出す題材として取り上げられやすい。しかも、現実的な根拠をもっているので、作品のなかに、銃規制や、表現や信教の自由、さらには不法や合法な移民の線引などの議論を含むことになる。

もともとテロリズムという言葉は、フランス革命期のロベスピエールを中心としたジャコバン派による「恐怖政治」（一七九三―四年）に由来する。フランス語の「テルール」から派生して、テロリズムという言葉が生まれ、二十世紀になって新しい意味が加わったのだが、それは左右関係なく、相手の力を封じ込めるための政治的な目的で行われる暴力行為を指す。

フランスで使われた「テルール」は独裁政治による大量虐殺を意味していた。ロベスピエールやマラーたちジャコバン派内の山岳派は、二万人以上とされる人間をフランス全土でギロチンにかけたりして処刑した。「恐怖」とは、権力を握った側の見せしめや弾圧が、人々に与える恐怖のことだった。そして、ジャコバン派内で分裂した側のジロンド派のシャルロット・コルデーが、皮膚病の治療のために浴槽に浸かっていたマラーを暗殺した。ダヴィッドが描いた絵が有名である。こちらは要人暗殺は現在のテロリズムに近いし、組織内の抗争というのは、内部テロの応酬となる。

テロリズムはさまざまに定義されるが、ジェイムズ＆ベリンダ・ラッツの『テロリズム基礎』（二〇〇一年）は、学問上認められる共通点として、「政治的目的をもつ」「暴力を伴う」「標的となるオーディエンスが存在する」「テロ組織が存在する」「市民を攻撃する」という五点を挙げている。確かに多くのテロリズムに共通する点が含まれている。ここでのオーディエンスとは、事件の目撃者からメディアの視聴者を含んだもので、テロ行為を通じてアピールする対象となる人々のことである。

現体制と政治的に対立し、敵対する勢力による爆弾テロなどが起きる。北アイルランドの独立をめぐるＩＲＡによるテロ攻撃、パレスチナ解放機構による飛行機のハイジャック、「聖戦」を掲げるイスラム国の自爆テロなどが連想される。爆弾などによって議会などの象徴的な建物、飛行機や鉄道などの交通手段をハイジャックしたり破壊する。あるいは放送局や通信施設の占拠や破壊、橋や道路といった物流ルートの切断などが、テロ行為となる。9・11でも、世界貿易センタービルのツインタワーやワシントンのペンタゴンといった象徴的な場所がターゲットとなった。

テロリズムに関する先程のラッツの指標だが、実際には五項目のどれかが欠けていても、テロ行為として了承されることが多い。政治的目的が必ずしも判別しない場合もある。銃の乱射事件や爆弾事件では、テロ組織に属さない単独の犯行もたくさんある。

どうやら映画や小説では、この五つの共通点のうち、三つ以上含むものをテロリズムとかテロリストと呼んでいるようだ。たとえば、『ロボコップ』（一九八七年）で、デトロイトの元市議が銃を片手に、市長たちを人質にとって、自分を議員に復帰させろと警察に要求する。市警の側は、オフィスや車をよこせと要求する男を「テロリスト」と呼ぶが、こうした行為までもテロに含まれる。本章では、そうしたゆるやかな定義でテロリズムを捉えることにする。

宗教指導者の暗殺

昔からあるテロリズムのひとつが要人の暗殺である。権力をもつ象徴的な人物を倒すのは、それだけ政治的な影響が大きいし、相手が実力者であれば間違いなく政治機能が停止する。宗教指導者、とりわけ黒人の公民権運動にまつわる暗殺が、第二次世界大戦後に起きた。

たとえばマルコムXは、一九六五年に暗殺されたイスラム教団体の指導者だった。マルコムXという名前は、黒人至上主義の「ネーション・オブ・イスラム」に参加したときに与えられ、Xは文字を書けなかった時代の黒人奴隷が署名の代わりに用いた記号なので、奴隷としての過去を忘れないというメッセージが込められている。

マルコムXの活躍により、「ブラックムスリム」と俗称される過激な団体へとなっていく。だが指導者のイライジャ・ムハンマドとの対立で離脱した後、マルコムXはスンナ（スンニ派のイスラム教に回帰したのだが、「ネーション・オブ・イスラム」の暗殺指示を受けた信者により殺害された。死後「私はマルコムXだ」とネルソン・マンデラたち世界の黒人指導者が言い、ボクシングのヘビー級チャンピオンだったカシアス・クレイもマルコムXと出会ったことで、ブラックムスリムとなり、モハメド・アリと改名した。

こうした影響力の大きなカリスマ的人物が、最後に暗殺されると結末がわかっている映画が緊迫感を持つのも当然である。スパイク・リー監督の『マルコムX』(一九九二年)は、マルコムXの生涯を描いている。アレックス・ヘイリーがインタビューを重ねて書いた『マルコムX自伝』(一九六五年)に基づき、ジェイムズ・ボールドウィンが脚色したものだった。いくつもの脚本が書かれたのだが、リー監督は、結局この初期の脚本に戻って映画化したが、ボールドウィンの遺族の意向で名前がクレジットされることはなかった。

ヘイリーは自分のアフリカの先祖がアメリカへとやってくる『ルーツ』(一九七六年)という歴史小説で知られていて、『マルコムX自伝』にもフィクションが含まれているとされる。脚本のボールドウィンは『ジョヴァンニの部屋』や『もう一つの国』などの代表作をもつ黒人作家の一人である。映画化の行方が定まらなかったときに書かれた脚本が、『いつか、私が亡くなったとき』というタイトルで一九七二年に書籍の形で発表された。

リー監督は前作の『ジャングル・フィーバー』(一九九一年)で、異人種間の恋愛とその困難を描いていた。夫婦の間のコミカルな会話なども入れているし、レストランでの黒人の側からの白人差別も含めていた。それが一転して、『マルコムX』は、白人への憎悪をためらいもなく前に押し出す映画となっている。

マルコムXは若い頃から白人に憧れて直毛にして犯罪を繰り返していた。強盗や窃盗で、さらに、白人女性と関係したという罪で刑務所に入る。そこでイスラム教の教えに出会い、その「ネーション・オブ・イスラム」という団体に入る。マルコムXを演じるデンゼル・ワシントンは、他のFBI特別捜査官や麻薬ギャングの役を演じる時以上に能弁である。緩急の発話を利用して聴衆に語りかけるときに、シェイクスピア俳優でもあるワシントンの能弁さが発揮されるのだ。たとえばイエスはヘブライ人だったが、はたして神様は白人なのかとキリスト教信者の女性に問いかける。

ケネディの暗殺に際して、同情的な意見を吐かなかったので、「ネーション・オブ・イスラム」の指導者のイライジャ・ムハンマドと対立が深まる。ケネディ大統領は「国民のアイドル」だからけなしてはならないというムハンマドの意見に不満をもち、取り巻きの甘言でしだいに腐敗していく指導者に見切りをつけて離れた。そのあと、原点をたどるために、イスラム教の聖地メッカなどを訪れる。そこで、黒人だからという差別を受けなかったこともあり、「アフリカに帰る」という方針を転換することになる。だが、裏切り者とされて、マルコムXに対する暗殺の指示が出るのだ。

マルコムXの暗殺の場合には、イスラム教団体内の仲間割れという面も強かったが、宗教的な指導者としては、マーティン・ルーサー・キング牧師の暗殺事件の影響はさらに大きい。キング牧師は、バプテスト派のキリスト教徒でもあり、アメリカのマジョリティであるキリスト教徒からすると異教徒とは言えなかった。つまり宗教よりも、あくまでも人種的な偏見のほうが大きかったのである。

キング牧師は、ＦＢＩのフーバー長官に盗聴などで執拗に追いつめられたのだが、一九六八年四月四日にテネシー州のメンフィスで、白人至上主義者で犯罪者でもあったジェイムズ・アール・レイによって射殺された。レイは国外に偽名で逃走した。その際の逃走資金や偽造パスポートの入手方法などに、背後関係の存在をうかがわせるものがあるが、真偽のほどは判明していない。

キング牧師はボストン大学の博士号をもち、黒人内での階級を越えた複数の組織を結びつける要となっていた。彼の死によって、非暴力を唱える公民権運動の統一が頓挫してしまう。そして、白人の側がキング牧師を殺すという暴力で訴えてきたのだから、黒人の側は暴力で応じて生き延びるしかない、という先鋭的な意見が広がったのである。ブラックパンサー党のように、マルコムＸの過激な部分を引き継いだ運動も、そうした心情の持ち主に支持されたのだ。

暗殺された大統領たち

アメリカの政治的指導者のトップはやはり大統領だろう。これまでに四人の大統領が凶弾に倒れている。古い順に名前を挙げると、エイブラハム・リンカーン（一八六五年）、ジェイムズ・ガーフィールド（一八八一年）、ウィリアム・マッキンリー（一九〇一年）、ジョン・F・ケネディ（一九六三年）となる。四人の殺害に使用された凶器は銃と共通しているが、暗殺者の目的や動機はそれぞれ異なっている。

リンカーンを暗殺したジョン・ウィルクス・ブースは南部連合の復活を求めていた。リンカーンの暗殺を試みたあと、劇場の観客席に飛び降りて逃げたブースは逮捕され、絞首刑になった。リンカーンの演劇好きとブースが素人役者でもあった点に、この事件の「演劇的」な性格を読み取る意見もある（巽『リンカーンの世紀』144—165頁）。シークレットサービスが必要とされるようになったのは、リンカーン暗殺からだった。

二人目のガーフィールドを殺害したC・J・ギトーは、大統領が勝利したのは自分の応援演説原稿の力によると確信し、見返りとして海外の領事の職を求めていた。だが、門前払いを食らい公職を得られなかった私怨から、殺したのである。つまり、政敵による暗殺ではなくて、共和党内の派閥抗争が招いたものだった。

三人目のマッキンリーは無政府主義者に倒された。そのため副大統領のセオドア・ローズベルトが地位を引き継いだ。棍棒主義と呼ばれる強圧政治がその後台頭することになるのだが、そのきっかけは、マッキンリーの暗殺事件にある。

四人目のケネディの場合は、東京オリンピックでの宇宙中継を念頭においた十一月二十三日の日米間の衛星中継実験の放送で伝えられた。ニュース映像には、「午前五時二十八分。モニター用のテレビに史上初めて太平洋を越えてきた映像が鮮やかに映し出されました」と成功を伝えるナレーションが入っているのだが、アメリカ側が「この電波に乗せて誠に悲しむべきニュースをお送りしなくてはなりません」と、日本時間午前四時に暗殺されたケネディの事件を知らせてきたのである。まさに起きたばかりのホットなニュースだったのだ。

アイルランド系でカトリック信者の大統領であるケネディの暗殺は、犯人のオズワルドが射殺されてしまったために、動機や背景は解明されずにいる。キューバ危機を乗り切った人物であり、ヴェトナム戦争で派兵を拡大し、アポロ計画となる六〇年代の内に月へ到着するといった宣言もした。内外において毀誉褒貶があり、敵が多かったのも確かである。

冷戦下でもあり、オズワルドの単独犯ではなく、背後にソ連やキューバの共産主義勢力や、FBIやCIA、さらにはテキサスの石油資本まで、真の黒幕がいるという陰謀論が絶えず湧いてきた。ひとつの例がオリヴァー・ストーンによる『JFK』（一九九一年）である。ジム・ギャリソンという実在の元検事が提唱した、軍産複合体が背後にいて、ニューオーリンズでキューバ人とのトラブルで有名だったオズワルドを利用した、という筋書きを映像化している。

白黒のニュース映画とセピアやカラーで撮影されたドラマを巧みに組み合わせて、ひとつの仮説を証明していく。実際には、ケネディの暗殺後、副大統領のリンドン・ジョンソンが引き継いで、選挙を経て正式に大統領となると北爆が開始されて、ヴェトナム戦争は泥沼化していった。ケネディが開いた道をさらに推し進め、一九七五年に敗走するまで続いたのである。

ついでに言えば、こうした要人暗殺はアメリカだけのことではない。日本でも幕末には、井伊大老から坂本龍馬まで暗殺事件が続いた。そして明治維新後も、現職や退いた総理大臣が次々と暗殺された時期があった。伊藤博文（一九〇九年）、原敬（一九二一年）、浜口雄幸（一九三〇年）、犬養毅（一九三二年）、高橋是清（一九三六年）、斎藤実（一九三六年）と現在まで六人いる。しかも日本が対外戦争へと傾斜するなかで、犬養は五・一五事件、高橋と斎藤は二・二六事件と、それぞれ軍事クーデターにおいて殺害されたのである。

レーガン暗殺未遂とシークレットサービス

もちろん、実際に殺害された大統領だけが暗殺者に狙われたわけではなく、シークレットサービスなどの活躍で未遂に終わった事件も多い。アンドリュー・ジャクソン、セオドア・ローズベルト、フランクリン・ローズベルト、ハリー・S・トルーマンなど数多くいる。

なかでも、重要なのは、映画俳優から大統領に上り詰めたロナルド・レーガン大統領の暗殺未遂事件だろう。一九八一年の就任二ヶ月後に暗殺されそうになった。レーガンはキング牧師の暗殺のときにカリフォルニア州の知事だったが、今度は自分が狙われたのである。負傷しながらも、銃弾が摘出されると公務に復帰した。銃弾に倒れなかった大統領として、不死身のイメージを国の内外に植えつけ、レーガノミックスやスターウォーズ計画といった政策を提案することになる。イギリスのサッチャー首相とともに、八〇年代の英米の路線を決めた人物でもある。

レーガン大統領を銃撃したジョン・ヒンクリーは、政治的な動機からレーガン大統領を狙ったわけではなかった。スコセッシ監督の『タクシー・ドライバー』（一九七六年）で十四才の売春婦の役を演じたジョディ・フォスターに憧れたヒンクリーは、フォスターに認められるためには、映画の中で上院議員を狙うトラヴィスのように振る舞わないといけないと思い込んだのだ。もちろん、『羊たちの沈黙』でFBI特別捜査官を演じる前のフォスターである。そして今度はトラヴィスのように、ヒンクリーがレーガン大統領を襲ったのだ。

このように虚構と現実とが結びつくのは、政治学者の村田晃嗣の『大統領とハリウッド』によると「映像から現実へ、現実から映像へと、映画と政治の関係が循環していた」状況だったからである（125頁）。ケネディ暗殺のテレビニュースが、メディアの発達によって日本のお茶の間にリアルタイムに届いたように、多くの情報が瞬時に共有される。

管理社会はメディアを通じた情報の共有のためのネットワークを張り巡らす。トラヴィスが食事をしながらテレビを観る場面が出てきて、この映画そのものが「メディアによって主人公のキャラクターが形成されていた」（カーター＆ウィーバー『暴力とメディア』61頁）。そして恋愛ドラマを観ている最中に、怒りから銃でテレビを撃って壊してしまうように、トラヴィスは虚構を虚構として扱うことができなかったのである。

ドキュメンタリー映画のようなニューヨークの実景のなかで、二十六歳のヴェトナム戦争の帰還兵が、しだいに社会風俗へ反感をもち、銃を手に社会を浄化しようとする。そのターゲットとなるのが、店に押し入り店主に金を出せと銃を突きつけていた黒人の強盗犯だとか、十四歳の娼婦を食い物にしているヒモだとか、大統領候補である上院議員だった。

トラヴィスが、銃の売人からマグナムやワルサーなどの性能を説明されて売りつけられる場面がある。ビルの窓から下の通行人に照準を合わせて、トラヴィスは銃の性能を確認する。売人は同時に麻薬や覚醒剤も勧めるのだが、トラヴィスはそちらは拒否する。そして銃を手に入れると、体力をつけるために訓練をし、健康に気を配るようになる。「健康な暗殺者」というトラヴィスの様子そのものが、ヒンクリーが暗殺未遂にいたる手本となった。

一時期に比べると首脳の暗殺や暗殺未遂が減っているのは、シークレット・サービスを含めた要人警護の組織が活躍したからでもある。これはリンカーン暗殺後の一八六五年に設立された組織である。レーガンの暗殺未遂のときも事前に阻止はできなかったが、犯人を取り押さえたのはシークレット・サービスだった。暗殺やテロリズムの発生を事前に防ぐために、業務を大統領の身辺警護に特化している。

けれども、シークレット・サービス創設後にも、三人の大統領が暗殺された。スタンリー・キューブリック監督の『フルメタル・ジャケット』（一九八七年）のなかで、海兵隊の鬼軍曹のハートマンは、ヴェトナム戦争に赴く訓練生たちに質問しながら、一九六六年にテキサス大学オースティン校のタワーから二十人を射殺した（実際は十五人で、その前に両親を殺害している）チャールズ・ホイットマンと、一九六三年にケネディ大統領を暗殺したリー・ハーヴェイ・オズワルドが、ともに元海兵隊員であることを確認させる。二人は海兵隊で学んだ技のおかげで、遠く離れた距離から、動く標的を的確に射殺する優秀な腕をもっていたとハートマンは称賛するのだ。

ケネディ大統領の暗殺において、元海兵隊員オズワルドの犯行を阻止できなかったことは、大統領の警護を担当するシークレット・サービスにとって不名誉なことだった。その名誉を一部挽回したのが、レーガン大統領暗殺未遂事件だった。犯人を取り押さえるのに成功したのだ。とはいえ、銃弾は胸を貫いたのであり、死亡する可能性も高かった。

こうしたケネディ大統領暗殺の屈託を描いたのが、ウォルフガング・ペーターゼン監督の『ザ・シークレット・サービス』（一九九三年）だった。老齢の主人公をクリント・イーストウッドが演じている。フランクはケネディ暗殺を阻止できなかったトラウマから酒に溺れ、妻子とも別れてしまった男である。それを知った上で、ブースを名乗る犯人は大統領の暗殺を予告してくる。「ゲーム」という言葉を口にする犯人に、フランクは大統領の警護に復帰して対決することになる。

本来は裏方であるべきシークレット・サービスの全容が明らかになる。大統領の暗殺予告や脅迫という犯罪に対処するためには、潜入捜査もするし、大統領に来た脅迫の手紙を一つずつ調査して不審な点をつぶしていく。それが今回の犯人であるブースにつながることになった。

しかも、犯人に関する情報がＦＢＩやＣＩＡには流れるのに、シークレットサービスには来ないなどの縦割りの弊害や、デジタル回線なら簡単に逆探知できるのに、アナログ回線を使われたら無理など、メディアの変化の状況も踏まえている。ケネディが暗殺された時代とは警備の手段が異なっているのだ。しかも、犯人も金属探知機を逃れるための銃を作っていた。

今回の犯人は、フランクにとってのトラウマとなる過去の出来事をほじくり返しながら、命をかけて大統領を守る側に対して、命をかけて襲う側として対決することになる。犯人はかつてＣＩＡの暗殺要員で、予算の削減により使命から脱落するという傷を政府に負わされたと考えている。その意味でフランクと犯人はトラウマをもつ者どうしの対決なのだが、組織内部から生じた腐敗をうかがわせるのである。

3　テロリズムの多様化と9・11

銃乱射事件と銃規制

要人暗殺というのは、テロリズムのなかでも成功すると効果的な方法のひとつである。それは、その後の政治の流れなどを変えてしまうからだ。市民を狙った無差別な爆弾テロや銃の乱射とはその点が異なる。一九八一年のレーガン大統領の暗殺未遂事件で、ホワイトハウス報道官だったジェイムズ・ブレイディが巻き添えを食って負傷した。前年にはジョン・レノンがマーク・チャップマンに殺害されるなど、暗殺のニュースが続いたのである。

そこでブレイディを中心に銃規制を求める動きが起き、彼の名を冠した法律が、事件から十年以上経た一九九三年に出来た。販売店が購入までに五日の猶予をもって、銃の購入者の身元を調査することで、前科を持つ犯罪者などに売らないという規制だった。銃の販売を中止させるものではないので、あくまでも消極的な手法である。五年間の時限立法でその後五年延長されたが、最終的にイラン・イラク戦争を戦うブッシュ政権の時代に廃止されてしまった。

銃規制をすることは、一七九一年に憲法修正条項第二条として付け加えられた人民の武装権とぶつかることになる。条文に「よく統制がとれた民兵は自由な州の安全保障に必要なので、人々が武器を保管し携帯する権利は妨げられるべきではない」とあるように、中央の連邦政府が支配することへの懸念から生み出され条項で、本来「民兵」（ミリシア）の武装権のことだった。

現在では州兵が民兵にあたるのだが、この自警団的な組織が奴隷監視などにあたった過去があり、国民全員の武装権にまで広がってしまった。銃規制に反対する最大の団体である全米ライフル協会は、この条項をあくまでも一般市民の武装権として理解させてきた。国内マーケットを失いたくない銃器メーカーがその動きを後押ししているのだ。

しかもヒンクリーの暗殺のターゲットとなったレーガン大統領自身が、『カンザス騎兵隊』（一九四〇年）や『決闘の町』（一九五三年）のような西部劇で、銃やライフルを使う俳優でもあった。そして、選挙期間中は銃の規制には反対していたし、暗殺未遂のあとでも銃規制派となったわけではなかった。ただし、ブレイディ法成立の際には、大統領職を退いていたので後押しをした。

テロリズム対策として銃規制が叫ばれるのは、銃乱射事件が高校や大学で生徒や学生によって引き起こされた時である。また、職場を解雇された元従業員や、職場に不満がある従業員の銃乱射も起きている。こうした周囲に対する個人の絶望感や恨みが、銃による犯行と結びつきやすい。その際に無関係な人間をも巻き込むのである。

学校での銃乱射事件のなかでも、とりわけ一九九九年のコロラド州のコロンバイン高校銃乱射事件は象徴的な事件とされた。エリックとディランの二人の高校生が、十二名の生徒と教師一人を射殺し、多数に怪我を負わせた。二人はカフェテリアに爆弾を設置したが爆発しなかったので、銃撃することになり、本人たちは最後に自殺してしまった。背景として、スクールカーストのなかで、エリックが入学以来いじめられたことが原因とされる。

事件そのものの流れだけではなくて、その社会的な背景をマイケル・ムーア監督は『ボウリング・フォー・コロンバイン』（二〇〇二年）で掘り下げてみせた。映画のタイトルにある「ボウリング」は、エリックとディランが銃乱射事件の前の朝六時に二ゲームだけ行ったことからつけられた。銃乱射の原因として、マンガ、テレビゲーム、映画、さらに二人が聞いていたマリリン・マンソンの歌が指摘された。それならば、ボウリングだって原因になるだろう、という皮肉なのである。

マンソン本人がインタビューに答えて、彼自身を原因にするとわかりやすいからだろうと指摘する。当日コソボ紛争でのミサイル攻撃で最大の犠牲者を出したとクリントン大統領が発表した。その一時間後にこの乱射事件についてやはり大統領が発表したのに「大統領が原因だと誰も言わないだろう」と皮肉を述べている。

ムーア監督はジャーナリスト出身でもあり、テレビなどのメディアが取材しない多くの場所を訪れ、責任者に突撃取材をする手法で注目を集めた。ミシガン州で育ったムーア監督が、地元の銀行の口座を開くと無料で銃をプレゼントするという話から始まる。そして、監督自身が、全米ライフル協会から表彰されるほどの腕前の持ち主で、銃についてよく知っていることが、この映画の成功の鍵である。

簡単に銃乱射ができてしまう理由のひとつは、ウォルマートやKマートのようなスーパーで食料品とおなじく銃や弾薬が購入できたからでもある。これはその後、店の側が撤去や制限をすることになった。またテレビのニュースなどのメディアで煽るように恐怖が語られる。犯罪ニュースがケーブルテレビなどで、いちばん視聴率を取れるという商業主義的な理由からだった。その結果蔓延するのが、黒人やヒスパニック系が暴力的だとする偏見である。そして隣人が簡単に銃をもつことができるという恐怖が、銃の所持を促進し正当化するのである。

ミシガン民兵の射撃訓練には一般市民が参加していた。白人至上主義者がミシガン民兵として、一九九五年にオクラホマの連邦政府ビルを爆破した。ビルの半分が吹き飛んで、百六十八人が死亡した。犯人の一人の兄は容疑者となったが無罪とされ、今では有機農法で豆腐用大豆を栽培している。爆弾製造に必要な材料は農場に転がっていたとうそぶく。そして、「国民が政府や権力者に搾取され、奴隷化されていたと気づいたら」反乱を起こすのだという。これが連邦政府の横暴に対する「州の民兵」による抵抗、という論理に直結するのである。そのために憲法で武装権が保証されているとする。ビル爆破自体を否定的にとらえる意見はないようで、これを口にするときの目つきや表情は、真剣とも狂気ともとれるものだった。

また、幼い子を連れて迷彩服姿でミシガン民兵の訓練に参加している女性は「強盗が入ってきたら、警察に連絡するのは、警官が銃をもっているからのはず。ならば、その間の手間を省いて、自分が銃で強盗を撃つ」と口にした。この短絡的だが、子供を守るという切実な動機に支えられた行為を、単純に責めることはできないかもしれない。ユタ州には住民に銃の携帯を義務づける自治体があり、子供の頃から銃を撃つ練習をさせている。銃が身近にあるせいで、小学校での発射事件を招いたりさえするのだ。

コロンバイン高校銃乱射事件では、同級生などが犠牲になった。こうした銃乱射事件でのターゲットが要人ではなく、動機も個人的な背景があり、予告もないならば防ぎようがない。

コロンバイン高校銃乱射事件では、ネット上に殺人予告が出ていたのだが、警察は注意を払わなかっただけでなくその隠蔽が指摘されている。

二〇一七年には、ラスベガスで行われた音楽フェスティバルの会場に、向かいのホテルから自動式の銃の乱射があり、五十八人が死亡し五百人以上の負傷者を出した。冷静に弾道の計算までして効率的に銃撃をした犯人だが、自殺してしまい動機はわからない。しかし、こうした悲惨な事件が起きても、銃規制は進まなかった。テロリズムが、銃乱射事件のように周囲への恨みを解決する手段となると、政治目的の組織犯罪ではなくなる。絶望のはてに自殺をする巻き添えとして、大量の人命を道連れとするために、銃の乱射をする場合もある。結局は銃規制、さらには銃の所持を禁止する以外に、これを根本的に防ぐ方法はないのだ。

個人対社会のテロリズム

組織的なものではない単独犯によって浮かび上がってくるのは、個人対社会という対決の図式である。こうした組織的ではないものを「一匹狼（ローン・ウルフ）」テロリストという呼び方をすることもある。たとえば、『ブラックサイト』で、犯人はメディア報道に対し憎悪をもつ人間で、インターネットを利用して処刑するという犯罪を行った。また、『ザ・

シークレット・サービス』で大統領暗殺を計画したのは、元CIAのスナイパーであった犯人が抱く政治的な恨みが原因だった。そうした憎悪や恨みが、社会の変革や不備の是正へと向かう動機とはならないのだ。むしろゲーム的な楽しみとして犯行を重ねていく。相手がFBIとか連邦政府だと、それだけ対抗意識が掻き立てられるのだ。その行動はある意味で連続殺人鬼と同じなのである。

テロリズムがゲーム化する状況を作品化してみせたのが、『ジェット・ローラー・コースター』（一九七七年）だった。この映画は、ローラーコースターのドキドキする感覚を画面上に見せ、さらにそこに爆弾が仕掛けられているという二重の「スリラー」として構想されていた。映画館で重低音を響かせるセンサラウンドという新しい音響装置を利用する作品として考えられた。その意味で使用する技術が先にある映画だったのだ。

最後まで身元が判明しない若い犯人に政治的な目的はなくて、「百万ドルをよこせ」という単なる金銭的な要求のため、全米の五つの遊園地に爆弾を仕掛けたというのである。それを阻止するのがローラーコースターの検査員ハリーで、FBIの特別捜査官は補佐に回る。万全の安全体制をとり、客が恐怖を楽しめるようにするのがハリーの役回りだった。

しだいに巧妙となる手段に、検査員のハリーは犯人の若者に、快楽のためにやっているのだろうと指摘する。だが、「間違った心理学的なプロファイリングだな。快楽のためじゃない」

と否定する。それに対して金のためのビジネスが目的だったとハリーは確認して、「こんな腐った世界では、お前は他の奴らよりも悪いというわけじゃないんだろう。おれたちは皆税金をごまかすし、デトロイトじゃ欠陥車を作っているんだしな」と自嘲ぎみに言う。ここでデトロイトの話が出てくるのは、曜日によって労働にむらがあり、酒が抜けていない月曜日と休みを心待ちにしている金曜日に作った車には乗るな、というジョークがあったほどの状況だったからだ。メカニズムを守るという責任感の強いハリーからすると、犯人の若者もデトロイトの労働者も理解できないのである。

最後に、マジック・マウンテンという遊園地で七月四日の独立記念日にオープンするローラーコースターで対決することになる。犯人は自滅するが、最後まで身元が明かされないせいで、誰にでもなりうるテロリストとして、社会に広がる不安の象徴のようにも見えた。ところが、皮肉なことに、『ジェット・ローラー・コースター』が公開された翌年の一九七八年から一九九五年にかけて、一人の犯人による連続テロがアメリカを襲うことになる。それは大学（ユニバーシティ）と空港（エアポート）を狙ったもので、ＦＢＩによって「ユナボマー」と呼ばれた。ある意味で『ジェット・ローラー・コースター』はユナボマー事件を予兆していたのである。

このユナボマー事件で利用され、犯人像をかえって誤らせたのが、プロファイリングという捜査技術だった。『ジェット・ローラー・コースター』の犯人も口にするくらい知られた手法だった。ユナボマー事件の解決が長引いたのは、プロファイリングが、犯人像を当初の知的人物から、爆発物に慣れた機械に強いブルーカラーへと変更したせいである。捜査対象が変わったので、逮捕がますます難しくなったのだ。

この心理学的プロファイリング技術は、一九七二年にＦＢＩは科学捜査の手法として導入した。Ｊ・エドガー・フーバー長官は心理学に疑念をもっていたのだが、七二年に亡くなったことで重しがなくなったのが理由だとされる。『ＦＢＩ百年史』でもプロファイリングの導入が誇らしげに語られている。

結局は過去のデータに基づく類推なのだが、最初に心理学的プロファイリングが採用されたのは、ジョージ・メテスキーこと「マッド・ボンバー」事件だった。メテスキーは、第二次世界大戦前の一九三一年に、電力会社での事故で肺をやられ、結核になったと主張した。だが労災の認定をされなかったため、不満からまずは親会社であるソリッド・エジソンに爆弾を仕掛けた。それから第二次世界大戦後の一九五一年からは、会社ではなくて、駅や映画館や劇場などに仕掛けたのである。

新聞社などに送られた手紙や犯行の手口から、一九五六年に精神分析医のプロファイリングによって犯人像が絞られた。新聞記事では、着ていた服装まで当てたとされるが、間違った推測を排除した内容に過ぎなかったことがわかっている。ユナボマーのときと同じくあまり役立たなかったのである。メテスキーは、『マッドボンバー』（一九七二年）という映画のモデルともなった。個人的な恨みを果たすために、最後は公共施設などを爆破したという点でユナボマーとの共通点も多い。

メテスキーは高卒で、爆弾製造などに必要とされる技術的な知識は軍隊で身につけたものだった。それに対して、ユナボマーと呼ばれ、一九九五年に犯人として逮捕されたセオドア・カジンスキーは、若い頃から数学に秀でた才能をもっていた。小学校のときにIQが飛び抜けていて、カリフォルニア大学バークレー校の少壮の学者として将来を嘱望されていた。教えることに疑問をもち退職すると自然のなかで暮らし始め、その環境を破壊する文明への憎悪から爆弾事件を引き起こしたのだ。逮捕前、メディアに自分の主張を掲載させることにも成功した。ある意味で、環境テロリストにもつながる行動である。ただし、ユナボマーが逮捕されたのは、プロファイリングのおかげではなく、弟の妻がまず疑い、弟に雇われた私立探偵によって素行がしだいに明らかになったせいだった。

犯人の心理を扱う行動分析と、鑑識や物証に基づく科学捜査とは補完的なはずである。テレビドラマでも、プロファイリングに基づく『クリミナル・マインド　FBI行動分析課』（二〇〇五年―）と、物証の科学的な解明から攻める警察の科学捜査を描く『CSI科学捜査班』(二〇〇〇年―二〇一五年)がともに人気があるのは、心理的領域と物理的領域という二つの側面からのアプローチが、真相に迫るには不可欠なせいである。

9・11のインパクト

二十世紀末のアメリカは、ユナボマーの騒動や、白人至上主義者が民兵として連邦政府の方針に反発して起こしたオクラホマ連邦ビル爆破事件などのテロリズムを内部に抱えていた。さらに、コロンバイン高校銃乱射事件もあった。どれもがＦＢＩが担当する国内問題だった。けれども、国民のテロリズムへの意識を大きく変えたのは、やはり二〇〇一年九月十一日の「アメリカ同時多発テロ事件」である。第五期の移民のあり方を変え、ブッシュ大統領は根拠を捏造してまで報復としてのイラク戦争を始め、白人と黒人の混血であるオバマ大統領は融和的な政策を進め、さらに反動として排外主義的なトランプ大統領を生み出すほどのインパクトを与えた。

この日四機の航空機が同時にハイジャックされた。その内の二機それぞれが激突して、ニューヨークのツインタワーの世界貿易センタービルの北棟そして南棟を倒壊した。そして、もう一機はワシントンのペンタゴンの一角へ激突した。残りの一機は、議会議事堂かホワイトハウスを狙ったとされるが、離陸が遅かったために乗客たちが携帯電話やインターネットで世界貿易センタービルの事件を知り、奪還を試みたなかで、郊外に墜落してしまった。航空機により経済と政治の象徴的な建物に突入することで、乗客も含めて約三千人の死者、六千人を超える負傷者を出したのである。多くの映像に撮られたことによって、ニュースは視覚的にも世界に拡散した。

ただし、この事件の予兆がなかったわけではない。一九九三年には世界貿易センタービル爆破事件があったからだ。湾岸戦争への報復として、ウサーマ・ビン・ラディンが率いたアルカイダによる犯行とされている。北棟の地下駐車場でトラックに積んだ爆弾が爆発して、死傷者が出た。このときも北棟を倒して、南棟にぶつけて崩壊させる予定だったとされる。いわば9・11の予行演習が行われたことになる。地下からだと難しいので、今度は空から攻撃するというわけで、そのためにボーイング機の操縦訓練まで受けて臨んだのだ。この点をとらえて、9・11を、FBIやCIAなどによるテロリズムのマネジメントの失敗だったとみなす意見もある。

規律社会から行動を監視する社会へと向かうには、すべての人をリアルタイムに監視するほうがよい。しかも、いちばん効果的なのは、犯罪が起きてからではなくて、起きる前に沈静化し、未然に消滅させることである。

スティーヴン・スピルバーグが『マイノリティ・リポート』（二〇〇二年）で描いてみせたのは、そうした犯罪を予防するシステムが発達した未来社会だった。二〇〇一年十月に制定された「米国愛国者法」によって、テロが起きるという情報が入ったら、外国人を七日間予防拘禁することが可能になった。そうしたアメリカの社会状況に、『シンドラーのリスト』（一九九四年）を発表したユダヤ人であるスピルバーグ監督は、ホロコースト的な不安を感じて映画的に反応したのである。

主人公のアンダートンは、犯罪予防局の刑事でチーフだった。プリコグ（＝事前の認識）と呼ばれる予知能力をもった三人の人物それぞれが見た「犯行のイメージ」から、犯行の手口と被害者と加害者の名前が明らかになる。そして予告された犯行時刻に基づき、映像から犯行の場所を特定して、未然に逮捕することで、殺人事件を阻止してきたのだ。

アンダートンは、六歳の自分の息子を誘拐されて殺害された過去を持ち、その映像を毎晩見ては悲しみに浸っている。他の人が同じような悲劇を味わうことがないようにと、犯罪予防局の仕事を続けている。だが、妻とは別居して家庭生活は破綻し、こっそりとスラムにでかけて違法薬物を購入するほどの依存症になっている。

アンダートンは、プリコグが示す犯行のイメージから細部を読み取り、免許証、犯罪記録、地図などあらゆるデータと結びつけて推理をしていく。たとえば、ある犯人の背後にいる男の子が、右と左に位置を変えて出てくることから、公園のメリーゴーランドに乗っていると推定して、場所を特定するのだ。しかもこれが後半で陰謀を見抜く重要な伏線となっている。効果的な監視のためには映像の記録とその読解が必要だ、というのがこの映画の隠れた主題でもある。

犯罪予防のシステムが誤ることはなくて人間が誤るだけだ、というお決まりの言葉が映画内に出てくる。これは道具や武器が悪いのではなくて、使用責任は誤る人間にあるという全米ライフル協会の言い訳にそっくりである。そして、他ならないアンダートンが殺人を犯すという予告がでてしまう。そこで、アンダートンは、自分が所属する犯罪予防局の追求から逃げながら、どうやら自分をはめた相手がいることに気づいて、別居中の妻のララの助けも借りながら真相を暴いていくことになる。

プリコグがもたらす映像イメージが、犯罪を未然に防ぐという話は、監視カメラなどがテロリズムの防止とつながっているのは間違いない。しかも予防という名のもとに、まだ犯していない犯罪で拘禁され、さらには収容されしまうのである。その根拠は映像しかないのだ。この映画は、P・K・ディックの短編小説（一九五六年）に基づいていた。「西側ブロックの連合軍」とか、「アングロ・チャイナ戦争」といった表現が出てくるように、冷戦期の不安を描いた作品だった。その人物設定などを借りてきて、9・11以後の物語に仕立て直したのである。

それでも、タイトルの意味は少しわかりにくい。ディックの小説では詳しい説明があるのだが、三人のプリコグが観た未来予測は全員が一致するとは限らない。多数決で二人の意見の「メジャー・リポート」に対して、例外の一人だけの「マイノリティ・リポート」がある。つまり少数意見である。これも両論併記のように記録に残るはずなのだ。映画ではプリコグの一人であるアガサが観た「マイノリティ・リポート」が削除されていたことで、アンダートンはそこに陰謀を嗅ぎつける。マイノリティの意見や存在を封印し、平気で予防拘禁する当時のアメリカの風潮への異議申し立てがそこにはある。

最後にプリコグたちが解放されて、どこか「平和に生涯を送れる場所」の田舎家で生活している。その時、彼ら三人が積み上げた本を読んでいるのが印象的である。自分たちの天与の才能を使って、他人が犯す残酷な殺人というイメージを予知してきた彼らが、映像ではなくて文字を選んで平穏になっている。これは、犯罪ニュースだけでなく、世界貿易センタービルの崩壊や、イラク戦争などの紛争の映像を繰返し見せられている現代の状況への映像的な反発でもあった。

スピルバーグとテロへの報復

さらに、スピルバーグ監督は『ミュンヘン』（二〇〇五年）を発表した。これは『マイノリティ・リポート』のような予防拘禁ではなくて、テロ事件が起きた後の報復の論理と倫理をめぐる映画だった。タイトルは、一九七二年のミュンヘンオリンピックで起きたパレスチナ武装勢力の「黒い九月」によるテロ事件を指している。イスラエル選手団を人質にとって、イスラエルが拘束しているパレスチナ側の囚人の釈放を要求した。テロ事件が起きているかたわらで、オリンピックは中止されずに試合が続行され、ニュースで占拠事件と試合結果が放送される事態にまでなった。九月五日に発生し、翌日空港に武装勢力や選手団をヘリで移送したところで、銃撃戦となり、パレスチナ側の自爆もあって、人質も含めて十七名が死亡した。西ドイツ警察のテロ対応に不備があったと指摘されている。

だが、スピルバーグが力を注いだのは、ミュンヘンオリンピック事件ではなくて、それを受けてメイア首相以下が実行した報復だった。原作となったのは、ジョージ・ジョナスが一九八四年に発表した『報復（邦題『標的は11人　モサド暗殺チームの記録』）』というノンフィクションだった。ただし、アヴナーという名前で主人公とされた人物の情報源は不確かともされ、虚構が入った歴史小説という見方もできる。映画の冒頭にも「実際の出来事にインスピレーションを得た」とある。

映画は過去の事件の再現そのものに関心を向けていない。全体に色調は暗く、光があるときもコントラストを強めていて、冷戦期のスパイ娯楽映画のような派手な色調や、敵を狩り出して殺害する爽快さなどはない。『マイノリティ・リポート』での犯罪の映像は、プリコグたちが生み出したものだった。だが、『ミュンヘン』では、当時のニュース映像と、それにはめ込むように新しく撮影された映像とが合成されている。

イスラエル側は、ミュンヘンオリンピック事件の関係者を十一人と特定すると、一人ずつ始末していくことにメイア首相が同意する。そこで、主人公のアヴナーは組織を守るためにモサドを外れ、「契約書がないのが契約だ」というイスラエル政府とは無関係な者として、報復を行うチームを率いる。文書偽造や爆弾づくりや資金管理などを担当する四人が配下につくのである。

スイス銀行に送金された税金を使い、経費の領収書を求められながら、「十一人のうち六人を殺すのに二百万ドルかかった」と計算される。もちろん相手の所在などの情報は金でやり取りされる。いちばんの情報源として、フランスの元レジスタンスで、情報を売り買いしているパパと息子のルイが出てくる。彼らはどの政府にも属さないと存在だとして、ルイは

「いちばん高く買ってくれるのでお前さんたちに売る」とアヴナーに返答する。だが、ある殺害にKGBを巻き込んだことで、より高く情報を購入してくれる方（KGB）へとルイは情報を売り、アヴナーたちは今度は危険な目に会うのだ。

9・11を踏まえると別な点が見えてくる。事件が起きたミュンヘンという場所を象徴的にとらえている。「ドイツがイスラエルに甘いのも贖罪意識があるからだ」という台詞も出てくるが、アドルフ・ヒトラーは一九二三年に「ミュンヘン一揆」を行った。一揆は失敗してヒトラーたちは逮捕されるのだが、その後政権を握り、ユダヤ人たちを「ホロコースト」へと追いやることになる。ミュンヘン一揆の時点では政府から見るとテロリストだったわけである。その場所で行われたテロ行為を連想させるタイトルだった。

しかも、ここであぶり出されるのは「国家をもたない」ことへの不安と、同じひとつの土地への執着である。ユダヤ人が、そこに住んでいたパレスチナ人を追い出して、イスラエルという国家を建設し、それが新しい流浪の民を生み出す紛争の火種となった。アヴナーは報復が終わって英雄として帰ってきたが、空虚な心のままだった。母親はイスラエルという祖国を手に入れた喜びを語る。「私たちはそれを手に入れる必要があった。誰も私たちに与えてくれなかったから」と言う。そして、「エルサレムの丘」を見たときのうれしさを口にするのだ。具体的な土地の記憶が国家や自分のアイデンティティと結びついている。この土地への執着がある限り流血は避けられないのだ。

家族への報復を恐れて、アヴナーはイスラエルを捨てて安全を考えてアメリカへと向かう。そこを訪れた元上司は戻ってくるようにと説得するのだが、その際に「故国（ホーム）」という言葉を口にする。アヴナーは拒絶し、元上司を自分の「家（ハウス）」でいっしょに食事をしようと招くのだが、今度は元上司が拒絶する。この折り合わない二人の背後に、ツインタワーとおぼしいビルが見えるのである。

食卓を囲むことが「ホーム」の象徴として何度も出てくる。それは単純な平和のしるしではない。料理が得意なアヴナーが料理を作り、四人の仲間と食卓を囲む。料理の腕は共同生活をするキブツで磨いたとされ、味方が減るにつれて、料理が余るようになる。また情報屋のパパも料理が得意で、大家族に振る舞うために作っているところにアヴナーは連れてこられる。料理を手伝わせたアヴナーの大きな手を見て、自分と同じで、料理人よりも「肉屋（ブッチャー）」に向いているという判断を口にする。

最初の暗殺はアラファト議長の従兄弟で『アラビアン・ナイト』のイタリア語訳を行っている男だった。買い物帰りでミルクなどの入った紙袋をもっている。自分たちに向けられた銃を降ろさせようとするなかで、アヴナーたちは相手に弾を撃ち込む。床にミルクが流れ、その上に血が重なっていく。暗殺の場面を含めて惨劇のようすがきちんと描かれ、しかも執拗に回想される。ユダヤ人は料理において動物から流れる血を忌避して、別の蛇口を使って洗うほど潔癖なのに、しだいに殺戮に慣れて平気になるほど、アヴナーたちの心が蝕ばまれていくのだ。

『マイノリティ・リポート』と『ミュンヘン』の二本のスピルバーグ映画は、相互に交差するように置かれている。どちらも主人公が相手を追い詰める物語だが、アンダートンもアヴナーも自分の行為を可能にし、自分の存在を正当化してくれるシステムへの疑念を深めていき、最後にはそこから離脱する。前者の場合は犯罪予防局だし、後者はイスラエル国家だった。その正当性を百パーセント信じきれないところに、二つの映画の主人公の心のゆらぎや悩みがあるのだ。

ウサーマ・ビン・ラディンの暗殺

『ミュンヘン』で描かれたのは、イスラエル政府のメイア首相が承認した、サメアを首謀者とする十一人への暗殺司令の実行だった。映画ではサメアの二度の暗殺に失敗し任務は完了しなかった。結局一九七九年にモサドによって暗殺された。９・11の場合、ブッシュ大統領はイラク戦争を開始し、やはりＣＩＡは、さまざまな手段で首謀者ウサーマ・ビン・

ラディン（ラーディン）を探し求めた。そして9・11から十年を経た二〇一一年五月二日に、パキスタンのイスラマバードの北のアボッターバードに潜伏しているところを暗殺された。実行したのはアメリカが送り込んだ特殊部隊だった。

「ネプチューン・スピア作戦」と名づけられた作戦の推移を、オバマ大統領やバイデン副大統領、ヒラリー・クリントン国務大臣など関係者が見守る写真が公開されている。クリントン国務大臣の前のノートパソコンの上に、ビン・ラディンが潜伏していた家の航空写真が置かれているのがわかる。だが、作戦の詳細は軍事機密であり不明なことも多い。とりわけ遺体を水葬したのだが、その場所がどこなのかは現在も秘密のままである。

その後、ビン・ラディンを射殺したと証言する元シールズ（海軍特殊部隊）の隊員ロバート・オニールが、二〇一三年に匿名で雑誌の『エスクァイア』のインタビューに応じ、翌年には実名でFOXテレビに登場した。秘密を暴露したのは、除隊したが海軍年金がもらえず、英雄扱いもされなかったので生活が困窮し、しかも家族も含めて報復を恐れていたという理由からだった。ある意味で『ミュンヘン』のアヴナーのように政府に裏切られたと思ったのである。ただし、アヴナーがアメリカで秘密の英雄として身を隠すのとは異なり、オニールはメディアに露出することによって、安全を確保するという新しいやり方だった。

そんななか、ビン・ラディン殺害を扱ったキャスリン・ビグロー監督による『ゼロ・ダーク・サーティ』(二〇一二年)が公開された。その冒頭には、「当事者の証言にもとづく映画」と掲げられていた。オニールの証言はこの映画の公開以降なのだが、主人公の若いCIA分析官のマヤの役割を含めて、信憑性を与えるものだった。

9・11の出来事は、黒い画面のなかに当時の音声をコラージュして描かれる。タイトルは「午前零時三十分」の軍事用語で、暗殺が決行された時間を伝えている。この画面の暗さがそのまま作品のもつ陰鬱な雰囲気とつながっている。

事件の二年後に、マヤがパキスタン支局に赴任してきて、拷問が実行されているさなかにスーツ姿で参加するところから始まる。黒い目出し帽で顔を隠していたのを、拷問されている敵が釈放されることがないと確認して素顔をさらすのだ。そして、水責めによって、ビン・ラディンの連絡員、アブ・アフメドという名前を自白させる。

ビン・ラディンはパキスタンとアフガニスタンの国境にある洞窟に潜伏しているというのが大方の見方だったが、マヤは洞窟のなかからでは指令を出せないとして、携帯電話で連絡員が通報しているところをチェックする作戦を立てる。そしてアボッターバードのパキスタン陸軍士官学校の近くの屋敷に隠れていることが判明する。だが身元確認のための写真を取らせないために、上空から死角になる葡萄棚の下を散歩するほど行動は慎重だった。隠れている人物がビン・ラディンかどうかの判別のために、熱センサーを使ったり、子供の血液からＤＮＡ採取を試みたり、下水の分析まで行ったが確証はなかった。

オバマ大統領の方針で拷問が禁止されていて追加の情報を得られず、しかも、二〇〇七年には間違った相手をビン・ラディンだと思って殺害し、味方の犠牲もでたので、政府の上層部は慎重な判断を求めていた。消去法と推測だけではゴーサインは出せないという意見に、「何もしないリスクがある」という批判も出てきて決行される。

マヤたちは、ネヴァダ州のエリア51に集められた海軍特殊部隊の兵士に、レーダーで発見されにくいステルス型ヘリを使った作戦を伝える。ＵＦＯや宇宙人関連でさまざまな映画に登場する基地だが、このような秘密作戦のために利用されているようだ。マヤは兵士たちに、もしも屋敷内にビン・ラディンがいなかったら戻ってくれれば良いと指示する。ＣＩＡ長官が、ビン・ラディンが屋敷内にいる可能性をスタッフに尋ねると、多くが六〇パーセントと言う中、マヤは「百パーセント」と断言する。その強い言葉が長官を動かした。現地のアフガニスタンのジャラーラーバードの前線基地で、身元確認のためにマヤは兵士たちに同行して待機していた。

二〇一一年五月一日にゴーサインが出た「ネプチューン・スピア作戦」は暗闇のなかで行われ、ビン・ラディン探索のようすが暗視ゴーグルの映像を通じて浮かび上がってくる。マヤは前線基地の司令室にいて、その様子をオバマ大統領たちは、作戦司令室で眺めていた。

リアルタイムの情報によって行動が決まってくる。不時着して家畜小屋に突っ込んだヘリコプターを自ら爆破し、司令室はレーダーでパキスタン空軍のF16の接近を知らせて、領空侵犯をした現場からアフガニスタンへの素早い退去を求める。そして、ビン・ラディンを射殺して身柄を確保すると、シールズたちは屋敷内にあった本やCDやハードディスクなどの資料を収集してきた。互いに情報戦のなかに置かれているのだ。

マヤは高卒でCIAにリクルートされて以来、十二年間ビン・ラディン追跡に人生を捧げてきたことから解放された。暗殺された同僚のジェシカや仲間たちへの報復を成し遂げたのだ。最後にマヤがC130輸送機に一人きりで乗るところで終わる。「大物なんだな。この飛行機を独り占めするなんて。どこへ行きたいんだ」と乗組員に声を掛けられるが、高揚感は描かれず、シートに座ったまま彼女は嗚咽し涙を流すのだ。

ジェシカは三児の母で、一緒にホテルで食事をしていたときに、自動車の爆弾テロの攻撃を受けたこともあった。ジェシカは野心家でもあり、手柄をたてようとアフガニスタンの基地でヨルダン人の医師と接触する。だが、乗ってきた自動車は自爆テロのためのもので、破裂した爆弾で彼女を含めたCIAの局員が多数死亡した。そして後釜としてやってきた女性分析官はマヤに憧れていて、彼女が見つけ出した過去の資料によって、連絡員アブ・アフメドに関する情報が見つかり、ビン・ラディンの屋敷の確認へとつながったのだ。

キャスリン・ビグロー監督が描いているのは、CIAという組織内での女性が仕事をするときの困難や壁でもある。マヤは支局長と掛け合って自分のチームを結成し、支局長が交代しても指揮権を守り抜く。だが、狙われているのを知り、アメリカに戻ると、そこでビン・ラディンを見つけ出し報復する作戦を立てて、その実行に前線基地で立ち会い、専門家としてビン・ラディンの身元を確認したのである。

もちろん、この殺害によって報復への報復がなくなったわけではない。二〇一三年には、ボストン・マラソンのゴール近くの会場で、バックパックに入った爆弾が爆発した。しかも市民ランナーが数多くゴールする時間帯が狙われたのである。犯人は被害者が残したスマホの映像からチェチェン共和国出身の兄弟だと割り出されたが、最終的には銃撃戦で兄は死亡した。彼らの行動にテロ組織との直接の関係はないとされるが、大きくは9・11以降の民族的あるいは宗教的な対立のなかにあることは間違いない。

悲劇を書き換えるために

『ミュンヘン』や『ゼロ・ダーク・サーティ』のような歴史の再現としてのドキュメンタリードラマが、映画やドラマで幅を利かすことになる。「本当の話」「当事者の証言に基づく映画」「実際の出来事にインスピレーションを得た」などと始まることで、多くの観客が映像がもつリアリティを受け止めることが期待される。当時のニュース映像などが挿入される手法は、『JFK』や『マルコムX』でも使われ、圧倒的な映像の迫力のせいで、ひとつの解釈にすぎない物語が、唯一の物語であったかのように錯覚されてしまうのだ。背後や傍らにあったはずの「マイノリティ・リポート」が無視されてしまう。

だが、ウサーマ・ビン・ラディンの暗殺に成功しても、9・11という悲劇的な出来事をどのように受け止めるかは、それほど単純ではない。出来事から生じた悲しみだけでなく、憎しみや怒りのマネジメントをどのように実行するのかはかなり難しい。乗客が、ハイジャックしたテロリストたちに立ち向かった『ユナイテッド93』（二〇〇六年）や、燃え盛るビルに飛び込んだ港湾局警察の話である『ワールド・トレード・センター』（二〇〇六年）といった崇高で英雄叙事詩的な描き方では癒やされない感情が存在するからだ。そのために、実話に基づくのではなくて、完全なフィクションとして、実際のテロ行為を間接的に描き出す工夫が必要となる。

トニー・スコット監督の『デジャヴ』（二〇〇六年）は、スピード感のある映像で、ニューオーリンズでの架空のフェリー爆破事件を扱った。主人公は爆破事件の担当となったATFの捜査官ダグだった。現在ATFは「酒、タバコ、火器」の略だが、爆発物や武器を取り締まる組織に特化されている。そして、ダグは橋桁の付着物や、流れ着いた破片から、時限装置でアンホ（ＡＮＦＯ）と略称される火薬を爆破したテロ行為だと解き明かすのだ。そこから事故ではなくてテロ行為だとわかった。

保安官からの情報で、フェリーの犠牲者とは異なり、爆破事件以前に発見されたクレアという女性の遺体から手がかりを掴んでいく。彼女の車が犯行に使われ、その車を購入した人物が犯人だとされる。それを発見するために、使われたのが「白雪姫（スノー・ホワイト）」と呼ばれる四日と六時間前の映像が再生され続けるというシステムだった。ＡＴＭなどに仕掛けられた監視カメラの映像情報や電話の発信記録などと結合することで、犯人の手がかりが増えてくる。

そうした探索をする間に、「白雪姫」は過去の映像情報の集合体ではなくて、じつはワームホールによってできた「時間の窓」だとダグは知る。このシステムによって、過去を見るだけでなく、物体を送り込んで介入できるのだ。ダグが過去の自分に送ったフェリー爆破事件の警告メモを、ダグ自身ではなくて同僚が読んでしまった。そして調査をするためにでかけて、犯人と出会って射殺されてしまう。ダグは過去の犯人の車を追いかけて、自分の同僚が殺された現場などをたどるのである。そして、最終的に犯人である現在のオースタッドにたどりつく。今回のテロリズムの原因は海外ではなかった。オースタッドは、オクラホマ連邦政府ビル爆破事件のティモシー・マクベイがモデルだとされる。そして、ダグといっしょに担当することになったFBIの特別捜査官は、ともにオクラホマの事件で知り合いになったという設定である。

ダグによる事情聴取で、オースタッドは海軍の乗っているフェリーを狙ったのではなくて、政府を狙ったのだと返答する。『ボウリング・フォー・コロンバイン』に出てきたミシガン州民兵たちの論理である。そして、愛国主義的すぎて陸軍でも海軍でも入隊をはねられたというオースタッドに、ダグは「独立戦争時の愛国主義者は、敵（＝イギリス政府）から見るとテロリストだった」と説明する。こうした立場の相対化は、9・11から五年を経た時点の意見としては珍しくない。

けれども、この映画の物語としての解決は、フェリー爆破事件の犯人探しと背景を知ることではなかった。FBIは、フェリー爆破事件と、ダグの同僚の殺害の件だけで、クレア殺人の一件は伏せたままオースタッドを立件しようと考える。それは犯罪監視装置としての「白雪姫」の存在を知られたくないからだった。だが、ダグのクレアへの傾斜が、彼女を救おうという決意となる。実際には四日前に行われたのだが、システム上では十二時間後に起きるオースタッドによる犯罪を阻止するために、ダグは『ターミネーター』さながらに過去へと送り込まれるのだ。

ダグは心臓停止状態で病院に送り込まれたが、「蘇生してくれ」と腹にメッセージを書いておいたので、医師たちがＡＥＤを操作して救われる。この「復活」がすべてに関連している。システムの名称の「白雪姫」は眠りから覚めた姫のことだし、有名なニューオーリンズの復活祭である「マルディ・グラ」の最終日の告解の火曜日を背景にしているのも、クレアの家に南部バプテスト派の「復活」というポスターがあるなど、カトリックとプロテスタントも重ねられている。

火傷でずたずたとなったクレアの身体は、爆破事件のフェリーの犠牲者だけでなく、二〇〇五年八月のハリケーン・カトリーナで変貌した町の姿ともつながるのだ。しかも実景として、カトリーナの被害にあった町並みが数多く出てくる。犯人の隠れ家もそうした被害を受けた廃墟のなかにあった。テロリズムに関して、「カトリーナとは異なり、これは自然災害でない」という台詞も出てくる。テロ行為は人間が事前に察知すれば阻止できるものだから、五百四十三人の犠牲者を救うことができたはずだというわけだ。

ハリケーン・カトリーナの被害が拡大したのも、9・11への報復としてのイラク戦争を行うために、ブッシュ政権が軍事や警察の組織を再編したせいだった。海外の出来事のために国内の対策がおろそかになっていると批判を浴びた。緊急対策のために、人的あるいは物的なリソースをどのように割当てるのかは、災害時の管理体制の鍵を握るのだが、それが上手に出来ていないことの象徴として、マルディ・グラの休暇のために遊びに行く海軍の兵士たちを乗せたフェリーが爆破されるのである。

ダグは、殺されそうになったクレアを助け、犯人のオースタッドを射殺し、爆弾を積んだ自動車をフェリーから水中に落とし爆破させて船を救う。自由を守るために犠牲者はつきものだと主張するオースタッドの台詞を奪うように、そちらのダグは死ぬことになる。つまり真の愛国者という立場を犯人と入れ替えるのだ。そこに、生き延びたクレアの調査に、何も知らない別のダグがやってくる。ダグはクレアと初対面のように思えないようすで、それが「デジャヴ」というタイトルと結びつくのだ。主人公たちが、物語の最初の時間線とは異なるフェリー爆破事件がなかったという流れのなかで生きることになる。

時間をミシシッピ川の流れにたとえて、流れが変わることがあり得るという説明が映画の中で出てきた。『デジャヴ』はタイムトラベルと歴史の改変を組み合わせて、復活と再生の物語を語っている。それは、フェリーの爆破事件が襲わなかったニューオリンズから、ハリケーン・カトリーナの被害に直面しなかったニューオーリンズまで想起させる。しかも、9・11がなかったアメリカを描き出そうともしている。

そうした趣向自体は古くから存在し、過去の出来事や悲しみが消せないのならば、悲しみにつながる過去をフィクションのなかで消そうという試みの系譜にある。ただし、テロリズムの悲劇や体験を癒そうという願望は、歴史の記憶や記録を都合よく修正して、まるで出来事が存在しなかったかのように忘却してしまう危険と隣り合わせなのだ。

第5章 キャンプでの人間改造と帰還兵

1　アウトドアとセルフメイドマン

アウトドアと西部の男

移民を「るつぼ」のように改造するなかで、厳しい現実と直面したアウトドアでの暮らしが重視されてきた。とりわけ、野外生活は西部開拓の歴史物語においてかなり理想化された。未開の荒野の厳しい自然での試練に打ち勝つこと、そして先住民であるインディアンや仲間の襲撃をナイフや銃で退け、「フロンティア」を生き延びる。衣食住にかかわる課題を自力で解決し、厄介ごとを処理できる人物が英雄視されるのだ。そして、ケンタッキー州の丸太小屋からホワイトハウスに到達したリンカーンや、ミシシッピ川沿いの船乗りの生活から筆一本で東部へと出てきたマーク・トウェインが、セルフメイドマンの代表とされてきた。

一八九〇年には、サウスダコタ州のウーンデッドニーでスー族に対する虐殺があり、先住民の最後の抵抗とされた。同じ年の国勢調査を踏まえて、フロンティアの消滅が幅広く認められた。それだけに、二十世紀になると、西部劇小説や映画やドラマを通じて、アウトドアでの生活がくり返し表現され、それにつれて、東部の人間に都合よく西部の歴史が神話化されていった。

作品に登場する男たちは、カウボーイやアウトローたちで、馬の背に少ない荷物を積むだけで自由に荒野を移動する。野営する場所を決めると、薪を集めて火をおこし、ときには現地調達をした食材を調理する。フライパンやダッチオーブンなどの道具があればよいが、直火で焼くこともある。食後にコーヒーを飲み、タバコを吸い、寝袋を使うか、地べたの上に直に眠るのである。そして、先住民やライバルと銃を使った争いを辞さないというステレオタイプの表現がなされた。

セオドア・ローズベルトは、ニューヨーク生まれだったが、一八八四年の大統領選のあと、家族を喪失した失意から「バッドランズ」と呼ばれるノースダコタに農場をもち、カウボーイのような暮らしを通じて心身を鍛えあげた。後にボーイスカウトの強力な後援者となるのだ。またテディ・ベアの名前はローズベルトの愛称テディから来ているのだが、ミシシッピ州の知事に誘われた熊狩で提供された子熊を殺さなかった、という話に基づく。心優しい大統領というイメージを生み出すために、選挙キャンペーンに利用されたのである。

ローズベルトの親友で支持者でもあるオーウェン・ウィスターが、最初の西部劇小説とされる『ヴァージニアン』(一九〇二年)を発表したことにより、西部の新しい価値が見いだされた。ウィスターはペンシルヴァニア出身だったが、西部を訪れた見聞に基づいて書いたのだ。東部出身のヴァージニアの紳士が、ワイオミングで西部の粗野な牛飼い、トランパスたちを相手に戦う話だった。無名の主人公の通称が「ヴァージニアン」であることが示すように、西部は東部の人間を鍛える場として存在し、その真の価値を理解し吸収できるのは、東部の男たちという図式がそこにあった。

そのため、東部から見て、アウトドア生活をする男が理想として賞賛される。たとえば、ヴァージニア・スリム社のタバコのブランドである「マルボロ」の広告で、一九五四年から雑誌やテレビの広告にカウボーイ姿のマルボロマンを登場させ、フロンティアの男のイメージを利用してきた。フィルター付きのタバコであるマルボロは、元来女性向けのブランドだったのだが、第二次世界大戦後に、男性向けにも売れるという判断から、西部の男のイメージと結びつけて宣伝されるようになった。

実際の西部開拓時代の男たちの喫煙には、葉巻や、コーンパイプや、噛みタバコまでいろいろな種類があったにもかかわらず、マルボロマンを通じて、紙フィルターつきタバコが十九世紀の「古き良き西部(オールド・ウェスト)」のイメージと結びつけられた。ただし、これは一種の時代錯誤でもある。タバコ用の紙フィルターが発明されたのは、一九二五年のことなのだから。

さらに女性をターゲットとするために、八〇年代には「ヴァージニア・スリム・ウーマン」が広告に取り入れられた。スカートを拒絶したパンツ姿で、「ガラスの天井」が問題となった時期の女性像に応じるためでもあった。自立した女性が、男たちと対等にタバコを吸うのが、進歩的な印とみなされていたわけだ（ケルナー『メディア・カルチャー』248―250頁）。ところが、健康問題を根拠とした社会での嫌煙や禁煙の流れもあり、一九九九年には、もはや時代と合わなくなったとしてマルボロマンによる広告自体が消えてしまった。

幌馬車とキャトル・ドライブ

マルボロマンが依拠するカウボーイのイメージは、馬にまたがって身軽に移動する男たちである。だが、西部開拓で移動するには、家財道具を積み、女性や子供を乗せるために幌馬車（コネストーガ・ワゴン）が使われた。一般的にワゴンと略され、カウボーイが集団で移動するときにも利用された。千頭単位の牛の群れを放牧地から集めて、出荷する鉄道の駅まで追うキャトル・ドライブ（ロングドライブ）で、食料などを積んだ幌馬車がついていくのである。その場合には男たちの誰かが料理を担当することになる。

ジョン・フォード監督の『荒野の決闘』(一九四六年)の冒頭で、ワイアット・アープは兄弟たちと、カリフォルニアへ牛を運ぶ途中だった。トゥームストーンの町の外で野営したときに料理を作ったのは末の弟のジェイムズだった。「とってもうまい食事だった。ジェイムズはママと同じくらいの腕前になったな」と褒められる。水を節約するために、食べた後の金属の皿やコップを砂できれいにする。ワイアットたちが床屋やビールを求めて町へ行っている間、ジェイムズが牛の見張りをしていた。

ワイアットたちの牛に目をつけたクラントン一家がやってきて、ジェイムズを殺し略奪する。その間、ワイアットは町中で酒に酔って乱射していた先住民を捕らえ、町長など住民たちから保安官になることを求められるが、牛飼いをするつもりだと一度は断った。だがクラントン一家に牛を奪われ、弟が殺害されたことを知り、復讐のために保安官としてトゥームストーンの町にとどまるのだ。クラントン一家が牛泥棒をした証拠を見つけて、最後には、ワイアットはドク・ホリデイとともに彼らと撃ち合う展開となる。

一八八一年の十月二十六日午後三時頃に、アリゾナ準州トゥームストーンで起きた三十秒ほどの決闘は、日本でも「OK牧場の決闘」として知られ、西部の神話のひとつとなった。その後食い詰めたワイアットがハリウッドにネタを売り込んだという事情もあり、『決闘の町』(一九三二年)から『トゥームストーン・ラショーモン』(二〇一七年)にいたる多くの作品が作られている。フォード監督の版も数ある解釈のひとつに過ぎないし、しかも編集権を握っていたのは監督ではなく映画会社のプロデューサーだった。アープ兄弟が危険をともなう保安官業から足を洗い、生活を安定させるために牧畜業へと転身しようとしたのに、それがクラントン一家によって妨げられ、町に秩序を取り戻すためにワイアットが保安官に戻った話になっている。ヘンリー・フォンダがワイアットを演じたことで、折り目正しい保安官のイメージが付与された。

ワイアット・アープたちがカリフォルニアを目指したのは、そこに豊かな草地があるという話を聞いたからだった。牛を立派に育てたてたならば、大消費地である東部へと出荷するために、どこか鉄道の駅まで運び貨車に載せる必要がある。少なくとも、中継地となり食肉加工をするシカゴへと届かないと利益はでないのだ。そこで生まれたのが、カウボーイたちが牛を移動させるキャトル・ドライブなのである。ワイアットたちも、カリフォルニアまで牛の群れを追っていた。そして決闘が終わるとワイアットとモーガンは牛を追う生活をするために町を去っていくのだ。

ハワード・ホークス監督の『赤い河』（一九四八年）はキャトル・ドライブを題材としていた。マルボロマンが描いた馬と人と牛という機械の入らないカウボーイの生活を支えていたのが、実は鉄道網という流通システムだった点が皮肉にも思える。これは雑誌に掲載された実話に基づくのだが、主人公のダンソンは、起業家としての「セルフメイドマン」の典型ともいえる。ダンソン役のジョン・ウェインにとり転機となった作品で、銃の腕も優れて腕っぷしも強いが、粗野で他人の意見を聞かない傲慢な男、という面を浮かび上がらせている。

一八五一年に、ダンソンはカリフォルニアへと向かう幌馬車隊の中にいたが、通りすがりのテキサスの土地を自分の天与の場所と考える。幌馬車隊とも恋人とも別かれたが、彼らは先住民に襲われて全滅してしまう。ひとつの選択が運命を変えたのだ。ダンソンと共に残ったグルートは、先住民に一家を殺されて一人残ったガースという少年の連れてきた牛と自分たちの牛とで牧場を始める。

自分たちの牛に、所有の焼印を押そうとしたところにやってきたのが、この土地は六百キロ離れたドン・ディエゴの所有と主張する使いで、彼らから立ち退きの警告を受ける。それに対してリオグランデ川までの北の土地が自分の所有だとダンソンは宣言して、早撃ちで使いの一人を倒してしまう。その後も刺客がやってきて、倒した結果七つの十字架が立っている。そして川より北を自分の支配地としてダンソンは牛を増やした。

十四年後に、ダンソンは一万頭の牛を運んでいくキャトル・ドライブを決行する。南北戦争の結果、北部が勝利し、戦禍による長い不況のせいで南部、テキサスにも市場がないので、借金を返すためには、北部で売るしかないという矛盾を抱えていた。

道中でさまざまな苦難が生じる。夜中に貴重品の砂糖をなめようとしたカウボーイが、幌馬車に載せた調理器具やら金属の食器を落として、散乱させてしまった。その音のせいで、眠っていた牛が怯えて暴走する「スタンピード」も見せ場となっている。しだいに牛の数が減り、離脱したり死亡するカウボーイも出てくる。牛は財産であり、減ることはカウボーイの分前が減ることでもある。

しだいに銃と暴力で統率しようとするダンソンに対して皆の不満が募っていく。テキサスで育てた牛はミズーリに運ぶのがふつうで、牧場主のダンソンは赤い河を迂回するルートを考えていた。だが、先住民に襲われることを恐れて、赤い河を北へ渡って鉄道が通ったばかりのカンザスまでの近道で牛を追うべきだ、というガースを含めた若手たちと対立する。ガースは決断し、ダンソンと離れて一行をカンザスのアビリーンまで導くのだ。

このキャトル・ドライブにグルートは料理番として参加し、ガースの肩をもちダンソンに意見する。入れ歯をはずすと発音不明瞭となる好々爺のグルートを演じたウォルター・ブレナンは、『荒野の決闘』では、クラントン一家の長（オールドマン＝親父）といういちばんの悪人を演じていた。史実では決闘の二ヶ月前に死去していたのだが、無理やり登場させたのである。善と悪がいつでも交換可能ということが、ブレナンの姿を通じて表現されている。

こうした両義性をもつのは脇役だけではなかった。主役であっても『赤い河』でジョン・

ウェインが演じたダンソンや『荒野の決闘』でヘンリー・フォンダが演じたワイアット・アープのような、世界のリーダーとなるような力強い姿を見せるとは限らなかった。フロンティアの消失により、アウトドアで自分の信念に忠実な暮らしをするという理想化されたカウボーイ神話が生み出された。西部劇映画はその神話を第二次世界大戦後から冷戦にかけて再利用したのだが、しだいに機能しなくなった。

ウェインの遺作となった『ラスト・シューティスト』（一九七六年）の冒頭では、他ならないウェイン自身の白黒の過去映像（『赤い河』も含まれる）を使って、早撃ちだったJ・B・ブックスというキャラクターの過去を浮かび上がらせる。そしてカラー映像になると、馬に乗って、太った上にすっかり身体の動きの切れを失ったウェインが登場する。しかも一九〇一年という電線が町のなかを走っている世界ではすでに時代遅れで、末期がんの宣告まで受けるのである。また、ヘンリー・フォンダは、マカロニ・ウェスタンの巨匠であるセルジオ・レオーネ監督の『ウエスタン（ワンス・アポン・ア・タイム・イン・ザ・ウェスト）』（一九六八年）で、ワイアットと正反対ともいえる残忍な悪役として登場した。このようにウェインやフォンダ自身が、自分たちが築き上げてきた端正なカウボーイや保安官像を解体したのだ。

そうした西部劇の時代遅れは女性像にもあった。西部が東部に比べて、女性の数が少ないことが「愛しのクレメンタイン」（『荒野の決闘』の原題）という物語を作ったという事情もあるが、「聖女」か「悪女」という対比が作りやすいのも西部劇の特徴となっている。『荒野の決闘』でも、ドク・ホリディを追いかけてきた元婚約者のクレメンタインに対して、ドクの愛人であるチワワという人種的差異を含む「東部の淑女」と「西部の奔放な女」という対立がある。ワイアットはクレメンタインに惚れるのだが、教師としてトゥームストーンに残る彼女と別れを告げる。そしてチワワは犠牲となるのだが、守れなかったドクも決闘で死ぬのである。

また、『赤い河』で、ダンソンが別れたのはおなじ幌馬車隊のフェンだったが、彼女は東部の女性で先住民に襲われて殺された。そして、惹かれ合いながら最後にけんかをするダンソンとガースに、銃を撃ち込んでやめさせたテスは、先住民に襲われた別の幌馬車隊のなかで出会ったライフルを撃てる勇気ある女性である。淑女フェンとガースに娼婦と間違われた勇気ある女性テスという対立に見せているのだが、ある意味で『荒野の決闘』の図式とおなじである。だが、こうしたステレオタイプの女性像では、二十世紀末のヴァージニア・スリムを吸う女性たちとイメージが合わなくなるのも当然である。

マウンテンマンの神話

マルボロマンを雑誌やテレビで見た男たちが夢見たのは、アウトドアでの自己完結した生活だった。草原で活躍するカウボーイ以上にそれを体現していたのが、「マウンテンマン」だった。彼らはロッキー山脈やアメリカの北西部で主に毛皮をとって暮らしていた。十八世紀から十九世紀の北米の毛皮産業をこうした男たちが担い、最大手のアメリカ毛皮会社などを通じて、ヨーロッパへ輸出されていた。防寒やファッションとして毛皮は消費され、とりわけ北米のビーヴァーの毛皮は珍重されたのである。

先住民との交易もさかんに行われたが、直接の利益を求めて、マウンテンマンたちは十九世紀前半にロッキー山脈に入り込んだ。西部を調査したルイスとクラークの探検隊が、一八〇七年に太平洋岸に達して戻ってきたことで、マウンテンマンの手がかりが増えた。彼らは毛皮を獲りながら、地図も制作し、太平洋との横断ルートを開拓していった。

マウンテンマンはふだん山のなかで暮らし、仕掛けた罠や狩猟で動物を仕留める。そして、里に降りてくるのは、必要な物を入手するために毛皮を売るときだった。西部の各地に交易所と、それを守るために砦が作られることになる。良質の毛皮を確保するためにフランスの毛皮商人とアメリカの毛皮商人が、マウンテンマンだけでなく先住民とも交渉して毛皮を手に入れるために武器などを提供し、覇権を争っていた。そうした背景のなかで、西部の地図を制作したジェデダイア・スミスから、ナバホ族など先住民を焦土作戦で殲滅しようとしたキット・カーソンまで、多くのマウンテンマンの伝説は作られてきた。

そうしたマウンテンマンの一人である、ジェレマイア・ジョンソンを描いたのが、シドニー・ポラック監督の『大いなる勇者』（一九七二年）だった。ジョンソンは、倒した先住民の肝臓を食べたとされ、「肝食い（レバー・イーティング）」というあだ名をつけられていた。ロバート・レッドフォードがジョンソンを演じ、映画のなかでしだいに髪もヒゲも伸びて、熊の皮などで作った服を着て山に馴染んでいく。史実のジョンソンは、一八四六年から始まったアメリカ・メキシコ戦争の軍人だったが上司と喧嘩をして脱走し、ジョンストンという本名も変えて、マウンテンマンとなって山中で隠れた生活をしていたのである。『荒野の決闘』や『赤い河』のヒーローたちとはかなり異なるのだ。

冒頭で、ジョンソンは交易所にやってきて、優秀なホーキン銃を手に入れ、熊やビーヴァーを獲るために山の中に入っていった。そのとき、獲物が獲れる良い場所を店主に質問すると、「太陽が沈む西へと向かって、ロッキー山脈で左に曲がる」と返事が返ってきた。いかにも「古き良き西部」を表現している台詞だが、そうして求めた生き方が思わぬ展開を遂げていくのだ。

山の中で孤独な暮らしをするので出会う者は少ない。川で魚を手づかみで獲っていると、赤い服を着たクロウ族のリーダーと出会う。またグリズリーを倒すのが生きがいという老人ラップが、山で生きる方法を教えてくれた。さらに馬を奪われ土の中に埋められていたギューを助けると、フランス人宣教師によってキリスト教徒となったフラットヘッド族のもとへ連れて行かれ、頭皮の贈り物の代わりに族長の娘スワンをもらうことになった。

ジョンソンはコロラドの山奥のクロウ族の土地で暮らすようになる。先住民に襲われた一家の母親から託された口の不自由な少年と、フランス語を話す先住民の妻スワンとの三人とで擬似的な家族を作る。三人はおたがいに言葉によるコミュニケーションはとれないまま、協力しながら狩りをし、丸太で家を建て平穏な暮らしをしていた。

そこに牧師を連れた軍の一行が訪れて、ジョンソンの運命を変えてしまう。三台の馬車が雪の中で立ち往生しているのを救出するための道案内をする。一行は雪山を越えたところに早く到着したいと考える。そこで、ためらいながらもクロウ族の聖地を横断することになる。一行を無事に到着させたのだが、タブーを破ったためにジョンソンの妻や子はクロウ族に殺されてしまう。その復讐のためにジョンソンはクロウ族を何人も殺すのである。長い報復の争いが続いた。待ち伏せをしていたクロウ族の男を返り討ちにしたこともあった。そしてジョンソンはクロウ族を避けるために人嫌いとなって、さらに奥地へと入っていくのである。

再会したギューは、妻子を喪失し復讐のために人が変わってしまったジョンソンに山を降りることを勧める。それでいてギュー本人は自由がある山から降りる気はしないと断言する。さらに、ジョンソンはひとりずつ襲ってくるクロウ族の戦士と戦いを続ける。ラップと再会したときに、ジョンソンは今は何月か知っているかと質問して、里へ降りる雰囲気を漂わせる。ラップが去ったあとに、仇敵となったクロウ族の赤い服を着たリーダーが離れたところにいて、馬上からこちらに手を向けていることに気づくと、ジョンソンが少し躊躇いながら手を挙げて応じるところで映画は終わる。

原作となったレイモンド・ソープが書いた『クロウ・キラー』（一九五四年）というジョンソンの伝記そのものが、ロマンティックな英雄となるように、かなりの味付けがされていた。その点を映画も踏襲している。赤狩りに彩られた時期に、そうしたジョンソン像が求められたのは、冷戦期のアメリカが世界のリーダーとなるのに、西部の男たちをモデルにすることで理想のイメージを形成したからだ、と最新版の序文を書いたネイサン・ベンダーは言う（x頁）。映画では描かれなかったが、実際のジョンソンはその後北軍に参加し、除隊後は保安官代理も務め、決して世捨て人ではなかった。一九〇〇年に亡くなったときには、マウンテンマンの神話だけが残った。じつはジョンソンは秩序を守る側でもあって、そうしたヒーロー像にうってつけの人物だった。

ロッキー山脈に入り込むマウンテンマンを支えたのは、エマソンの「自己信頼」と並び、自然と交わる生活を提唱したH・D・ソローの生き方や考え方だった。ソローの代表作となったのは、ボストン郊外のウォールデン湖のほとりで、二年間以上にわたり暮らした体験をまとめた『ウォールデン』（一八五四年）である。いきなり自然の魅力を語るのではなくて、「経済」という長い章からはじまり、自然のなかで暮らす経費や収益の計算が続き、約六週間の労働で一年の生活がまかなえるという目算を述べるのだ。つまり、自然と触れあう一人きりの生活は、経済を考えずには成立しないものだった。

シンプルな生活を求めるソローの主張は、近代社会を否定する自然愛好熱や、異議申し立てをするヒッピー文化などとつながった。ソローは「ネイチャーライティング」と呼ばれるジャンルの始祖とされ、文明に毒されていない無垢な世界を「自然」に求める動きの代表者とされた。

だが、同時にソローが黒人奴隷制に反対して人頭税の支払いを拒絶した「市民的不服従」や「納税拒否」の姿勢が、草の根民主主義やさらにはティーパーティ運動など、連邦制に反対したり「小さな政府」を提唱する運動の根拠ともなってきた。オクラホマシティ連邦政府爆破事件のようなテロリズムを犯すミリシア（民兵）の心情とも通底する。『大いなる勇者』

の脚本を担当したジョン・ミリアスは、カール・サンドバーグの詩などを盛り込んで、アメリカの神話に仕立てようとしたのである。ミリアスは反共主義者としても有名であるが、全体主義化するシステムに屈しないセルフメイドマンとしてのマウンテンマンに惹かれたのも当然であろう。

自然の中で生き抜くマウンテンマンやカウボーイを一種の理想として捉えると、「俺の主人は俺だ」とか「俺に命令できるのは俺だけだ」とか「ここの法律は俺だ」といった独善的な論理へとつながるのである。そうした自己肯定は、自然界で生存をかけて暮らすなかで生じたもののはずだが、現実との関わりの面は軽視されてしまう。そして、アメリカの敵を見出すための論理となり、セオドア・ローズベルトの棍棒主義外交から、赤狩りを行うマッカーシズムまで、こうした態度をもつ人物が英雄視されてきたのである。

二十一世紀のマウンテンマン

『大いなる勇者』と同じく伝説的なマウンテンマンで罠猟師のヒュー・グラスを描いたのが、アレハンドロ・ゴンサレス・イニャリトゥ監督の『レヴェナント：蘇えりし者』（二〇一五年）であった。こちらはレオナルド・ディカプリオがグラスを演じた。舞台の設定としては『大いなる勇者』よりも前の時代となる。それでいて二十一世紀のアメリカの課題を踏まえた作品となって評価も高い。

背景となっているのは、後にロッキー山脈毛皮会社を設立するミズーリ民兵のアシュレー将軍とヘンリー少佐が一八二三年に罠猟師たちを派遣して、新しいルートを開拓しようとした探検だった。グラスは土地を知る斥候として雇われた一人であったが、熊に襲われて瀕死の状態になったところを仲間二人とともに置き去りにされた。彼らは銃を奪うために埋葬して死んだと思われていたのだが、サウスダコタ州のカイオワ砦に帰ってきたので「蘇った者（レヴェナント）」と呼ばれた。グラスはその後西部小説や長編詩や映画の題材ともなり、熊に襲われても生き延びた男として伝説化する。

二〇〇二年に原作となった小説を出版したマイケル・パンクは、民主党のオバマ政権下で世界貿易機関のアメリカ代表を二〇一一年まで務めた政府の高官だった。この作品は弁護士事務所に勤務していた時代に執筆したものだった。政府高官には倫理規定があるので、発売された自分の作品の宣伝はおろか、自著にサインをすることも許されなかった。そのため映画化されてからようやく著者が自分の声で語れるようになったのである。

「復讐の小説」と副題にあるように、史実を離れたフィクションとなっている。重要な人物であるフィッツパトリックをフィッツジェラルドに変更。グラスと先住民との間の息子ホークを設定して、彼がこの息子が殺された復讐をやり遂げて死を迎えるように書いている。実際には、グラスはフィッツパトリックが陸軍に逃げていたのを追い詰めたにもかかわらず復讐はしなかった。十年後の三三年にグラスはアリカラ族に襲われてイエローストーン川で殺されている。

二つのストーリーが絡み合ってできあがっているのだ。ひとつは、アリカラ族の酋長が二人の白人に奪われた娘のポワカを探し、疑わしい白人たちを殺すという探索と報復の話である。もうひとつは、そのアリカラ族に襲われて逃げ出した、ヘンリーを隊長とする探検隊に参加していたグラスが、途中で息子を殺されたことへの復讐を遂げる話である。

映画はヘンリー探検隊が、半年かけて集めた熊やビーヴァーなどの毛皮を船に積んでミズーリ川を下る旅の出発から始まる。グラスは先住民の妻との間の子供であるホークといっしょに参加していて、食料のためにヘラジカを獲っているところに、アリカラ族が襲ってくる。アリカラ族は酋長の娘のポワカを探しているのだが、それとともにアメリカ商人から毛皮を奪ってフランス商人に売ることを考えていた。そして彼らから武器や馬を手に入れるのである。

アリカラ族に襲われる中、ようやく船に乗り込んだが、途中で船を捨て、毛皮を隠し、砦まで戻るべきだとグラスは判断する。ヘンリーは従うことにする。途中でグラスが子熊を連れた母熊に襲われ、銃とナイフで倒したものの瀕死の状態で発見される。グラスを即席の担架で運ぶ途中で、これ以上の徒歩での移動は無理と考えたヘンリーは、なさけの気持ちから殺害しようとしたが、ホークの嘆願で断念する。そして、最初からグラスに反感を抱いていたフィッツジェラルドという罠猟師と、彼に命を助けられた若いブリジャーを残していく。

グラスの死亡を確認して埋葬することで、三百ドルの報酬という話にフィッツジェラルドは目がくらんだのである。そして、四人のうちブリジャーが離れている間にフィッツジェラルドはグラスを殺してしまおうとする。ホークが邪魔をすると、フィッツジェラルドはナイフで殺してしまう。身動きができないグラスはフィッツジェラルドが息子を殺すのを眺めているしかなかった。そしてブリジャーを言いくるめて逃げてしまう。

そこからグラスの復讐の旅が始まる。しだいに自然と一体になるようにして、しかも熊に襲われた傷が腐敗しながらも身体にムチ打って、サヴァイヴァルしながら砦をめざすのだ。その過程でフランス人の毛皮商人からアリカラ族の酋長の娘を助けることもできた。その時落とした水筒が、あとで発見されてグラスの生存が証明される。身をぼろぼろにしながらアリカラ族の支配する土地で生き延びて、グラスがカイオワ砦に到着すると、それを察知して逃げ出したフィッツジェラルドをヘンリー隊長と二人で追うのだ。

フィッツジェラルドは、カイオワ砦へ連れて帰り裁判をすると主張するヘンリー隊長を撃ち殺した。グラスはその死体を使ったトリックで、フィッツジェラルドをおびき寄せて、互いに死闘を繰り広げる。グラスがナイフで止めをさそうとすると、川向うに娘を助けたアリカラ族の酋長が通りかかる。復讐を自分の手で行うのはなくて、神に委ねるとして、川のなかに瀕死のフィッツジェラルドを流す。グラスが娘を救い出してくれたことを知った酋長が、ナイフで息の根を止めてくれるのだ。彼らはグラスの脇を馬で通り抜けていってしまう。

この場面になって、もうひとつのストーリーと組み合わせた理由がはっきりとする。アリカラ族の酋長は、娘を追いかけるのに不可欠な馬を得るために、フランス人の毛皮商人と取引をする。だが「アメリカ人から盗んだ毛皮で刻印があるから半値だ」として馬の提供が拒まれると、酋長は「お前たちは土地も生き物も何もかも盗んだ」と言う。フィッツジェラルドは、「神は与え、神は奪う」と絶えず正当化するが、グラスも罠猟師として先住民の土地から盗んでいるのは同じなのだ。

しかも、グラスは妻と同じポーニー族の男と出会い、「復讐は神に任せる」という言葉を聞く。それをフィッツジェラルド殺害で実行したのである。山の上のほうへ登っていくありし日の妻の姿が見え、グラスがそれを見つめるところで終わる。震えながら観客に顔を向けるカットとなるのだが、うつろな目に死の予兆がある。それは『大いなる勇者』でジョンソンがクロウ族との和解から、山を降りるのを暗示したのとは対照的な表情だった。

マウンテンマンを描いた『大いなる勇者』と『レヴェナント：蘇えりし者』の二つの映画には多少の因縁がある。『大いなる勇者』の後、レッドフォードは『華麗なるギャツビー』（一九七四年）でジェイ・ギャツビーの役を演じた。ギャツビーは禁酒法時代のセルフメイドマン（叩き上げの成り上がり者）の一人と解釈されている。やはり『華麗なるギャツビー』（二〇一三年）でギャツビーに扮したディカプリオは、レッドフォードに対抗するように罠猟師のグラスの役を選んで演じた。そして、アカデミー主演男優賞を手に入れた。

そもそもギャツビーと罠猟師とがつながるのは不思議ではない。マウンテンマンは、白人男性の間の平等、国立銀行による独占への反対といったジャクソン流民主主義を体現しているとされた。一八一二年に始まる米英戦争で戦い、後に大統領となったアンドリュー・ジャクソンを支持して功績をあげたのも罠業者たちだった。ジャクソンは先住民クリーク族の大虐殺を行った軍人でもあり、連邦政府が巨大化して州を圧迫するのに反対した。おなじように、当時独占企業となっていたアメリカ毛皮会社と、零細罠業者であるマウンテンマンたちが戦っていたとみなされたのだ。しかも、マウンテンマンはアメリカにおける「起業家」の原型とさえいわれてきたのである。

『大いなる勇者』と『レヴェナント：蘇えりし者』の二つを並べると違いがわかる。レッドフォードは熊に追われ、小屋のなかに逃げ込んでしまい、直接襲われはしないが、ディカプリオは、熊に襲われるようすが画面に展開する。もっとも、これは人間が演じてCGで作成されたものだが、受けた傷を執拗に見せつける。レッドフォードは川で魚を掴むだけだが、ディカプリオは獲った魚をいきなり生で食べ始める。レッドフォードは基本的に英語で押し通すが、ディカプリオは最初から息子たちと先住民の言葉で話す。そうした端々からも対抗意識が感じられる。『大いなる勇者』が雪の白さにとりつかれた映画だとすれば、『レヴェナント：蘇えりし者』はグラス生存の手がかりとなる水筒も含めて、水のイメージにとりつかれていた。襲われたり対決する場面を手持ちカメラで撮影し、血しぶきや水滴がレンズに飛び散っても構わない荒っぽさをもっていた。

『レヴェナント：蘇えりし者』でマウンテンマンは過度に神話化されていない。グラスは不注意な銃声によって敵や狼を呼び寄せる危険を招く存在としても描かれる。ヘンリーの遺体を利用してフィッツジェラルドをおびき寄せるし、戦いながらも神に委ねるとして、最期の止めを刺さない。そのあたりは、かつての単純なヒーロー像とは一線を画すのだ。しかも熊に襲われてずたずたになったグラスの身体は、旅の途中に出てくる襲われた村や廃墟のように傷つき、しだいに腐敗していくのである。

マウンテンマンものの西部劇では、先住民の妻をもつという形で、それが正式な結婚として認められていたのかは別にして、異人種間結婚にある程度寛容だった。『大いなる勇者』

では、ジョンソンはキリスト教徒のスワンを受け入れ、十字の切り方の指導までする。ただし、ラップは先住民の女性を十年「自分の女」にした後に銃と交換し、ギューはスワンをもらうときに気に入らなければ売り飛ばせとジョンに助言するように、多くの男たちにとって毛皮や銃と扱いは同じだった。

それに対して、『レヴェナント：蘇えりし者』では、グラスはホークという息子をもうけているし、酋長の娘のポワカを救い出すときにも先住民の言葉を話す。レイプされている彼女の救出は、グラスの亡き妻への思いと重ねられている。ラップたち白人にとって都合の良い女性という存在から離れている。また、助けられたポワカが、グラスの横を通り抜けるときに表情を変えないのは、グラスを「土地も生き物」も盗む一人としてみなしているからでもある。

家族や先住民の描き方の変化は、西部劇を成立させていた根底がゆらいでいることを告げている。二十一世紀にはマルボロマンの象徴だった紙フィルターつきタバコさえも、誇らしげに吸うことができず、社会の表舞台から消えてしまった。ディズニー映画のように喫煙の表現そのものを禁止することも多い。そうした時代には「西部」の価値も変わっていくのだ。

『大いなる勇者』で主演したロバート・レッドフォードは、今度は自分で監督もつとめて『モンタナの風に抱かれて』（一九九八年）を完成させる。馬と対話ができる能力をもった男を扱った小説を原作としていた。事故にあった馬とそれに乗っていた少女それぞれの傷を西部で癒やす話である。そこに少女の母親と調教する男というそれぞれ配偶者のいる男女の恋愛が入り込む。西部は大自然のなかで男を鍛える場所などではなくなってしまったのだ。

さらに、アン・リー監督の『ブロークバック・マウンテン』（二〇〇五年）のようにカウボーイどうしの友情を超えた愛情の領域を扱う作品も制作された。こんどはそれぞれ妻のいる二人の男の二十年におよぶ愛の軌跡であるが、西部劇のなかで、たとえば、『荒野の決闘』のワイアットとドク、あるいは『赤い河』のダンソンとガースといった男たちの連帯や友情として描かれてきたなかに眠っていた愛情関係を浮かび上がらせている。こうして、二十世紀が作り上げたカウボーイの神話では描ききれなかった要素に光が当たる。ディカプリオの『レヴェナント：蘇えりし者』のグラスは、冷戦時代のリーダー像とか起業家のプロトタイプといった理解では、もはやマウンテンマンを描き出せないことを告げていた。

マルボロマンのように、「フロンティア」を求めるときには、マウンテンマンやカウボーイがいる西部の風景が蘇る。だが一九五四年にマルボロマンを広告に使い始めた時点で思い描いていた、自己完結してすべてを自己制御する英雄という姿は、とっくに根拠をもたないものとなっていたのだ。

2　サマーキャンプからブートキャンプへ

キャンプ文化の成立

マウンテンマンや牛追いのカウボーイや定住地を求めて移動する人々は、あくまでも生き延びるためにアウトドアの生活を行っているのにすぎない。それに対して、フロンティア消失後の二十世紀には、娯楽やレクリエーション、さらには教育目的で人為的なアウトドアのキャンプが行われる。都会で生活している者が、田舎や自然を体験するためにキャンプをする。そうした近代的なキャンピング術が隆盛したのである。

今ではありふれた言葉となってしまったが、キャンプとは、もともと「野営地」を意味する軍事用語である。飯盒《はんごう》などの「携帯組食器」(Mess Kit)を含めて、あくまでも簡易な道具で代用しているのだ。キャンプとは移動を前提とした仮設の宿なのである。

近代キャンプ術を世間に広め定式化したのは、一九〇一年にイギリスで創設された「キャンピング&キャラバニング・クラブ」だった。その中心人物となったトマス・ハイラム・ホールディングは、詳細なマニュアルである『キャンパーの手引』（一九〇八年）を発表した。

　この本によると、一八五三年の九歳のときに、ホールディングの一家は、ユタ州のソルトレイクシティの祖父を頼り、移住するつもりで向かったのだ。三百人でミシシッピ州のケアコックで五週間キャンプをしたあと、幌馬車で千二百マイルの長旅をした。野宿をしながらの旅の体験によって、トマスはキャンピングの魅力を教えられたのだ。ただし、途中で兄弟が二人亡くなり、祖父は死去していた。そこで一家はイギリスへと引き返した。

　その後ホールデンィングは、一八七七年に「筋肉的キリスト教」の講習でカヌーを習った。筋肉的キリスト教はスポーツに霊的な価値をおく運動で、十九世紀後半にパブリックスクールなどでのスポーツ振興に大きな力を発揮した。ホールディングはさっそく、スコットランドの湖でカヌーを漕ぐためにキャンピングをはじめたという。そして、巡回仕立て屋の仕事をする合間に、キャンピング熱を周囲に広めたのである。

　『キャンパーの手引』には、ホールディングの長年の経験や見聞に基づく多くの情報が整理されていた。キャンプに必要な道具や服装、さらに調理方法やトイレや医術まで数多くの注意点が書いてある。イギリスの本なので「アメリカン・インディアン」ではなくて、「ジプシー」が移動生活のモデルとなっていた。キャンプの種類として、自転車、ボート、自動車、徒歩といった区別がなされている。

ホールディングにとって、アメリカでの体験がキャンピングへの憧れの出発点だった。最初に夢中になったカヌーも、語源となったのはカリブ海の先住民であるアラワク族が使用していた船の名称である。

だが、『キャンパーの手引』は、ソローの『ウォールデン』とはずいぶん立場が異なる。生活に必要な労働を基準とした価値観の転換の主張がソローにはあったが、ホールディングはあくまでも余暇やレクリエーションという観点からキャンピングを捉えている。彼が作ったクラブも、自転車、その後は自動車を使ってキャンプをする愛好者の団体として発展して現在にいたる。しかも、キャンプを通じてサバイバル能力も鍛えられたために、サンフランシスコ大地震のような災害時に働くことができた医者をみればわかるが、実用的なものでもある、とホールディングは誇らしげに述べていた。

イギリス人のホールディングがいうように、アウトドア生活の本場とされたアメリカで、娯楽としてのキャンプは重要となり、二十世紀になると、関連する製品を作る企業も数多く登場した。L・L・ビーン（一九一二年創業）のシューズや、コールマン（一九〇〇年創業）のストーブやランタンは昔から日本でも知られていた。そこにノース・フェイス（一九六六年創業）が加わった。

そして六〇年代のヒッピー文化以降、アメリカの国内外をバックパックで旅行する若者が増えていった。バックパッカー（日本ではカニ族）から、現在のように通勤や通学にバックパック（リュック）を利用する文化が定着したのには、アウトドア用品をファッション化したブランドの影響が大きい。

ホールディングの時代、移動の花形は自転車だったが、フォードが大衆車を生産するようになると、自動車で移動して寝泊まりをしながらあちこちを旅するためのオートキャンプ場が生まれる。そして一九二五年にはモーテル（モーター＋ホテル）が誕生し、幌馬車の延長のようなキャンプに適した車種も開発された。「キャンピングカー」というのは和製英語で、ふつうは「RV」（リクリエーショナル・ヴィークル）と呼ばれる。

なかには、トレーラーハウスのようにキッチンやトイレも完備した本格的なものもある。アメリカではこれが低所得者層の住まいとしても使われるのだ。スピルバーグ監督の『レディ・プレイヤー1』（二〇一八年）で、両親を亡くした主人公は、オハイオ州コロンバスのトレーラーハウスやRVが積み重なった「集合住宅」で暮らしている。しかも周りには廃車が山積みになってゴミの山を形成しているのだ。その状況から脱出するために、伯母は金をためていたが、義理の伯父はその金を「オアシス」というゲームの装備につぎ込んでしまった。そして、貧困から脱出する手段のひとつが、ゲームでコインを稼ぐことだった。宝くじとおなじで、万に一つの確率もないのである。

アメリカで発達した調理法とされるのが「ＢＢＱ」である。こうしたアウトドアで料理をするために火を使用するだけでなく、キャンプファイヤーもある。またキャンプ場で行われる儀式としてのキャンプファイヤーは、ボーイスカウトのキャンプで採用されて広まった。そして、ガールスカウトも、最初はキャンプファイヤーガールと呼ばれた。こうしてキャンプ文化は生活や戦争から離れて、娯楽や教育の一環として力をもつようになったのである。

教育のためのサマーキャンプ

さまざまなレクリエーションのためのキャンプやアウトドア生活のなかで、いちばんアメリカ国民になじみが深く、文化的な影響力をもってきたのが、若い世代に向けたサマーキャンプである。そこでは指導員や管理人がいて、その指導のもとにさまざまなタスクやイベントをこなすことになる。

サマーキャンプの発展を扱った教育学者のレズリー・パリスは、フロンティアが消失するころに誕生したあとでのサマーキャンプの広がりをこう述べている。

一八八〇年代には、数百人の上流や中産のプロテスタントの男の子のために、少数のキャンプが開催されただけだった。五十年後には、大人たちが、他の顧客層（少女、新しい移民、宗教的・政治的・ときには人種的なマイノリティの人々）のためにキャンプの考えを採用したために、キャンプ産業は急速に広がった。キャンプは、実験的な仕組みから、大衆文化の大黒柱へと転換したのだ。（パリス『子供たちの自然』3頁）

さらに、摩天楼とサマーキャンプが人工と自然の対比となるという論が生まれ、サマーキャンプが心身を鍛錬する場として評価されるようになる。パリスはサマーキャンプのあとで参加者が「体もがっしりとなったし、日焼けもした」と述べた、ポジティヴな感想を紹介している。

「自然に触れる」というサマーキャンプの原型のひとつとなったのが、ボーイスカウトのサマーキャンプである。ボーイスカウトの創設者であるロバート・ベーデン・パウエルが、一九〇七年八月にイギリスのブラウンシー島で行った八日間のキャンプが始まりである。そしてアメリカで、ボーイスカウトとアウトドアでの生活を結びつけたのは、動物作家のシートンや政治家のセオドア・ローズベルトの西部での体験だった。さらに、ガールスカウト（ガールガイド）の姉妹組織ともなる「キャンプファイヤーガール」が少女たちに広がったのである。そして、ジャンボリーと呼ばれるキャンプの祭典が世界規模で開催されるのである。
いろいろなサマーキャンプが開催され、多くの若い世代が共通体験をもつことになるので、サマーキャンプを舞台にした青春映画が長年作られてきた。異性との出会いの場であり、親元を離れてすごす夏のバカンスのような雰囲気が盛り込まれている。たとえば、テイタム・オニールとクリスティ・マクニコルが主演した『リトル・ダーリング』（一九八〇年）は、サマーキャンプ場で同室になった階級の異なる二人の少女の、どちらが先にヴァージンを喪失するかを争うコミカルな映画だった。また、『アメリカン・サマー・ストーリー』（二〇〇一年）は高校時代に童貞を捨てた少年たちが、大学に入って今度は夏休みにサマーキャンプを計画する。

このように異性と出会い性的な体験をする場としてサマーキャンプが捉えられているのも、生徒や学生にとっての夏休みが、六月あたりに卒業や進級や入学が決まったあとから八月いっぱいまで、解放感にあふれているせいである。一八八〇年代には、夏休みに多くの子供たちが労働に従事していた。異性との出会いというサマーキャンプの効能（？）は、教育的な目的から逸脱したものに見えるが、社交という意味ではダンスパーティなどとおなじで、まったく見当外れなわけでもない。

目的をもっと絞り込んだサマーキャンプもある。『ヘビーウェイト　サマーキャンプ奪還作戦』（一九九五年）が扱っているのは、肥満児であることを脱却することを目的に体重を減らすキャンプである。強制的に運動を行い食事を制限するのは、身体の改造と直結するわけである。個々人の体質や事情などを無視して、体重管理は自己管理能力を示す好例とされ、肥満はそれができない脱落者とみなされる。とりわけ数値による健康管理は客観的に見えるので説得力をもつように感じられるのだ。つねに統計上の平均との比較に過ぎないのだが、そうした点は看過される。

そして、『ジーザス・キャンプ』（二〇〇六年）というドキュメンタリー映画は、キリスト教原理主義の団体による若者向けのサマーキャンプを映し出していた。聖書を絶対視し、妊娠中絶の反対を呼びかけ、心身を鍛えるというよりも、信仰を植え付けるためのものだった。

洗脳を目的とするサマーキャンプも大いにありえるのだ。そのためサマーキャンプでの体験がトラウマとして残る者もいる。このように心身を鍛えるという名目で参加者を呪縛するサマーキャンプへの疑念や不信が、ホラーものとして描き出される。そして、サマーキャンプのバカンスや教育的な意味を問い直す映画も作られた。

ホラーとサマーキャンプ

サマーキャンプが開始される六月は卒業シーズンで、終了する九月の頭には新学年が始まる。とりわけ高校の卒業は日本と同じで、地元に残るかそれとも出るかなどを含めて、同級生たちの進路や運命が分かれる重大な出来事となる。

ジョージ・ルーカス監督の『アメリカン・グラフィティ』（一九七三年）は、カリフォルニア州のモデストという田舎町で高校を卒業した四人の少年たちに焦点をあてて、音楽と車に彩られたヴェトナム戦争直前の一九六二年の九月頭の一日を再現してみせた。

映画の中では「クルージング」と呼ばれる、同じ道を車でぐるぐると周りながら女性を漁ったり、車のレースの相手を見つけたりする文化が描かれる。クルージングを、交通の妨げになる違法行為として取り締まる地域が出てきて廃れていった。ルーカス監督の高校時代の体験をもとに作られたのだが、若者たちは理想の美女を追いかけたり、恋人を見つけたりすることで、夏の一日がそれぞれの人生の転機となった。

最後に現在の四人の人生が表示される。町から奨学金をもらい東部の大学へ行ったカートは作家となり、カナダで暮らしている。地元に残った三人の運命もさまざまである。車のレースで勝ったビッグ・ジョンは二年後に交通事故で死に、恋人を見つけたテリーは六五年にヴェトナム戦争で行方不明となる。そして、カートの妹に懇願され、町の外にある大学に行くのを断念したスティーヴは、保険代理人として平凡に暮らしている。

四人の親友が夏の体験で運命が変わる、というこの映画と同じ構造をスティーヴン・キングは、中編小説の「死体」（一九八二年）で採用した。そして「死体」は、ロブ・ライナー監督により『スタンド・バイ・ミー』（一九八六年）と題して映画化された。タイトルがベン・E・キングの歌からとられたように、『アメリカン・グラフィティ』に近づき、青春映画として評価も高く、ミュージカル化されて日本でも人気を得た。

キングの「死体」は、一九六〇年に小学校を卒業した四人が、新学年の始まる直前の九月の「レイバー・デー」へと続く金曜日からの週末を、森のなかで行方不明になった少年の死体を探しに行く話である。四人は大人たちに嘘を言って、アウトドアでキャンプをしながら「無垢からの落下」を経験する。落下（フォール）という語は秋を示すので、『恐怖の四季』という短編集の秋のところに収められた。

キングの小説は、「死体」を意味する「ボディ」という言葉を効果的に使い、まだ何者でもない子供たちは、自分と同じ年齢の少年の死体を見る体験を通じて、それぞれのあり方が照らし出されるのだ。正確には、その体験から学んだ者と学ばなかった者とが選別される。

ベストセラー作家となったゴーディは、『アメリカン・グラフィティ』の中心的人物でもある小説家のカートと対応している。カートはモデストを出て東部の大学へ入り、今はカナダに暮らしているし、ゴーディも大学入学とともに、キャッスル・ロックからは遠ざかっている。小学校の卒業と夏が終わる直前のキャンプ体験が、イニシエーションと進路の選択の役目を果たしている。

キングはモダンホラーの帝王だが、「死体」はホラー作品ではなかった。しかも映画の『スタンド・バイ・ミー』では設定が変更され、一九五九年と前年の出来事となり、メイン州ではなくオレゴン州という西部へと場所も移された。カーラジオだけでなく、ヴァーンが家からもってきたラジオから流れる音楽が効果的に入ることで『アメリカン・グラフィティ』に雰囲気は近づいた。キングの小説ではゴーディ以外の三人とも、はるか昔に亡くなっているのだ。つまり、弁護士になったクリスが死亡した記事で、過去を思い出すという映画の設定のほうが『アメリカン・グラフィティ』に近いのである。しかも作家になったカートと大人になったゴーディのどちらも同じくリチャード・ドレイファスが演じているように、意図的に重ね合わせている。

二十年以上前に、ゴーディたちが行ったのは、親の目を逃れた自由なキャンプだったが、彼ら四人を結びつけている友情の根底に、父親や肉親とのアンビバレントな感情がある。テディは、父親に耳をストーブに押し当てられて焼かれてしまった。クリスは不良仲間の一人である兄など、家族のひどさに耐え難い気持ちをもっている。そのせいで小学校の教師は、自分が給食費をくすねた罪をクリスに押し付けたのだ。だが、誰もクリスの無実を信じてはくれなかった。そして、ゴーディも、将来を期待された兄が亡くなったあと、自分が両親から取るに足らない存在として無視されていることを嘆いていた。

少年たちの結束の根底にあるのは、肉親への愛憎が入り混じった感情だった。そして、ここでの死体を見るという体験は、鏡のように彼らのわだかまった気持ちを写し出す。ゴーディたち四人はツリーハウスという秘密の隠れ家を出て、さらに森でキャンプをすることで、死というものが身近にあるとわかるのだ。自分と同じくらいの年齢で、電車に轢かれた少年の死体は、ゴーディたちに深い印象を与える。ずっと先にある死というものが見えた気がするからだった。

キングの小説では、実際にはすぐにも死が訪れる。ヴァーンは六六年に飲酒パーティでのタバコの火の不始末で生じた火事で焼け死に、テディは友人たちとマリファナやウォッカを飲んでの運転で事故死をしている。そして、クリスはゴーディと中学高校と励ましあいながら勉強して、大学院で弁護士を目指していたが、六八年にナイフで刺されて命を落とした。そのときに、ゴーディは妻にも言えずに、女々しい男と思われたくなくて、ひとり車のなかで泣くのだった。

二十年後に小説家として成功して、父親に孫を見せるために故郷のキャッスル・ロックに里帰りしたゴーディは、不良の親玉であったエースと顔を合わせる。銃を持ち出したクリスたち四人に死体を奪われた腹いせに、エースはゴーディの鼻をへし折ったのだが、そんな過去など忘れている。それどころか顔を見てもゴーディを忘れていて認識しないのだ。メイン州の保守的でタフな男エースと、キングを彷彿とさせるベストセラー作家の、ゴーディという生き延びた二人の対比が作品の肝となっていた。

『スタンド・バイ・ミー』がキャンプでの恐怖を間接的に描いていたのに対して、サマーキャンプとホラーを直接結びつけて、ヒットシリーズとなったのは、『13日の金曜日』（一九八〇年）だった。二〇〇一年までにシリーズが十作品作られ、終いには舞台は宇宙空間にまで拡大される。二〇〇九年にはリブート（オリジナル作品を再び作り直すこと）作品も作られた。『ハロウィン』（一九七八年）があたったのにヒントを得て構想された。実際のボーイスカウトのキャンプ場を借りて撮影され、サマーキャンプがもつ怖さを描き出していた。

舞台はクリスタル湖というキャンプ場で、一九五七年に少年が湖で溺れ死に、翌年二件の殺人事件が続いたので閉鎖されていた。二十一年後に再開されることが決まり、指導員として働くためにやってきたアニーが、途中で何者か分からない人物に喉を切られて森の中で殺されるところから連続殺人が始まる。それが一九八〇年六月十三日の金曜日の出来事だった。キャンプ場再開のために集められた指導員たちは、アルバイトの若者であり、彼らが犠牲者となっていく。血しぶきが飛び散るスプラッター映画らしく、斧や矢を使って殺されるのだ。しかも死体が思わぬところに放置されていて、発見者が叫んで観客の恐怖を呼ぶ。そのままサマーキャンプの外に広がる闇の怖さが表現されている。

そのなかで、ヒロインのアリスたちには、若い指導員が次々と罰せられているのだとわかってくる。『スタンド・バイ・ミー』で、選択を迫られるのは小学校卒業後の人生だった。だがここでは死そのものによって未来が閉ざされていく。次々と指導員が殺される背後に、ジェイソンという、子供の死と母親の絶望があることが判明する。おぼれたジェイソンを助けることができなかった指導員に対する処罰であった。

アリスは最後に真の黒幕であるジェイソンの母親と対決し、凶器として持ち出された山刀を奪い、相手の首を切り落とした。その結果ひとり生き延びることになる。キャロル・J・クローヴァーによると、この時代のホラー映画には、殺す側は男性で、被害者の多くも女性だが、最後に殺戮者を倒すのは生き残った女性となる「ファイナル・ガール」という公式がある（カーリン『手に負えない女、頑固な母』103頁）。『13日の金曜日』もその例とされるが、二人の女性の対決によって、ホラーを形作っていた。しかも生き延びた女性は、残酷なやり方で仕返しをするのである。ジェイソンは生きている、というカットを入れたおかげで続編が作られ、第三作目からホッケーの面をつけた姿が定着して恐怖を与え続けてきた。

サマーキャンプとホラーを結びつける設定はすぐに模倣され、『サマーキャンプ・インフェルノ』（一九八三年）では、キャンプ・アラワク近くでの殺人が扱われた。これもシリーズ化され、二〇一九年まで新作が作られている。このように、ホラー映画の場所としてサマーキャンプが使われるのは、アメリカの観客にとってそれだけ身近な存在であり、状況などを了解しやすいイベントのせいである。

こうしたホラーとサマーキャンプの関係を別の角度から掘り下げたのが、『アダムス・ファミリー2』（一九九三年）だった。『ニューヨーカー』に掲載された風刺漫画に基づくもので、アダムス・ファミリーは幽霊の一家であり、ゴメズとモーティシア、二人の子供、彼らの叔父のフェスターと祖母のグラニー、そして、手だけのハンドや執事といった不思議な家族からなりたっている。

アダムス一家に赤ん坊ピューパートが生まれると、ウェンズデーとパグズリーの姉弟は邪魔に思えて殺害しようとする。しかも、新しく雇ったベビーシッターは、金持ちを誘惑して結婚しては殺害を繰り返す金髪の悪女デビーで、叔父のフェスターの財産に狙いをつけて、誘惑し婚約までするのだ。その計画には、勘のいい姉弟がじゃまとなるので、サマーキャンプへと追いやってしまう。

副筋にあたるのだが、このサマーキャンプは、指導員であるグレンジャー夫妻が主催するキャンプ・チペワで、彼らの指導のもとで、野外劇を全員参加で演じるのが、キャンプの最終目的となっていた。野外劇の演目は感謝祭の由来だった。ただし、その解釈は、あくまでも白人中心主義的で、マイノリティは先住民の役に追いやられるのだ。そしてアダムス家の姉弟のような根暗な存在も周辺に追いやられる。「太陽のような髪の毛、牛乳のような肌」をもつアマンダという少女とその取り巻きが中心となって進んでいく。指導員たちも、金持ちの娘である彼女を持ち上げるのだ。

アマンダから暗いとみなされたウェンズデーとパグズリー、そして本の虫であるジョエル（ユダヤ系を連想させる名前）の男の子が協力を拒むと、反省のために『バンビ』や『リトル・マーメイド』といったディズニー映画を見る、という罰が与えられる。ウェンズデーは、その子供っぽさに耐えられない。そこで、計略を練って、反省したと協力を申し出る。悪者が反省して、全員がハッピーエンドを迎えるディズニー映画や、白い歯を輝かせて笑顔を作るキャンプの花形のアマンダや指導員たちを中心とする、表面の明るさへの反発が動機になっていた。

サマーキャンプの終了イベントである感謝祭の野外劇は、アマンダが演じるサラ・ミラーを中心に始める。ウェンズデーが演じるポカホンタスは、巡礼者たちを温かく迎え、七面鳥たちは「ぼくらを食べて」と歌うのである。だが、ウェンズデーはグレンジャー夫妻が作った、決められたセリフから逸脱する。そして感謝祭の始まりの一六二一年の過去から、その後の未来での先住民の運命を、ポカホンタスの口を借りて述べるのだ。

あなたたちとは食事をともにできない。だって、あなたたちは私たちが正当な権利をもつ土地を取り上げたし、このあと、私たちはトレーラーハウスや居留地で暮らすことを強いられるの。あなたがたはカーディガンを着てハイボールを飲むけど、私たちは道ばたでブレスレットを売るの。あなたがたはゴルフをしたり熱いオードブルを楽しむけど、私たちには苦痛と退廃が待っている。あなたがたはシフトレバーのある車をもつようになる。私たちの部族の神々はこう述べた。「巡礼者たちを信じるな。とりわけサラ・ミラーを」。

そしてサラ・ミラーを演じるアマンダをぐるぐる巻きにし、先住民に扮した子供たちが次々に舞台や客席を襲ってくるのだ。キャンプ・チペワという先住民の言葉を冠した場所でのサマーキャンプはすべて台無しになる。

サマーキャンプで毎年のように繰り返される融和や和解を描いたイベントが、こうして内側から解体されてしまう。アメリカの植民地主義への疑念が、英語をうまく話せないアジア系の子供たちと、ウェンズデーたちによって結束してひっくり返されるのである。『13日の金曜日』が、一九八〇年の六月十三日が金曜日であることを利用したように、『アダムス・ファミリー2』は、コロンブスが一四九二年にアメリカに到達してから五百周年の祝賀を裏返してみせた。

サマーキャンプが子供たちを教育的な目的で「改造」する場であるからこそ、ホラーや悪夢の舞台ともなる。それは歴史や過去の隠蔽の場ともなっている。ホラーは、土地に眠っていた記憶を解放したり、過去を問い直すのにつながるのだ。ホラーでは、復讐のために殺戮する者がもっている過去への執着が大きな主題となる。

建前としての歴史の欺瞞に対して皮肉を述べるのが、チャールズ・アダムズの風刺画だった。そこで『アダムス・ファミリー2』は、歴史から取り残された幽霊一家という題材を使いながら、ウェンズデーに建前としての歴史の「清潔さ」に混乱をもたらす役目を与えた。しかも彼女とジョエルのひと夏の恋を描いてもいる。

感謝祭をヨーロッパからやってきた移民であるピルグリムズの側から描くことそれ自体が暴力的な行為であることを、ディズニー映画を裏返して和解させない形で示したのである。

神への感謝はあっても、先住民への本当の感謝はないことが暴露されるのである。もちろん、ウェンズデーが演じたポカホンタスは、やはりコロンブス到着五百年を記念してディズニーがロマンティックな恋愛ものとして描いたアニメ映画の『ポカホンタス』(一九九五年)とは似ても似つかないのである。

新兵のブートキャンプ

新しい学年や進路を前に、自己改造やイニシエーションの場としてサマーキャンプは機能している。それとは社会的な役割が異なるが、国家にとって必要不可欠なのがブートキャンプである。これによってアメリカ国民の日常生活と戦場が直結される。ブートとは新兵を指す俗語で、アメリカの五軍(陸軍、海軍、空軍、海兵隊、沿岸警備隊)はそれぞれ独自の新兵訓練を行い、ブートキャンプとはその俗称となる。徴兵だろうが志願兵だろうが、新兵は戦場へ行く前に、そこで兵士になるための軍事訓練が施される。

このキャンプを主催するのは連邦政府であり、目的は、戦場において効果的な殺戮者となること、作戦を実行するために全員が共同することだった。ここではぐくまれた精神は、ボーイスカウトのキャンプとも共通する。本来スカウトが斥候の意味で軍服にも似た制服を着ているように、戦場における兵士の役割とつながりをもつ。だが、サマーキャンプでは、野営のためのサバイバル術は教えても、敵の効果的な殺し方までは教えない。サマーキャンプが終わったあと日常生活へと子供たちは向かうが、ブートキャンプを出た新兵たちの行き先は戦場であり、そこで敵を殲滅するために戦うのである。

ヴェトナム戦争当時のブートキャンプでの「地獄の特訓」を描いたのが、スタンリー・キューブリック監督の『フルメタル・ジャケット』（一九八七年）だった。語り手はジョーカーとあだ名され、大学新聞の記者をやっていて、軍の報道関係を志願する学生だった。ヘルメットに「殺すために生まれてきた」という標語を書き、ヴェトナム反戦の印であるピースマークを襟につけている矛盾した人物だった。

前半は、一九六七年のサウス・カロライナ州のパリス島での八週間におよぶ海兵隊のブートキャンプを描いている。口やかましく命令する主任教練指導官（ドリル・インストラクター）にあたる鬼軍曹ハートマンが登場する。そして声も揃わない新兵たちに「お前たちお嬢ちゃん方がおれの島を出るとき、つまりお前たちが新兵訓練を生き延びたとき、お前たちは武器となるのだ」と恫喝する。全員が男なのに「お嬢ちゃん（レディ）」扱いをし、さらに人間以下だと否定し、「オカマ」とか「フニャマラ」といった性的に侮蔑する言葉を投げつける。全否定しながら「男らしさ」をくすぐりつつ、尊厳を奪って支配下に置くのである。それは

「男らしさ＝武器」という意識を植えつけるためだった。

ハートマンを演じたR・リー・アーメイは、実際に海兵隊で教練指導官を仕事にしていたので、口やかましく一挙手一投足までも指示を与える。相手の一言から数倍の罵詈雑言を浴びせて気力を萎えさせるのだ。そして、失敗した者を処罰するだけでなく、周囲に連帯責任をとらせる。こうして男たちが連帯することで成立する「海兵隊魂」を叩き込もうとする。ベッドにM14ライフルを一緒にもちこみ、「彼女はいらない、ライフルがあればよい」という歌を全員で歌う。ライフルを女性のように愛せというのも、そうした指導の一環である。号令に合わせて走りながら、新兵たちは平時から切り離され、戦争での殺し合いに順応していくのである。その容赦ないプロセスが描き出されたことで、評判となった。

ブートキャンプには、軍隊や戦争に適応できない人間を選別する役割もあった。訓練生の一人のレナードは、反応が鈍くて足手まといになるのでハートマン軍曹にたえず罵られ、連帯責任で同期の者も罰を受けることになる。そのため、軍曹からだけでなく、訓練生からも疎まれ、夜中に石鹸を入れたタオルで全員から殴られるといったいじめを受けた。ところが、射撃の訓練で才能を開花する。ところがレナードは射撃術を磨き上げて、最優秀で訓練を終えた。その夜に、軍曹を射殺し自殺してしまうのだ。

そのときに使った実弾が通称「フルメタル・ジャケット」で、それがタイトルになっている。鉛がむき出しの「ダムダム弾」などは、体内に留まり、殺傷力が倍増した。それが「非人道的」だと非難された。鉛を金属でおおうと兵士の身体を貫通するので、助かり易くて人道的な銃弾だとされた。一九〇七年のハーグ陸戦条約以降、軍事に使用すると決められている。

レナードは自分の射撃能力をいじめの復讐に利用した。そこには軍曹が元海兵隊隊員の射撃がいかに優秀かを語り、ケネディを暗殺したオズワルドさえ賞賛の対象となる。ハートマン軍曹は自分が教え込んだ銃の技によって復讐される。これは単に自業自得だけでなく、しばしば起きる学校での銃乱射事件の背景にある心理をそっくり描き出していた。ブートキャンプは学校と同じなのである。

後半はヴェトナムの戦場、つまり本番だった。一九六八年のテト攻勢へのアメリカ軍の反撃が描かれる。テト（旧正月）の休戦協定中に大使館まで攻撃されたことへの報復だった。そして、報道を志願していたジョーカーは軍の新聞である「スターズ・アンド・ストライプス」紙の報道部員として、訓練仲間だった通称カウボーイがいる歩兵隊に同行取材する。現地へ向かう途中のヘリから、下のヴェトナム人を無差別に殺す兵士が出てくる。「逃げるやつはベトコン（BC）だ、逃げないやつは訓練されたベトコン（BC）だ」というのがその理屈だった。敵味方を識別することなく、アジア系を殺戮する論理が浮かび上がる。

歩兵部隊は、小隊長が殺されながら前進し、待ち伏せの罠にはまる。飛び出した兵が次々とやられただけでなく、代理の小隊長となったカウボーイまで狙撃兵に殺されてしまう。お礼参りをしようと、ジョーカーとカメラマンも取材を忘れて海兵隊員の一員としてライフルを片手に、燃え盛る廃墟のなかを敵を求めて入っていく。そしてジョーカーが出会った狙撃兵は、じつは幼い少女だった。彼女を撃とうとしたライフルの引き金がひっかかり、落としてしまったジョーカーの代わりに、カメラマンが自分の銃で撃つ。そして、瀕死の少女が「私を撃って」と懇願するのを、「このままにしてはおけない」というジョーカーがピストルで止めを刺すのだ。死にかけた敵を前にして、海兵隊員としての訓練の成果が出るのだ。

最後は周囲の建物などが燃え盛るなかで、全員が「ミッキー・マウス・マーチ」を歌いながら行進する場面となる。これは前半で、レナードが便所でライフルに実弾を込めて、担《にな》え銃の実演をジョーカーに見せていると、ハートマンが向かいの教官室からやってきて、「ミッキー・マウス・クラブ」の騒ぎかと揶揄したのと対応している。ナレーターでもあるジョーカーは、除隊の希望を語りながら、「怖いものがなにもない」という言葉を吐いてハートマン軍曹の教えを体現してしまう。少女を殺害した後では、もはや罪の意識は消えてしまったのである。まさに鉛のように柔らかい本心を、硬い武器や装備品で覆った「フルメタル・ジャケット」となったのだ。

「ミッキー・マウス・マーチ」は、ブートキャンプで鬼軍曹とともに歌った海兵隊の行進する歌とかけ離れていながら、一九五五年にテレビの「ミッキー・マウス・クラブ」のオープニングのために作られた曲なので、新兵たちの共通の記憶でもあった。一九六八年のフエの攻勢で、二千人以上を殺害することになるのだが、ヴェトナムから帰ることを求めながらも、軍曹が亡くなっても「海兵隊は永遠に海兵隊」だという精神で戦い続けている。『フルメタル・ジャケット』には、戦争忌避や反戦という感情は特に描かれていない。それに対して、ジョエル・シュマッカー監督の『タイガーランド』(二〇〇〇年)は同じようにヴェトナム戦争時のブートキャンプでの新兵教育を描き、キャンプから逃げ出す話が出てくる。

新兵を最強の兵士に鍛える、と自画自賛する陸軍の訓練施設が、ルイジアナ州のポーク基地にあった。そこでの七週間の訓練を経て、最後の一週間を十六キロ離れたところにある施設「タイガーランド」で過ごすことになる。周囲の環境が南ヴェトナムに似ているせいで、戦地に行く前に本番さながらの模擬戦が行われる場所だった。しかも一九七一年という戦争の行方が泥沼化した時期のブートキャンプだった。教官たちも「負け戦」と口走り、訓練兵を軍隊に引き留めるために、脱走や脱落を許さないと考えていた。すでに六八年の「ソンミ村の虐殺事件」のように、口にするのがタブーな醜聞も生まれていた。

新入りのパクストンは、戦争に行ってヘミングウェイや『地上より永遠に』のジェイムズ・ジョーンズのような戦争文学を書こうと考えていた。キャンプでボズという三か月いる古参の新兵という矛盾した存在と出会う。ボズは懲罰続きでブートキャンプを終了できずに、初歩からやり直している。ライフルの腕前もすぐれているのだが、軍規の内容も知っていて、エキセントリックな行動をとって教官やＭＰに嫌われている。

ボズが行ったのは、ブートキャンプの過酷な状況から逃げる者の手引きだった。まず小学校しか出ていなくて、軍規のことに無知な四人の子持ちのカントウェルを、免除の項目を主張させることで除隊させることに成功する。次にマイターは小隊長に選ばれながらも、統率ができずに、暴力的な処罰を受けて、自分の腕に怪我をさせて逃げ出そうとする。結果として精神科へつれていかれたマイターの代わりにボズが第二小隊の小隊長となる。

最後に模擬戦を行うタイガーランドへ移動する。睡眠一時間で戦い続けることになる。司令官は「この戦争は負け戦だと聞いているかもしれない。このアメリカでは国民の支持は失われている」と口にする。だが、ヴェトナムで戦うしかないという結論に達するのだ。ここでのヴェトナムは、誰もが逃れたい呪われた場所になっている。そして、脱走を許さないブートキャンプが、そのまま人生や呪われた世界となっている。しかもタイガーランドのなかでは、新兵どうしが戦わされているのだ。

第二小隊は、英語を話せない村人と「ベトコン」を演じることになる。そこにアメリカ軍役の兵士がやってきて、村を占領する前に暴力の限りを尽くすのだ。それはヴェトナムでの予行演習だけでなく、実際の再現となる。しかもボズに恨みをもっているウィルソンが、代わりにパクストンを潰そうとしていることを知り、ボズはパクストンの目を故意に負傷させ除隊させる。語り手としてパクストンが生き延びているのは、まさにボズのおかげなのだが、その後ボズがどうなったのかに関しては、いろいろなうわさがあるだけだった。

目的をもって子供たちをひと夏で鍛え上げるサマーキャンプの延長に、ブートキャンプでの戦闘訓練があった。そこから脱落し、外れる者もいる。『アダムス・ファミリー2』のなかには、アジア系、ひょっとしたらヴェトナム移民かもしれない子供たちもいたのである。彼らにとって『タイガーランド』のように、ブートキャンプから逃げるという選択も現実的な答えだったのかもしれない。

3　戦争帰還者の受け入れ

PTSDとその克服

リクルートされ、ブートキャンプを経て戦争にでかけた兵士たちは、戦地から戻ってきたとしても、多かれ少なかれ心身の傷を抱えて帰ってくる。動員された兵士たちの心理的な傷は、「シェルショック」などと第一次世界大戦から認識されていた。現在では、PTSD（心的外傷後ストレス障害）として広く理解されている。ところが、戦時から平時へ帰還の際には、ブートキャンプにあたる平時の生活に戻すためのキャンプは開かれない。戦争から帰還した復員兵たちの多くは、日常生活にいきなり放り出される。

そうした落差を描いたのが『タクシードライバー』（一九七六年）だった。トラヴィスは、ヴェトナム戦争から戻っても、タクシー運転手としての日常に我慢できずに、ついには戦争で鍛えた技を大統領候補の暗殺へ向けた。ヴェトナム戦争直後のアメリカ社会の腐敗が目に付き、「浄化」する相手が国外の敵ではなく、身近にいると感じたのである。それが娼婦を食い物にする男や大統領候補だった。戦争での体験からは何の価値も得られず、あるのは免許証のみでタクシー運転手の仕事くらいしかないことへの不安や不満が根底にある。

戦場における人殺しの英雄が、平時では逸脱者や異常者となる、という矛盾から生じた悲劇を『ランボー』（一九八二年）は描いていた。ヴェトナム戦争が終結してから時間が経過していたが、戦場での過去に苦しんでいる人がいても不思議ではない。

舞台は一九八一年十二月のワシントン州。ランボーは、ヴェトナムの戦友に会いにきたが、化学兵器の後遺症ですでに死んでいた。田舎町での滞在を許さない保安官によって逮捕されたことで、ランボーのなかでヴェトナム側に拷問された過去がフラッシュバックする。

ランボーは、グリーン・ベレー（アメリカ陸軍特殊部隊）で、殺人マシンとして、あらゆる状況でサバイバルできるように鍛えられていた。『タイガーランド』がヴェトナムの環境に似せた訓練の場を国内に持っていたのとは逆に、ランボーは国内がヴェトナムに見えてくるのだ。アメリカ軍が敗走した事実上の戦争終結から七年経っても、ランボーのなかでは戦争が終わっていないのである。

かつての上司であるトラウトマン大佐が国防総省からやってきて、山狩りをしてランボーと対決する保安官たちに手を引くように忠告するが、戦いは続く。そしてランボーは町へと潜入し、保安官に手ひどい傷を負わせて、なおも武器を手に州兵たちと戦おうとする。そうしたランボーに、大佐は「プライベートな戦争」をやめろと言い、「このミッションは終了したんだ」と説得する。ランボーはヴェトナムから帰還しても賞賛されず、「一体何を守るために戦ったのだ」と憤る。そして戦場では、男たちの友情だけで成り立っていたことに郷愁を覚えている。

そうした思いをぶつけると、半ば裸になって野生に戻ったようなランボーは、制服姿の大佐に抱きつく。この擬似的な父性愛が、ブートキャンプからグリーン・ベレーの特訓までをくぐり抜けた身体に刷り込まれたものを示す。ランボー自身の家族の話題は出てこない。アメリカという「国家に忠実な子」としてランボーはようやく自分を保てるのである。

『ランボー』は、ランボーと地元の保安官の対決を通じて、アメリカ内部の価値観の対立を描き、戦争帰還者のすべてを簡単に管理できないことを物語っていた。その後のランボーは、平時の生活に戻ることは許されず、アメリカの国益のために海外を転戦することになる。続く四作では順に、ヴェトナムの捕虜収容所へ潜入し、アフガン紛争時の上官のトラウトマン大佐を救出し、ミャンマーのカレン族の虐殺を阻止し、メキシコの麻薬カルテルと戦う展開となる。対外戦争のために鍛え上げられたランボーにとって、アメリカ本土に平安な場所はないのだ。

こうした戦争国家としてのアメリカがもつ傷は、すでに取り上げた映画の『スタンド・バイ・ミー』（一九八六年）よりも、原作となったキングの中編小説「死体」のほうに姿を見せる。タイトルは平時の鉄道事故で亡くなった少年の死体を指しているが、メイン州の田舎町のキャッスル・ロックにも戦争の後遺症がいたるところに残っている。

ゴーディの友達のテディは、父親がノルマンディー上陸作戦に参加したことが誇りだったが、その父親は錯乱してテディの耳と口をストーブに押し付けて焼いてしまった。メイン州の北はカナダのフランス語圏で、テディのようなフランス系の住民がいるのも不思議ではない。デュチャンプ（デュシャン）という名字をもつ父親が、フランスのノルマンディー上陸作戦に参加し、精神を病んでいる設定にキングの批評性がにじんでいる。しかもテディが、棍棒外交のセオドア・ローズベルト大統領と同じ名前を与えられているのも偶然ではないだろう。テディは兵隊に憧れ空軍に志願するのだが、傷のせいで望みがかなわない。

またゴーディが四人で出し合った金を手にして、ハンバーガーとコークを買いに訪れた店の主人は、亡くなったゴーディの兄のことを語る。そして自分の弟が朝鮮戦争で亡くなったので、悲しみが理解できると同情の言葉を口にする。さらに、ロースクールで弁護士を目指していたクリスが亡くなったのは、一九六八年のヴェトナム戦争に関する学内討論会からの帰りだった。入った店で、争いの仲裁をしてナイフで殺されてしまう。戦争ではなく、国内の争いで死亡したのだ。

現在のゴーディは、四人が立ち向かった相手であるエースが乗っている七七年型フォードに、「レーガン・ブッシュ」という一九八〇年の選挙キャンペーンのステッカーを見かける。レーガンとブッシュは、その後グレナダ侵攻（一九八三年）や湾岸戦争（一九九〇‐一年）といった新しい戦争を始めた大統領の名前だった。メイン州の片田舎が、二十世紀のアメリカの対外戦争の歴史と深く結びついている。タイトルの「死体」は単数形なのだが、その背後に平時や戦時のたくさんの死体が横たわっているのである。それがこの小説がもつ怖さに他ならない。

トラヴィスやランボーやテディの父親のようにショッキングな形ではないが、戦争のPTSDを描いたのが、ジョン・アヴネット監督の『8月のメモワール』（一九九四年）だった。原題の「あの戦争」とは、ヴェトナム戦争のことである。

一九七〇年のミシシッピ州ジュリエットが舞台となっている。スティーヴンは戦争のせいで失業し、PTSDに悩まされ、朝起こしに来た息子のスチューをとっさに敵だと思い脅してしまう。妻のロイスが掛け持ちで働いて、給食券をもらいながら生計を維持している。

スティーヴンは治療のために精神病院に通った経歴があるせいで、せっかく決まった学校の仕事を一週間でクビになり、次のじゃがいも掘りの仕事で知り合った黒人のモーと、廃坑となった石切り場の排水をする現場で働くことになる。そこでの事故でモーが石の下敷きになった。スティーヴンは、ヴェトナム戦争で死にかけた友人をヘリに乗せることができずに置き去りにした体験のせいで、贖罪の意識をもっている。そこで、モーを置き去りにしないで、石をどけるのだが、新しく落ちてきた石の下敷きとなって結局亡くなってしまうのだ。

この映画では家族のつながりと住む家とが結びついている。かつて住んでいた家を立ち退かされて、そこは「人間の居住に適さず」と認定されて重機で取り壊されてしまった。そして、今は貧困者住宅に住んでいる。スチューの双子の姉であるリディアの友人も生活保護を受けている黒人たちであり、いっしょに食事をしたりしている。

子供たちはツリーハウスを作るのだ。『スタンド・バイ・ミー』でも、ツリーハウスは四人の隠れ家だった。アメリカ人のツリーハウスへの思い入れは、サマーキャンプと並んで強い。ディズニーが映画化した『スイス・ファミリー・ロビンソン（南海漂流）』（一九六〇年）のように、難破した南太平洋の島で、巨大な木の上に人だけでなく家畜もあげるツリーハウスを作る話も制作された。そして、一九六二年にはディズニーランドにこれを模したツリーハウスが設置されたのである。

ツリーハウスの材料として、リディアたちは、石切り場の跡に住み着き廃棄物やガラクタを集めているリプニッキ一家のものを持ち出してくる。そして、リプニッキ家の子供たちとの対決がスチューにとっては「あの戦争」だった。父親のスティーヴンは、誰かを助けるために行うのが戦争だと教える。

だが材料をめぐる争いに端を発した、ツリーハウスをめぐる子供たちの戦いは、破壊や火をつけたりとエスカレートする。最後にリプニッキ家の末っ子のビリーが溺れたのをスチューが助けたことで、ようやく休戦状態となる。スティーヴンが目をつけていた抵当流れの家の競売に入札していたので、最終的に購入できるとわかり、妻と二人の子供たちはそこに移るのだ。この展開などがご都合主義のファンタジーに見えて、評価を下げた理由だろう。

だが、脚本のキャシー・マックウォーターは、リディアを語り手にして女性の側からヴェトナム戦争と南部の貧困を描いている。邦題の『8月のメモワール』というのは、映画全体が、リディアが学校の宿題として出された「メモワール」を読み上げる体裁をとっていたことからつけられた。戦地には行かない女性や子供たちにも、当然ながら戦争の傷が残されている。白人の小学校教師のあからさまな人種差別も含めて、貧困な南部の状況もすくい取っているのだ。スティーヴン亡きあとに残された三人の家族の未来は、平坦な道をたどるとはとても思えない。しかしながら、帰るべき家の存在は、帰還兵が『タクシードライバー』や『ランボー』のような悲劇で終わらないために必要だったのである。

動かぬ身体と死の尊厳

もちろん復員した兵士が抱えるのは心理的な傷だけではない。身体上のさまざまな傷もある。戦争により大量の被害が生じたために、義手や義足といった補綴具《ほてぃぐ》が必要となり、その性能を発達させてきた。ウィリアム・ワイラー監督の『我等の生涯の最良の年』（一九四六年）には、鉄製の義手をしたホーマーが登場する。演じたハロルド・ラッセルは陸軍時代に事故で両手を失い義手で暮らしていたのをワイラー監督に見いだされたのだ。最後はホーマーの結婚式で終わるので、映画全体の復員兵の扱いの象徴ともなって、アカデミー助演男優賞を獲得した。

だが、ホーマーのように義手などの補綴具をつけて社会復帰できるのは幸運なほうだった。もっと悲劇的な例を扱ったのが、ダルトン・トランボの『ジョニーは戦場へ行った』だった。これは、反戦小説として一九三九年に発表されたが、戦意を喪失させるとして事実上の発禁処分を受けた。そして、トランボ自身の監督で映画が制作され、ヴェトナム戦争渦中の一九七一年に公開された。

舞台は第一次世界大戦で、身元不明の兵士「ジョニー」が救助される。脳や心臓や呼吸器官の機能は働いているが、口もきけず、手足も動かない。いわば植物人間であり、意識はないものとされて、生きた死体として研究材料となり治療だけが続けられる。医者たちの関心は身体の回復にだけあった。

現実に起きている出来事や、ジョニーが戦争にいく前に父親と釣りにでかけた話とか、戦場での出来事のような、過去の回想は白黒で描かれる。それに対して、自分が見世物となっているショーのようすなどはカラーなのだ。そして、担当の看護婦が胸に「M」に始まる「メリークリスマス」をアルファベットを指先で書いたことから、意思を伝えられるとわかる。ジョニーは頭を振ることで、モールス信号を発して外に伝えるのだ。最初は「SOS」であり、次に「見世物」として自分を外部に晒《さら》すという要求だったが、それが拒絶されると「殺してくれ」と叫び続けるのだ。

ジョニーが戦争で動けなくなった身体という与えられた閉塞状況から脱出を願うのは、トランボにとり重要なモチーフとなっている。一時期アメリカ共産党員だったトランボは、一九四七年に非米活動委員会の赤狩りに抵抗した「ハリウッド・テン」の一人であった。刑期を終えた後、偽名を使いながらアカデミー賞を受賞したり、ウィリアム・ワイラー監督の『ローマの休日』(一九五三年)、スタンリー・キューブリック監督の『スパルタカス』(一九六〇年)、オットー・プレミンジャー監督の『栄光への脱出』(一九六〇年)といった映画史に残る作品の脚本を手掛けた。王女や奴隷やユダヤ人という束縛から抜け出そうともがく主人公たちに光が当てられていた。

しかも、自分では身動きできないが、モールス信号で「自分を殺してくれ」という意思を伝えるジョニーの姿は、戦争とは関係なしに、現代の医療現場にも通じる死の尊厳と結びつく。それは、『レヴェナント：蘇えりし者』や『フルメタル・ジャケット』で起きた、瀕死の者の命を絶つのは、はたして「慈悲の心から」の行為なのかという問いかけともつながっている。極限状態で起きたことなら許されるのか、平時にそれが平然と行えるのかという倫理的な問いかけも含んでいるのだ。

さらに「生きた死体」というジョニーのような植物人間の「再利用」の方法を提示したのが、ダンカン・ジョーンズ監督の『ミッション：8ミニッツ』(二〇一一年)だった。これはSFスリラーとして構想されているが、第一次世界大戦以降の生命維持技術の発展を踏まえてもいる。

アフガニスタンの戦場で戦っていたはずのスティーヴンス大尉だが、気づくとシカゴへ向かう通勤列車のなかで目をさます。しかも学校の教師のショーンとして存在することに気づくと、前に座っている女性はショーンのことをよく知っていて、話していると列車の爆破事故が起きる。スティーヴンスは仮想訓練かと思ったが、じつは、その事故で死亡した乗客であるショーンの脳から記憶を再現して中に入り込み、列車内に潜んでいる爆弾やテロリストを発見する任務が与えられるのだ。しかも、あと八時間でシカゴ市内を爆破するという予告があったので、そのタイムリミットまでに犯人を見つける必要があった。

　八分後に列車が爆破されるという制約のなかで、しだいに爆弾の位置や、犯人が逃げ出したようすなどがわかってくる。犯人が爆弾を積んだ車のナンバーも突き止めたおかげで、シカゴ市内の爆破テロは起きずにすんだ。それで用済みのはずで安楽死が与えられる約束だったが、プログラムを開発した博士は、スティーヴンスの能力を高く買い、過去の記憶を消去して、別の事件の解決に利用しようとしていた。

　植物人間となった状況から死を求めただけのジョニーとは異なり、スティーヴンスはもう一度八分間を繰り返すことで、犯行を未然に防ぐことを条件に、担当者に安楽死を求めた。それによって、犯人は犯行前に捕らえられ、爆弾も処理されたのである。つまり、前提となる列車爆破事件が起きなかったことになる。そして、スティーヴンスは列車で出会った女性といっしょに無事到着したシカゴで降りてしまうのだ。スティーヴンスは、アフガニスタンの戦場で負傷し、上半身だけで、生命維持装置によって生存しているだけなのだ。その姿は映画の最後で浮かび上がる。

　最後のハッピーエンディングは、平行宇宙とか現実とは別の時間線が選択された、というゲーム世代にはわかりやすい結末でもあった。タイムマシン的装置が使われることで、未来から過去の時間に介入して、異なる時間線へと主人公たち二人が逃れるというエンディングも含めて、9・11とカトリーナを踏まえた『デジャヴ』（二〇〇六年）と趣向は同じだった。そして一定の時間を繰り返しながら、主人公がしだいに誤りを訂正して正解に達するというのは、ＳＦコメディの『恋はデジャ・ブ』（一九九三年）のような前例がある。また、兵士が何度も死ぬというのは、日本のライトノベルを映画化した『オール・ユー・ニード・イズ・キル』（二〇一四年）もあり珍しい設定でもない。それを死んだ兵士の身体の再利用という形で示したのが目新しかった。

もちろん、現実の戦争において、平和を求めて別の時間線に逃げ出すことは難しい。これはあくまでもフィクションのなかでの選択である。死や植物人間となるのを免れるには、『タイガーランド』のように、ブートキャンプで選別される途中で脱落するか、戦場で逃げて捕虜となるか、心身の負傷が理由で本国に送り返されるなどを選ぶしかない。いずれにせよ、戦争を遂行し、敵をたおすという大義名分から逃れるには苦痛がともなうのである。

戦争のなかでの良心の行方

ＳＦやファンタジーではなくて、戦争に直面して武器を使わないという選択を主題としたのが、メル・ギブソン監督の『ハクソー・リッジ』（二〇一六年）だった。タイトルは沖縄戦で激戦地となった浦添城《うらそえグスク》にある前田高地にある崖（リッジ）のことである。ハクソー、つまり「弓のこ」のような垂直の崖だった。アメリカが崖を奪取する戦闘に衛生兵として参加し、「良心的兵役拒否」を貫いたデズモンド・ドスの伝記映画だった。

ドスの父親は第一次世界大戦に参加した後遺症で酒浸りになり、銃を乱射したり家族に乱暴をする。そして、正気なときには、戦友たちの墓を前に生き残った自分を責めるのだ。まさにドスは父親のＰＴＳＤの呪いのなかで育ったのである。

ドスが弟とのけんかでレンガでなぐって殺しかけるが、母親の信仰の影響が強く、それ以降暴力を拒否する。さらに、酒乱の父が銃をもちだして母に乱暴をしたときに、銃をとりあげて撃とうとしたが、できずに「心のなかで撃った」とする。それ以降銃に触れるのを拒否するのである。

第二次世界大戦が始まると、弟は両親に知らせず勝手に志願した。そして、真珠湾攻撃に触発され、ドスも遅れまいとして志願する。故郷では、検査ではねられて志願兵となれずに、それを苦に二人の自殺者が出た、というのも動機でもあった。暴力の否定で、衛生兵として国に貢献しようと思ったドスの信念は、ハウェル軍曹とクローヴァー大尉のもとでの陸軍のブートキャンプでは理解されない。ライフルの訓練をドスが拒否したことで「弱い兵士のいる軍隊は弱い軍隊」と「殺人と戦争は異なる」という論理のもと、臆病者だと決めつけられる。

ライフルの訓練の命令を拒否した、というので軍法会議にかけられる。ドスは司法取引もせず、あくまでも無罪を主張する。その裁判でドスを救ったのは、息子の宗教的信念を信じている酒浸りの父親だった。かつての上官だった准将を、第一次世界大戦の伍長の軍服で訪問して訴えた。そして、「良心的兵役拒否」が憲法違反ではないという趣旨の手紙をもらってきて、軍法会議の場にやってくるのだ。裁判を行っている者たちに「おれたちが戦ったのはこんなもののためではない」と、形式的なやり方に反発する。父親にあるのはアメリカの「憲法」に対する信念だった。

第七十七歩兵分隊に属したドスは、一九四四年のグアム、次にフィリピンのレイテ島の戦いを経て、翌年の三月後半から沖縄戦に参加した。とりわけ前田高地の崖（ハクソー・リッジ）を争奪する四月三十日から五月五日までの戦闘で、ドスが救助で活躍したところに映画は焦点を当てている。

前田高地に近づくと、トラックに積まれた死体の山や放心状態の兵士たちが映し出される。艦砲射撃で一掃したはずなのに、地下の壕に隠れていて、次から次へと出てくる日本兵に対する一種の畏怖だった。それは硫黄島で行われた戦いの繰り返しでもある。そこで繰り広げられたのは、味方の死体を盾にしながら日本兵を撃ち殺すとか、火炎放射器による攻撃も描かれる。そして降参したと見せかけて手榴弾で攻撃するといった卑劣な日本兵、という描写もある。

タイトルが示すように、垂直の崖がこの映画の中心イメージとなる。まずはヴァージニア州のブルーリッジ山脈のなかに立つ、ドスが弟といっしょに騒いでいた崖である。そして、ハクソー・リッジの垂直の壁である。縄梯子で登って攻撃するのも、味方の負傷兵をロープで吊り降ろすのも含めて、この崖をアメリカ軍の支配下におくことが、沖縄戦、ひいては太平洋戦線の重要な戦闘であると位置づけられていた。また、ドスが宗教的信念を貫くことで、周囲から受けた迫害を乗り越える心理的な崖もある。しかも、銃をもつことを拒否しながらも、戦争の遂行に参加するのは、セルフメイドマンの新しい理想の提示だった。

キリスト教の信仰心の深いメル・ギブソン監督らしく、ドスは宗教的な信念をもち、たとえ軍法会議を通して政府と戦うことになっても、最終的に屈しないのである。それは憲法への信念を背景に置く父親とは異なる立場でもあった。そしてハクソー・リッジ上の戦場で煙のなか、ドスが神の声を聞こうとして叫んだあと、衛生兵としての自分の天命（コーリング）を見出すところが、宗教映画となりうる部分だろう。もちろんドスは崖の向こうにいた日本兵との意思疎通など考えてはいない。父親が言ったように戦争はすべてを飲み込んでしまうのだ。

ドスが活躍した沖縄戦における前田高地の戦いを、生き残った当事者側から描いたのが外《ほか》間守善《ましゅぜん》の『私の沖縄戦記 前田高地・六十年目の証言』（二〇〇六年）だった。外間は戦後、民俗学や言語学をおさめて、沖縄学を設立、その第一人者となった。冷静な筆致の回想録で、外間はドスの伝記『比類なき英雄』の一部を巻末に資料として挙げている。

外間は第三十二連隊の志村大隊の連絡係として活躍した。前田高地の台上をアメリカ軍が占拠していくなか、地下三十メートルの壕のなかで反撃のチャンスを狙っていたのだ。『ハクソー・リッジ』でも描かれたように、最後は互いに手榴弾による戦いだったことが明らかになる。

志村大隊長は相変わらず沈痛な面持ちで地図を広げながら奥深く坐していた。衛生兵二人が怒鳴りながら負傷兵の手当てをしていた。傷の痛みに獣のような唸り声をあげる者、恐くなって泣きだす者、発狂する者、壕内は修羅場だった。大隊砲小隊の日原正人中尉は砲が役に立たないと判断すると、果敢にも手兵数人を従えて敵に突入し、手榴弾戦を交えて壕に戻ってきた。（91頁）

外間自身も手榴弾戦のなかで、「右手右足に小銃弾、手榴弾の破片を受けて負傷」したのである。自分で勝手に処置したので破傷風になる危険もあり、衛生兵に叱られたのである。台上を占領されてしまい、志村大隊が脱出を決意したときに、水と自決用の手榴弾が渡される。志村大隊の生き残りは、なんとか逃げ出すとアメリカ軍の糧秣を奪いながら、ゲリラ的な戦いを続けるのだ。『ハクソー・リッジ』には志村大隊長が自決する描写があるが、歴史的な事実とは異なる。

途中で外間の記憶もあいまいになり、六月や七月の日付の感覚がなくなってしまうのが、戦闘が泥沼化したようすを物語っていた。第三十二歩兵連隊の第二大隊となる志村大隊八百人のうち、敗戦後の九月三日まで生き延びたのは二十九名だった、と外間は記す。しかも度重なる隊の再編のせいで、兵士の詳しい名簿が厚生省には残っていないので、実際に誰が亡くなったのかの全貌ははっきりとしない。

外間のような沖縄だけでなく山形と北海道出身の兵が多いことがわかっている（サイト

「ああ沖縄」〈月形から沖縄へ三〇〇〇㎞〉)。そのため「前田高地平和之碑」の碑は、建立した昭和五十四(一九七九)年当時の北海道知事である堂垣内尚弘の揮毫による。前田高地で散ったのは、ヴァージニアの山奥から出てきたドスとおなじく、各地から招集された兵士たちだった。英雄とはならなかった側の戦闘が外間の手記には語られている。

『ハクソー・リッジ』は単に第二次世界大戦の回想として制作されたわけではない。ドスのような良心的兵役拒否の申し出をどのように認めるのかは、戦争国家として、現在も海外に多くの派兵を行っているアメリカにとり無縁ではない。また、PTSDをはじめ心身の傷や『ジョニーは戦場へ行った』のような植物人間状態となることも他人事ではないのだ。

麻薬とは扱いが異なるが、鎮痛剤のオピオイド(モルヒネ、ヘロインなどケシ由来のもの)は、ヴェテランと呼ばれる退役軍人の治療に使われていて、過剰摂取が問題視され、トランプ大統領は二〇一七年に非常事態宣言を出したほどである。「退役軍人の十五人に一人はアルコールや薬物の依存症。ヴェトナムの退役軍人の三十一パーセントはPTSD。イラクやアフガニスタンの退役軍人の十五—二〇パーセントはPTSD。退役軍人の二〇パーセントがオピオイドなどの薬物の依存症」という指摘もある。

毎年行われるサマーキャンプとブートキャンプは意外な通底を見せている。そして、電子機器や映像などの情報によって空からの攻撃を遂行しても、地上を実効支配し、住民の人心の掌握には、突入する部隊や駐留する兵士が必要となってくる。それこそが、大量の派兵が必要とされる理由でもある。そのためにブートキャンプがなくなることはないし、戦争帰還兵にＰＴＳＤが生じることはなくならない。アメリカにとって戦争映画は過去の表象ではなくて、現在と密接に結びついているからこそ製作され続けているのだ。

終章　コロナ禍時代のトラッカー

グーグルゾンの時代

二十一世紀になって、組織における管理が大きく様変わりしたのは、連絡のための通信から、必要な情報検索、はてはさまざまな業務処理まで、コンピューターやインターネットの情報網に依存する社会になったせいでもある。単なる電話の代替物としての携帯電話を越えて、スマホやタブレットが、ノートパソコンやPDAと融合して新しい情報プラットフォームとなった。

CPUやバッテリーが高性能となり、通信機器が家電化したことに伴って、インターフェイスも変化した。二〇〇二年から発売されて人気を得たカナダのブラックベリーは、従来の延長のようにキーボードを搭載していた。だが、二〇〇七年のアップルのアイフォンの登場で、タッチスクリーン方式が当たり前となる。

アップルのスティーヴ・ジョブズが中心となって目指したように、マニュアルを読まなくても直感的に各種機能が使用でき、キーボードやマウスを使わなくても指先のタッチによって操作可能になった。画面をスクロールするのも触覚を頼りにすることで、操作性が容易になり、この敷居の低さのせいで爆発的に普及して、社会の情報通信インフラとなったのである。しかもモバイル機器は、有線に依存しないことで自由度をもたらした。

これによりビッグ・フォーとかＧＡＦＡと呼ばれるグーグル、アップル、フェイスブック、アマゾンという巨大ＩＴ企業が誕生する下地ができたのである。移民国家アメリカが、物流とマネジメントの手法を鍛え上げてきた延長線上にこうした企業は存在している。企業のローカルな試みからグローバルな展開へと発展するために、内外の優秀な人材を確保しつつ、一方で使い捨ててもいる。

ＧＡＦＡの進展とアメリカの移民政策とは無縁ではない。オバマ大統領時代には「ドリーマーズ」として不法移民の子供たちに、二年ごとの登録によって滞在することを認めてきた。トランプ大統領がこれに反対する政策提案を大統領選挙中から行ったことで、優秀な人材を世界からかき集められなくなるとして、多くのＩＴ企業のＣＥＯが反対した。

ＧＡＦＡのなかでも一九九八年に検索エンジンから出発したグーグルと、一九九五年に本の電子販売から始まったアマゾンは、たちまち世界につながるネットワークを作り上げ、サービスを広げていった。驚異的な発達をしたグーグルとアマゾンを合成した「グーグルゾン」という言葉は二〇〇四年に生まれた。やはりこの二つの巨大企業抜きには、現在のインターネット社会について語れないだろう。

「グーグルゾン」が提唱されたのは、「ＥＰＩＣ二〇一四」というタイトルで、メディアの歴史を振り返るという趣旨で作られた、今後十年を見据えた内容の映像だった。そのときに、二〇〇八年にグーグルとアマゾンが融合した企業ができるというひとつの未来像が提出されたのである。ジョージ・オーウェルの『一九八四年』の主人公の名前が出てきたように、ディストピア社会の到来への警告でもあった。しかも続編となる「EPIC二〇一五」では、アップルがGPSを使ったサービスをするという予言がなされた。こちらも普通になった。

GAFAのような産業を支えるためには、海外からの移民や留学生という多くの人材が、新鮮な血液や栄養剤のようにアメリカに流れ込むことが必要だった。しかも、運ばれて管理される対象となるものが、人から物さらに情報へと変化しても、どれも物理的な存在なので、数値化できて、それに基づいた管理が可能と思われている。人間から情報までもが物理的に扱われると、そこから生じる心理的な軋轢が、さまざまな悲劇の原因となる。その部分の対処方法も人間管理の一環として考え出されている。

グーグルもアマゾンも、英語のウィキペディアの定義では「アメリカの多国籍テクノロジー企業」となっている。グーグルは「世界中の情報を整理し、世界中の人々がアクセスできて使えるようにすること」を目標とし、情報ネットワークで完結しようとしている。それに対して、アマゾンの場合にはEC（電子商取引）が中心である以上、物流を避けることができない。物のひとつひとつにタグをつけ、番号を割り当てて管理することで追跡可能となる「トレーサビリティ」が重視される。しかも、ふだんからこのようにすべてが追跡可能となれば、平時用のシステムと戦時用のシステムとがシームレスにつながることになる。危機管理しやすいのである。

しかも、GAFAやそれに追随する情報産業が、使用者が残した履歴などの記録に依存していることは重要である。今や個人のあらゆる痕跡がデータとして残るのである。それは検索され照合される。欺く方法が開発されると、それをさらに察知する手段が見つけ出される。そして、プロファイリングをして、個人の嗜好や関心も明らかにされていく。さらには財務状況や犯罪歴などによる信用情報のスコアリングによって、価値判断され格付けされる。必要な人に情報や物資を届けるのではなくて、スコアリングによって選別された層だけがサービスや物を利用できるようになるのだ。

ラストベルトと自動車産業

そうした動きのなかで、五大湖に面する「ラストベルト」と呼ばれる工業が空洞化した地域の住民は、GAFAが提供するサービスの消費者であっても、経済的な恩恵をあまり受けることがない層をたくさん含んでいた。グローバル化によって、しだいにアメリカ国内での工業製品の生産が減っていった。「錆びついた一帯」という揶揄は、自動車産業の象徴だったミシガン州とりわけデトロイト周辺の空洞化によるものだった。

マイケル・ムーアは、自分の親や親戚がGMの組立工場で働いていたことから、ミシガン州フリントのGM工場の閉鎖に多大な関心をもち、三万人の従業員が職を失った影響をとらえたドキュメンタリー映画『ロジャー&ミー』(一九八九年)を完成させた。GMの本社はデトロイトにあるが、フリントは巨大な工場を擁し、キャデラック、ビュイック、シボレーを生産してきた中心地である。そして全米自動車労働組合が誕生した地でもあった。

タイトルのロジャーとは、CEOのロジャー・スミスのことである。スミス会長は一九八四年のGMの再編計画で、国内の十一の工場を潰し、時給の安いメキシコへすべて移転、さらに不況を理由に賃金カットで労組と合意した。これによって、フリント市民の半分が生活保護を受けているとされるほどの酷い状況に陥ったのだ。犯罪の多発で、GMと労組は看守の仕事を次の就職先としてあっせんし、転職した者が、犯罪を犯し刑務所に入っているかつての同僚を監視する役についたりしているのだ。

このように産業の衰退によって、コミュニティが崩壊し犯罪が多発する不安をなぞったのが、デトロイトを舞台にした『ロボコップ』(一九八七年)だった。車からロボットへと産業の軸が移り、警官など公共サービスが私企業であるオムニ社によって民営化されて、ロボットの警察が登場する未来図が描かれた。ロボットというが、『ミッション：8ミニッツ』が兵士の再利用を描いたように、殉職した警官つまり正確には死者の脳などを利用した一種のサイボーグなのである。すでに一度死んでいるので、たとえ殉職しても誰もその死を悲しまないというわけだった。

そして、シリーズの三作目の『ロボコップ3』（一九九三年）では、デトロイトを支配する黒幕はオムニ社を買収した「カネミツ・コーポレーション」という日本企業に設定されていた。『ロジャー&ミー』で、「輸入車を買うやつは日本の社会保障を受けろ」という悪口の映像が出てきたように、日本からの安い輸入車が自分たちの職を奪うと考えられていた。しかし、GM製がアメリカの国産車に見えても、それはメキシコで生産された車両だったりするのである。

二十年経って、二〇一四年にリメイクされた『ロボコップ』では、デトロイトのオムニコープ社は、中東向けの軍事ロボットの企業であり、国内市場の拡大を狙ってロボコップを製造しようとする。実験台となったアレックスが実験室から逃げ出すと、生産ラインには漢字表記があり、働いているのは中国人だった。そして飛び越えた塀の外には中国の農村があった。遠隔操作で動力が切られて、アレックスの逃走は阻止されてしまう。二十一世紀には日本ではなくて中国がアジアから脅威を与える勢力とみなされていた。生産ラインが海外に行くというのは当然視され、自動車からロボット産業への転換だけでなく、海外の軍事と国内の警察とが共通の目的で結びつくのである。

この一連のロボコップ映画には、キャスリン・ビグロー監督が『デトロイト』(二〇一七年)で映画化したように、一九六七年のデトロイト暴動とその後起きた白人警官がモーテルにいた黒人たちと銃撃戦になった記憶が織り込まれている。一連の騒動の背景には、自動車産業の衰退が巻き起こした軋轢があった。

自動車産業がアメリカを代表するものだと思ってきた人々にとって、こうした衰退はそのまま希望の喪失だった。生産ラインで分業することによって自動車を大量生産をし、それによって八時間労働を守り、豊かな暮らしを手に入れるという「フォードの夢」の図式が崩壊してしまった。とりわけ、工場の海外への移転は、職を求めて移民としてやってきた者たちにとっては、その夢が消え去ったように思えるのだ。フォードで働いて稼いだ金でフォード車を買うというアメリカの夢が『グラン・トリノ』(二〇〇九年)のなかで取り上げられている。朝鮮戦争を戦ってきたポーランド系移民の老人の話を、クリント・イーストウッドは主演兼監督をしながら、フォードのグラン・トリノのような美しい車を二度と作れなくなった時代の変化をすくい取っている。そして、フォードが反ユダヤ主義者だったと判明した今、醜さのシンボルでもあるのだ。

『ロジャー&ミー』に、中間管理職などの高給取り社員向け一戸建ての、小綺麗な家が並んでいるようすが出てくる。すべて人が住む気配はなく、立入禁止のロープが張られている。住宅ローンが払えずに差し押さえられたのである。さらに貧困者向けの住宅に住んでいる者は、家賃が払えなくなると、大家の代理として保安官代理が一軒ずつ回ってきて、クリスマスであっても強制的に追い出されるのである。ムーアの高校時代の友人が追い出される場面が出てくる。

こうした状況に対して芸能人などが言うのは、「チャンスだと思って前向きに考えろ」とか「アメリカには（失業する）自由がある」というものだった。そしてGMのフリント担当のスポークスマンは、ムーアがGMの中心地ともいえるフリントだけでも守れなかったのかと質問すると、「企業とは利益を追求するものだ」というお題目を返答するだけである。しかも皮肉なことに、フリント撤退のすべての作業が完了すると、このスポークスマンも用済みだとして、クビを切られてしまったのだ。

スピルバーグ映画と物流

自動車からロボットへというのがデトロイトを舞台にした変化だった。その変化は局所的ではなくてアメリカ全体に広がっている。そしてＧＡＦＡのような情報やコンピューターを中心とした産業への転換が起きていた。『マイノリティ・リポート』や『レディ・プレイヤー１』でもわかるように、スティーヴン・スピルバーグ監督は、人・物・情報の流れが大きく質を変え、マネジメントが規律から即時的な管理へと変貌したのを睨んで作品を作ってきた。

スピルバーグの物流への関心は、出世作とも言えるテレビ映画の『激突！』（一九七一年）から始まった。仕事先に向かって赤いプリムス・ヴァリアントを運転していた主人公マンが、タンクを牽引しているトレーラーを追い抜いたことで「対決」となる。追い抜いた理由は、エアコンもなくて開けた窓から排気ガスが入ってきて気分が悪くなったのと、夕方までに帰宅するために仕事先へ急いでいるせいだった。

二台の争いがしだいにエスカレートして、襲ってくる巨大なトレーラーとプリムスの対決となっていく。トレーラーはピータービルト社のモデル２８１で、独特の鼻面をしていた。背後から迫ってくる巨大な姿が、ヒット作の『ジョーズ』（一九七五年）のホオジロザメの頭のように恐怖を与える対象となった。

『激突！』の後ではトレーラーを、悪者や恐怖の対象として扱う映画が作られることになった。たとえば、『ブレーキ・ダウン』（一九九七年）では、夫婦で旅行していた車が故障したので、妻を乗せてくれたトレーラーを追いかける話となる。主人公がもつ金をめぐる誘拐事件となり、後半はトラックと対決する展開となった。誘拐された妻がトラックのトレーラー部分を切り離して犯人に復讐を遂げるところも含めて、トラックへの憎悪を掻き立てる。また『ロードキラー』（二〇〇一年）では、CB無線を通じてトラックの運転手をからかった二人の兄弟と同乗する女性が追いかけられる話である。モーテルにいても、トウモロコシ畑でも巨大なトラックが突進してくる。このように恐怖の対象として、トレーラーやトラック運転手を扱う作品が多い。

　ところが、スピルバーグが監督した『激突！』で、足元や肘や横顔しか見せない無名の運転手の側にたつと、見方が少し変わってくる。古ぼけたピーターービルト社製のトラックは、可燃物を入れた重いタンクを牽引していて馬力も出ないので、遅い速度で走行していたにすぎない。しかも文句を口にする主人公マンが乗っているプリムスのほうも、ガソリンスタンドで「ラジエーターのホースを交換したほうがよい」と係員に指摘されるほど整備不良の状態だった。これが伏線となって、あとでプリムスはエンジンが不調になって追いつかれて窮地に陥ることになる。

　プリムスを運転する、ワイシャツにネクタイ姿のホワイトカラーである主人公のマンと、ブルーカラーとして大型のトラックに乗る無名の運転手とでは暗黙の格差が存在していた。

原作のリチャード・マシスンの短編小説は実体験に基づくが、まさにタイプライターを叩く作家とトラックの運転手という立場や階級の違いも恐怖と結びついていた。マンは襲ってくる相手に対処するためには電話で警察を呼ぶしかない。トレーラーの運転手からすると、マンが電話をかけて他人の助けを求めたことが、「男らしくない」行為であり、怒りがさらに掻き立てられたのである。

両者の対決の最終場面で、マンは、自分の茶色いブリーフケースをアクセルとダッシュボードの間に挟んで、プリムスが直進できるように細工し、トレーラーに正面からぶつけた。衝突によって炎があがり、前方が見えずにそのままトレーラーは崖から転落する。マンは勝利に喝采したのだが、荒野の崖の縁に腰かけて、赤い夕日を浴びながら小石を投げているところで全編が終わる。自分の車を失い、仕事の約束にも間に合わず、仕事のための書類も燃えてしまった。決して英雄的な勝利とは見えないのだ。

こうした『激突!』におけるトレーラーと運転手の関係を連想させるのが、『宇宙戦争』(二〇〇五年)だった。トライポッドという乗り物に乗り込んだ宇宙からやってきた操縦者が地球人に与える恐怖を浮かびあがらせた。トライポッドとは宇宙人が操る三本足の破壊兵器で、人間を狩り集めて、その血を吸って自分たちの栄養にする道具だった。H・G・ウェルズが一八九八年に発表したこの古典作品は、イギリスで盛んだった大英帝国を襲う「侵攻小説」の系譜につらなる。しかもイギリスが他国の軍隊に蹂躙されて植民地となったら、という不安をあぶり出す作品だった。

ウェルズの『宇宙戦争』に内在する要素を、エンターテインメントに仕立てて読み替えてきたのは、アメリカだった。一九三八年のオーソン・ウェルズによるラジオ・ドラマは、ナチス・ドイツの隆盛により揺れ動く第二次世界大戦前夜の不安を煽っていた。そしてバイロン・ラスキン監督の一九五三年の映画は、冷戦期がもつ核戦争の不安をそのまま具現化してみせた。

スピルバーグは9・11を踏まえて、すでにアメリカに内在している敵としての「火星人」を考えている。トム・クルーズが演じる主人公のレイは、ブルックリンの港湾で貨物用のガントリークレーンを操作する仕事に従事していて、一時間に四十個のコンテナをおろす凄腕の持ち主なのである。現場のブルーカラーで、外に開いた港湾都市としてのニューヨークが舞台となっている。こうしてアメリカ移民をめぐる問題を扱う映画となるのである。

宇宙人の侵略の道具となったトライポッドは、地面の下にすでに隠されていて、雷によって目覚めた。内部が見えないコンテナのように、地中に移動機械が隠れていて、稲妻に乗じて宇宙人が乗り込んで操作すると、地上の日常生活を片端から破壊していくのだ。これは一方では、レイが扱っているコンテナや貨物船に隠れて密航する難民や不法移民が想起される。

他方では、乗り物に乗り込んで破壊するのは、旅客機を奪って突入したテロを想起させる。襲われて墜落し、上半分が吹き飛んで客席がむき出しになった旅客機の機体が登場する。火星人の宇宙船が空から隕石のように降ってきた原作小説や、これまでの映画化作品が与えてきた印象とは異る。

レイの元の妻メリーアンの再婚相手であるティムは、かなり羽振りが良いホワイトカラーらしく、郊外の高級住宅に住んでいる。しかも彼女は妊娠中で二度目の家族で幸福な生活を営んでいた。レイが息子のビリーにキャッチボールをいっしょにやろうと求めても、「アルジェリア占領」のレポートを書かなくてはならないと乗り気ではないし、授業料も払えない父親に批判的だった。娘のレイチェルは自然食品を好み、乗馬でメダルを取り、ブラームスの子守唄を歌ってくれと頼むように「意識が高い」のである。レイは現場で作業をするブルーカラーだが、ニュージャージーに一軒家と自分の車を所有している。それでも、野球帽をかぶりジーンズ姿で、ガントリークレーンの操作で明け暮れるレイと、ティム一家とでは経済状態だけでなく、文化的な背景が異なるのである。

ところが、ニューヨークが破壊されると、レイは二人の子供を連れて、ボストンの彼らの祖父母の家に行った元妻と夫のティムを追っていくことになる。その途中で、車を盗んでニューヨークを逃げ出し、群衆を前に乗船制限をするフェリーに乗り込めたのは、違法行為もいとわないレイの行動力だった。レイは満足に子供の養育費や授業料も払えない経済状態だし、娘が生まれたときからピーナッツアレルギーであることも知らずにサンドイッチを作ろうとするダメな父親である。だが、生き延びる技をもっていて、それが子供たちを救っていく。ここでは自己信頼に満ちたレイの行動力が評価されているのである。

アメリカを目指した移民や難民とは異なり、強制的に奴隷として連れてこられたアフリカの黒人たちを描いたのが『アミスタッド』（一九九七年）だった。主人公のシンケを含めたアフリカの黒人たちが、アメリカへ連れてこられた経緯は複雑だった。一八三九年に、キューバ沖で難破したスペイン船アミスタッド号には、強制的に奴隷としてアフリカから連れてこられた男女が乗っていた。反乱のリーダーとなったシンケは、鎖についた鍵を壊して仲間たちと反乱を起こし、船長以下を殺害する。アフリカに帰るつもりで、操船を担当させた白人たちの悪巧みで、北アメリカ沿岸のロング・アイランドに到着してしまうのだ。空の星を見てシンケたちが進行方向に誤りを指摘するが、海図を読めないシンケたちにアフリカに行くにはこちらの航路で正しいのだ、とだましたのである。

海賊行為と殺人罪でシンケたちは裁判にかけられる。狭い場所に乗客としてではなく、積荷として運ばれていたので、その所有権をスペインの女王、船を発見したアメリカの海軍士官たち、到着するはずだったハバナの商人が主張する。そこに、人権を認めるように弁護士や新聞記者が働きかけるのである。後半は法廷劇となるのだが、そこにあるのは、黒人は「人」か「物」か、奴隷ははたして所有物なのか、という問いかけだった。

そして『シンドラーのリスト』(一九九三年)では人間を運ぶ貨車を印象的に使っていた。この作品はユダヤ系であるスピルバーグ監督が、ホロコーストを直接描いた作品である。映画化の話は肉親がアウシュビッツで死亡したビリー・ワイルダーやロマン・ポランスキーに断られ、マーティン・スコセッシによって話が進んでいたのだが、最終的にスピルバーグが監督することになった。

ポーランドのクラクフで経営者としてのし上がろうとしていたオスカー・シンドラーは、破綻した工場を二束三文で買い取り、その運営をユダヤ人の会計士イザック・シュターンに任せる。そのマネジメント力を頼りにしたのだ。そして自分は営業を担当するとして、ナチスの高官に取り入り、安価な労働力としてユダヤ人を使い、琺瑯《ほうろう》の容器を生産して儲けるのである。前半のシンドラーは、ナチスに癒着しながら成長する悪徳企業家の面が強調されている。

ユダヤ人は技能をもっているかいないかで運命が判別される。収容所送りを免れるためには、ドイツに役立つ技能をもっていることを裏づけるブルーカードを獲得する必要があった。音楽家や学者などは不要で、技術者や生産現場を担当する者が選別された。そして、プワシュフ強制収容所が完成するとゲットーが廃止となり、ユダヤ人狩りが進んでいく。抵抗する者は殺害される。その際に、赤い服を着た少女を見たことで、シンドラーの態度が少しずつ変化していく。

スピルバーグは、別の作品にユダヤ人のホロコーストをめぐる映像的な記憶をかぶせていくのだ。プワシュフ強制収容所でユダヤ人を焼いた灰が、クラクフの空から降ってくる。この場面は、『宇宙戦争』で市民を殺戮するトライポッドから逃げ回ったレイが、灰を頭からかぶって白くなったのとつながる。そして、プワシュフ強制収容所からアウシュヴィッツへとユダヤ人が移動させられるときに、シンドラーが、貨車から手を出しているユダヤ人に対して、侮蔑的な態度をとるふりをして、放水をする。貨車にすし詰めとなっている者には恵みの水だが、ユダヤ人を家畜扱いしているとみえるからこそ大量の放水が許されるのだ。

このように人間を貨車に乗せて運ぶのは、ホロコーストという「最終的解決」のシステムに、ユダヤ人を組み込むためである。人だろうが物だろうが、システムに組み込まれ、その隷属下にあるとき、流れをスムーズにすることで効率が高まる。収容所内に工場を置くと、二十四時間労働力をタダで使えるという話も出てくる。だが、シンドラーはそれに逆らい、収容所の外に工場を独立させたりアウシュヴィッツ以外に工場を建設して、八百五十人のユダヤ人をそこに移動させる。いわゆる「シンドラーのリスト」が作成されたのである。そして敗戦後アメリカ軍に投降することで、彼らの生命は救われた。あくまでも生産のシステムを逆手にとって利用したのが、シンドラーの行為だったと言える。

スピルバーグ映画では、トラック、船、貨車、コンテナといった物流で使われる道具が、単なる背景以上の意味を与えられながら、巧みに利用されている。そして人間を集める強制収容所ばかりか、物を集積する倉庫も登場する。

冒険家で考古学者のインディ・ジョーンズが活躍する『レイダース／失われたアーク《聖櫃》』（一九八一年）でも、聖櫃とは本来神との契約文書を入れる一種のコンテナである。そして、聖櫃を開封すると超自然的な力が発揮される。その力を手に入れようとするナチスドイツとその考古学者との争いになる。ナチスドイツが軍用トラックに積んだ聖櫃をインディは、白馬に乗ってカウボーイよろしく追いかけ、さらにトラックに乗り込んで奪取する。ところが、争奪戦の最後に聖櫃はトップシークレットに指定され、木箱に詰められ、おなじように秘密になった品物が入った木箱をたくさん収めた陸軍の倉庫にしまわれてしまうのだ。

秘密の品物が収納された陸軍の倉庫は、『マイノリティ・リポート』に出てきた犯罪予防罪のせいで冷凍睡眠させられた者たちを収めた施設や、『レディ・プレイヤー1』の「オアシス」というゲームを作り出した天才発明家ハリデーのさまざまな過去が、３Ｄで記録されているアーカイヴズともつながる。そうした過去や記憶の倉庫に収められたものが、いつの日にか封印が解かれることで、真実が顕になったり、世界を変えていくのである。

トラックの自由と束縛

『激突！』ではブルーカラーのトラッカーは悪役とされたが、『宇宙戦争』のレイのように肉体を使って働くからこそシステムから逃れたり、システムに対抗する者として英雄視される。それは自己信頼やセルフメイドマンの系譜にあると理解される。ホワイトカラーのようなシステムの奴隷ではなくて、自己完結した存在に見えるのだ。トラック一台でアメリカ全土を縦横に走り回るトラッカーたちには「最後のカウボーイ」という名称も与えられていた。「十八輪車」と呼ばれる大型車両を使い、貨物やコンテナを運ぶのは、西部劇のキャトル・ドライブを自分一人で行っているようなものだった。

こうした物流のトラックやトラック野郎（トラッカー）が英雄的に活躍したのが、サム・ペキンパー監督の『コンボイ』（一九七八年）だった。C・W・マッコールによって歌われて一九七五年にヒットした「コンボイ」という曲の歌詞に基づいた映画である。この頃には、トラッカーを歌ったカントリーソングが数多く登場し、マッコールの歌もその一つだった。トラッカーどうしのCB無線の会話が活躍する。CB無線は「市民ラジオ」と訳されたりするが、一方的な放送ではなくて、お互いに会話のやり取りができる。出力が低いものは免許が要らないので現在も広く利用されている。しかも、デジタル暗号化されるまでは、警察無線を傍受したり割り込むこともできた。ハンドル片手に、マイクを握りながらしゃべるスタイルが定着する。警察無線からきた「10-4（了解）」といったテン・コードが利用され、交信割り込みを「ブレイカー」と呼ぶような隠語を使って会話を楽しむのだ。

しかも、CB無線では電波が届く距離にいれば、同時に多くの人間が聞くことができる。トラッカーを歌ったカントリーの第一人者であるレッド・ソヴィンの「テディ・ベア」（一九七六年）の歌詞には、「父親を亡くした子供がCB無線を使ってトラッカーに呼びかけると集まってきた」、とある。彼らは電波でつながった共同体を形成していた。

「コンボイ」の歌のオリジナルでは、ロサンジェルスから州間高速道路10号線を走り、途中で州間道路44号線に沿って、カンザスに向かっていくのだ。しかも七三年のオイルショックで、経費節約のためトラック業界は速度制限をした。速度を記録する紙を破るとか、アクセルの速度制限の装置を壊すという歌詞も出てくる。

映画の『コンボイ』では、アリゾナからニューメキシコ、さらにメキシコ国境へと向かう話となり、トラッカーたちと追いかける保安官、そして州警察や州兵との戦いが起きる。行動に共感するトラックが隊列を組むのである。彼らはラバー・ダック（ゴムのアヒル）というあだ名の主人公のもと、隊列つまりコンボイを作る。なかには黒人の女性トラッカーもいて、人種や性別を越えた運転手たちが集まってくるのだ。

逮捕された仲間を助けるためにトラックが十台以上並んで警察署に突進して救助もする。ラバー・ダックは、最後にメキシコ国境で待ち構える州兵に突撃する。彼が運転するトラックは銃撃されながら、積荷である可燃物のニトロマナイトが爆発して車両が飛び散るのである。誰もがラバー・ダックが死んだと信じたが、政治利用をねらう政治家が開催するその死を悼む式典で、英雄らしく不死身だった、と明らかになって終わりを告げる。

こうした物流の要となるトレーラーをリーダーとして、車から変身するロボットを活躍させたのが、『トランスフォーマー』（二〇〇七年）だった。ここではトラックそのものが意思をもつことになる。

トランスフォーマーのシリーズは、一九八四年から発売されたタカラの玩具で、販促のためにアメリカで製作されたアニメやコミックスの人気が出て、日本に逆輸入された。地球を襲う悪の側が、メガトロンを中心とする「ディセプティコン（和名デストロン）」であり、地球を守る善の側は、オプティマス・プライム（和名コンボイ）をリーダーとする「オートボット（和名サイバトロン）」とされた。地球のエネルギー資源を巡って両者の争いが始まる話になっていた。それを、スピルバーグ製作のもと、マイケル・ベイ監督が実写映画化した。

もはやＣＢ無線ではなくてスマホの時代になっていた。

北極を探検した主人公サムの先祖が、氷の下で一万年前に落ちた「キューブ」と呼ばれるエネルギー体と、数千年前に落下したメガトロンを発見した。それは一九三四年にフーバーダムの下に隠された。ダムのエネルギーは低温冷蔵するために使用され、さらにメガトロンを構成する技術を、自動車、マイクロチップ、レーザー、宇宙船に応用して、人類は文明を発展させてきたと説明される。このような偽史を組み立てながら、他方で中東アフガニスタンのカタールでの戦争といった現実との結びつきが強調されるのだ。

主人公サムが乗るＧＭ製の黄色いシボレー・カマロは、実はバンブルビーというオートボットだった。他にもＧＭの車種が活躍する。ＧＭはトラックも作っているのだが、オプティマス・プライムは、ピータービルト社のモデルを使っている。皮肉なことにこの映画が公開された二年後の二〇〇九年にＧＭは経営破綻した。株式の国有化を経て、新生ＧＭとなり、その株式の一部を全米自動車労働組合が持っている。そのため『ロジャー＆ミー』の舞台となったフリントにも数千人の雇用が戻った。

ディセプティコン側のメカは、軍用ヘリや地雷除去車やＦ22戦闘機といった兵器関連が基になっている。その点で平時と戦時の車両が併存していると言えるのだ。しかも、ディセプティコンは、中東カタールの基地や大統領専用機のコンピューターから情報を抜き取り、キューブやメガトロンの存在を探しだした。それを阻止するために通信ケーブルを切断するといった物理的な対処法がとられたのである。

それに対して、システムをハッキングするテロリストと生身で戦うのが、『ダイ・ハード4・0』（二〇〇七年）でのジョン・マクレーン刑事の役目だった。シリーズ作品として続くことになった第一作の『ダイ・ハード』（一九八八年）では、エレベーターやシャッターなどをコンピューターで一元的に管理するインテリジェント・ビルが登場したが、あくまでもビル内で完結した戦いの話となっていた。

だが、第四作目では、独立記念日にインフラのネットワークがハッキングされる事件が起きる。信号などを操作する交通管制システム、さらに鉄道や航空機の管制システムが乗っ取られ、ウォール街の金融システムもダウンしてしまう。もはや社会がこうしたネットワークなしには生活できない状態になっている。マクレーンが乗っている公用車も四年前から追跡装置が設置されて、位置情報が明らかになっている。だからこそ、かろうじて残っている古いネットワークが活躍することになる。システムがハッキングされてダウンしてしまい、携帯が使えなくなると固定電話が取って代わり、「チップが入っていない」アナログなＣＢ無線に頼るしかなくなるのだ。

マクレーンがＦＢＩに連行するように依頼された大学生のハッカーであるマシューは、テロリストに抹殺されかかる。マクレーンと命からがら逃げるのだが、プログラム技術を提供したために用済みとなったせいである。しかも、今回のテロリストは、マクレーンが逃げても、交通管理システムを利用して、車を一斉にトンネルの両方から走らせて挟み撃ちにする。それから、天然ガスを送り込んでマクレーンとマシューを焼き殺そうとした上に、F35戦闘機の出撃コードを盗んで、マクレーンの方をテロリストだとしてミサイルで攻撃させたりする。いずれも遠隔操作によってマクレーンを追い詰めようとするのだ。

重要なのは、今回のテロリストは第一作のような外国人ではなかった。中心人物のガブリエルは、9・11で保安上の不備を指摘しても受け入れてもらえず、評価されなかった国防総省の保安担当のチーフプログラマーだった。しかも、緊急時にはアメリカ中の金融情報を集めるという秘密のセンター「ウッドローン」のシステムを作った人物だった。金を狙うテロリストという意味では第一作を踏襲しているのだが、それが債券のような紙ではなくて、ハードディスクに蓄積できる電子情報になっているのが大きな変化である。

しかも、第一作に出てきて、両親の離婚後に、母親のもとにいたマクレーンの娘ルーシーまで人質となるのだ。マクレーンは時代遅れのカウボーイとして、暴走するパトカーをテロリストのヘリに直撃させたり、テロリストのトレーラーを奪って、人質となった娘とマシューを追跡する。マクレーンが運転するトレーラーは、ミサイルに襲われたりもするが、衛星回線を使った通信さえテロリストに遮断されるなかで、トレーラーについているＣＢ無線を経由して、ＦＢＩと連絡をとることに成功する。

ガブリエルが時代遅れのタイメックス（アナログ時計）だと呼ぶように、マクレーンは自分の身体を犠牲にしながら、文字通り体当たりで、デジタル犯罪に対抗して解決した。そうした幻想をかろうじて保つことができたのは、固定電話やＣＢ無線のような古いシステムがまだ残っていたせいだった。マシューは政府に幻滅してハッカーになっていたのだが、修羅場をいっしょにくぐったことで、その技術を使いアメリカのために戦うよう、マクレーンは身をもって教えて、最終的に犯罪者から改心させたのである。

第五作目の『ダイ・ハード／ラスト・デイ』（二〇一三年）で、マクレーンは、ＣＩＡで働く息子が、ロシアの拘置所に殺人容疑で入れられたのを救うために活躍する。海外を舞台にして、もはやアメリカ国内での危機の物語ではなくなってしまったのである。

グーグルソン時代のトラッカー

トラックを使う輸送を示す「トラッキング（trucking）」と、車の轍をたどることから派生した追跡を意味する「トラッキング（tracking）」とが重なる二十一世紀には、一九七〇年代に隆盛したＣＢ無線を片手に話をするトラッカーを、自由な存在として捉えることはできなくなった。道路沿いの好みのダイナーやカフェに寄ってお決まりの食事をしたり、トラックステーションで仲間たちと顔を合わせ、カントリーミュージックを大音量で流しながら運転するという生活がもっていた、自由の雰囲気がなくなりつつある。

七〇年代以降、歌や映画やドラマが、荒野のハイウェイを走ってコンテナの荷物を運ぶトラック一台で稼ぐ男たちに、セルフメイドマンやカウボーイたちの姿を重ねようとしてきた。だが、自由に会話をし悪巧みを企てる役にも立つＣＢ無線ではなくて、しだいにスマホなどのＧＰＳやタイムスタンプで位置情報がわかってしまう道具に連絡手段が変わってきた。管理の強化は効率を求める利便性から生じる。輸送されている荷物の現在位置を簡単に確かめるために、人間から小さな物まですべてにタグや番号がつけられ、マネジメントが行われる。何がどこにあるのか、あるいは誰がどこで何をしているのかを即座に把握できるようになってきた。

国際宅配便やロジスティックスの大手企業であるフェデックス（FeDex）やＤＨＬやユナイテッド・パーセル・サービスは、追跡情報のサービスを広く顧客に提供している。このサービスにより、輸送されている途中の品物が、各地のチェックポイントをいつ通過したのかを顧客自身が確認できる。予定よりの遅延や逸脱はただちに異常として検知される。

『フィスト（F・I・S・T）』のように委員長のホッファの支持のために組合員のトラックが議会議事堂のそばに集結してデモをするとか、『コンボイ』のように隊列を組んでメキシコ国境をめざすという表現はしにくくなった。

路上の監視カメラも発達し、GPSを搭載すれば、すべての車両の動きがリアルタイムで把握できる。今では一九七〇年代の『コンボイ』のように、運転手が記録紙を破ったり、速度制限の装置を壊すという抵抗は成り立たない。交通事故だけでなく取り締まる警官の暴力をドライブレコーダーで撮影できるように、警察官の側もボディカメラを搭載して、相手の様子を撮影することで自分の行動の正当性を証明する時代なのだ。しかも『ダイハード4・0』で示されたように、エンジンを遠隔操作でロックさえできるのである。商品の配達を利用している顧客が、その背後にあるトラックや倉庫やコンテナに隠れた労働に関心をもつことはない。

『トランスフォーマー』で、車はオートボットとして自分の意思で動き、状況を判断する一種の人格をもっていた。そうしたSF的な空想としてではなくて、GPSや地図の情報や路上の障害物などを判断するエキスパートマシンとして、現実的な自動運転技術の開発が進んでいる。物流の人手不足を補うためもあり、研究開発を主導しているのが、他ならないグーグルゾンなのである。「アメリカの多国籍テクノロジー企業」というウィキペディアの定義がふさわしい理由はここにある。

グーグルは自動運転車の開発と実証実験を進めてきた。二〇一六年に「ウェイモ」という子会社を設立して、実験と本格的生産に乗り出している。既存の自動車を改造して走行実験を重ねて、カリフォルニアでは乗客を乗せることまで始めた。そして、デトロイトに組立工場を建設すると発表した。デトロイトの地盤沈下を支えるのが、自動運転車なのかもしれない。

また、アマゾンはドローンを使った配達の可能性を探り、実現のために他の会社と提携をしている。二〇一三年に検討を始め、三十分で顧客に届けるのが目標だという。都市間でサービスを始める予定という告知も二〇一九年に出された。さらに、アマゾンは荷物の配送用のＥＶ車を、新興のリヴィアン社に十万台発注し、配備する予定だという。蓄電池の容量や充電施設の問題などがあるが、電気モーター車は、ガソリンや軽油を使う内燃エンジン車よりも、構造が簡単でメンテナンスもしやすい。しかも電子制御なので自動運転向きでもある。

こうした陸上と空での自動運転の開発は、従来の自動車産業や航空機産業ではカバーできない領域となる。情報産業としてネットワーク技術をもち、才能をもつ人材をリクルートでき、投資する資金も豊富にもつグーグルゾンだからこそ、他の企業よりも優位に進めることができるのである。そして『トランスフォーマー』で、日常車両のオートボットと軍事車両や戦闘機のディセプティコンが、もとは同じ技術から派生したように、自動運転技術やドローンは平時と戦時を結びつけ、相互に転用もできるのだ。

こうした時代には、トラックをトランスフォーマーのように完全自動化するか、同乗する人間を機械化してトラックを運転させるしかない。一九七〇年代の『コンボイ』で上院議員は、「アメリカのカウボーイの伝統の生きた体現者」だとラバー・ダックを持ち上げ、トラッカーたちが「アメリカを活性化している」と絶賛した。だが、グーグルゾン時代のトラッカーは、物流に奉仕し、乗っているだけの人になりつつある。

ロックダウンと巣ごもりのなかで

こうした物流をめぐる管理の難しさを顕わにしたのが、二〇一九年の年末に、中国の武漢から発したとされる新型コロナウイルスによるパンデミックだった。二十一世紀に入ってからも、コロナウイルスであるSARS（二〇〇三年）が香港から発生し、新型インフルエンザ（二〇〇九年）がアメリカやメキシコで発生したことがある。けれども、今回の新型コロナウイルスは小規模なものではなくて、拡散に伴って第一次世界大戦後の「スペイン風邪」

を想起させるような万単位の感染者や死者を全世界にもたらしている。二〇二〇年の十一月には、世界中で六千万人が感染し、死者の数は百四十万人を越えたのである。

アメリカでも事後の対応が問われることになった。二〇二〇年一月二十三日に最初の患者が確認されたが、二月の段階では、アメリカのトランプ大統領は「インフルエンザのようなもの」とか、「民主党が騒ぐだけ」と軽視していた。その結果、全米への流行を招いてしまった。しかも、対策に必要な人員や設備が、新自由主義的な政策によって削減されていたことが、事態悪化のスピードを速めたのである。

その後アメリカでは、四月二十八日に感染確定者は百万人を、五月二十七日には死者も十万人を越えた。これによって事前の対応の失敗は明白となった。アメリカだけでなくロシアのように新型コロナウイルスをコントロール出来ていると慢心した国が、国内の流行に手を焼くことになった。

対処として採用されたのが、「ロックダウン」という手法である。中国政府が武漢に対して一月二十三日に行ったロックダウンが、すぐにもイタリア北部やフランスなどのヨーロッパの流行地で採用され、アメリカも経済的な中心地であるニューヨーク州がコロナウイルスの対策として三月二十二日から実施された。ＩＴの活用法や科学的知見の尊重の度合いによって、アメリカ国内でも州によって対策にばらつきが出た。大統領選挙も作用して、連邦政府と州政府の権限の違いが対立を生むことになった。

新型コロナウイルスという「目に見えないもの」の伝播をどのようにコントロールするのか、という課題があぶり出された。それぞれの衛生観念をはじめ、食習慣や家族の習慣といった文化的社会的な条件が異なるなかで、人間どうしの距離や親密さをどのように取り扱うのかが問われてもいる。たとえ国境を接していても、カナダとアメリカとメキシコでは対応や対策の方針が異なるのである。

ロックダウンが示すのは「物理的な分断」であるが、国境というボーダーをめぐって第4章で論じたように、境界線を密かに越えようとする人や物をどのように管理するのかが問われている。ただし、麻薬や密造酒の代わりに、密輸し転売されるのがマスクやアルコール消毒液などに変化したのが新しい動きでもあった。そして、飲食店の営業が禁じられるロックダウンのさなかに、もぐり酒場のように営業している店が生まれたのも禁酒法時代を彷彿とさせるのである。スペイン風邪の場合と同じように歴史は繰り返すのだ。

ロックダウンは対外的な関係だけでなく国内に分断を作ることになった。ロックダウンに伴いリモートワーク（テレワーク）やリモート授業が強制的に施行されるようになった。密室空間での対面授業や会議が、新型コロナウイルスの感染の場になり、通勤や通学や飲食が警戒されたのである。こうした分断により、「デジタルな情報」と「物理的な商品あるいは人間」とのつながりが問い直されることになった。

　ＧＡＦＡと呼ばれる企業のなかで、グーグルやアップルやフェイスブックが脚光を浴びた。パソコンなどのハードウエアから、通信をめぐるソフトウエアまでが、にわかに人気を得たのだ。古参であるマイクロソフトやユーチューブから、テレビ会議システムを提供する新参のＺＯＯＭまで加わった新しい市場が一気に形成された。しかも５Ｇという新しい通信網が採用される状況になっていたおかげで、中国のようにいち早く対応出来た国と、日本のように立ち遅れたままの国との違いも生み出した。アメリカ国内でも、インターネットの普及には、経済格差だけでなく地域格差も存在するのだ。

　リモートの動きは日本にも伝播し、小学校から大学までがリモート授業の実現を模索することになった。大学などが導入していた「ＬＭＳ」（ラーニング・マネジメント・システム）が活躍の場を得、さらにはテレビ会議用のシステムが急速に授業でも利用されるようになった。同時にデジタル格差として、スマホしかもっていない学生たちの存在が明らかになり、リモート授業に不慣れな教師たちの存在が浮かび上がったのである。さらに、地域差や親の収入などの経済格差が表面化し、全面的な移行から漏れる層が生じた。しかも、実験や実習のようなリモート化が不可能な科目も存在するのである。

　とりわけ感染症対策をとりながら、教育実習、就職活動、企業のインターンシップをどのように行うのか、という課題も抱えている。それが対面授業再開という文科省による圧力となったのだが、一見すると教育的配慮から発したとしても、デジタル化が世界の水準から遅れている日本における教育投資の不足を覆い隠す動きともなったのである。これはもちろん日本だけの課題ではなく、アメリカの各地においても広く見られたのである。

企業において、リモートワークに移行出来たのは、パソコン作業が業務の中心を占めるホワイトカラー層だった。とりわけ製造や配送の部門は、物理的な人間の移動なしには仕事を回すことが困難である。もちろん、営業活動さえも、人間の移動と対面交渉なしにはスムーズに進まないのである。

ロックダウンが成功するには、コロナウイルスに感染した者と感染していない者とを識別し適切に管理する必要がある。だが、ウイルスは目に見えない相手であり、発症するまでに時間がかかり、無症状の者も多いので隔離するのは難しい。日本でもクルーズ船「ダイヤモンド・プリンセス」号への対応に苦労する様子が連日報道された。しかも、クルーズ船だけでなく、アメリカの原子力空母セオドア・ルーズベルトなどの軍艦においても同じことが起きたのである。古来、社会を示すメタファーとして船が使われてきたが、逆に船を通して社会の問題があぶり出されたのである。

クルーズ船も、グローバル時代においては、船籍、運営会社、さらに実際の乗組員の国籍や所属が多種多様であり、法的根拠や責任がどこにあるのかが不明となってしまうのが、対応に遅れる理由となった。しかも、ツアーの売り物でもあった社交の場としてのパーティーがコロナウイルスを拡散する場に転じ、乗客が閉じこもった船室にスタッフが医療用品や食事を届けたことで、客どうしの分断も進んだのである。

退職者などの高齢者の乗客が多く、狭い船室が密集していたことで、クルーズ船そのものが、高齢者のケアセンターや病院などの感染で多くの死者を出した空間の先例となっていた。しかも船室の広さや、バルコニーやオーシャンビューの窓があるか、それとも壁だけなのかという違いが、外気を取り込む換気の度合いの違いともなっていたが、これはそのままツアーの支払金額の差でもあった。そして、閉鎖空間のなかで、誰が感染者なのかわからないという疑心暗鬼の状況は、そのまま第5章で扱ったサマーキャンプとホラーの関係と結びつくのである。

ロックダウンの結果としてあぶり出されたのが、その日暮らしの低賃金労働者の存在であり、アメリカ中でたちまち数千万人の大量の失業者が誕生したのである。これはそのまま第2章で扱った、低賃金労働者としての移民の問題でもあった。人種差別が厳然とあり、法的さらに金銭的な責任をとらなくてすむ不法移民の温存という社会構造が、いっきに人々の対立や矛盾を噴出させたのである。そして、日銭稼ぎに依存するスモールビジネスが次々と潰れていった。

さらにアメリカでは、州政府と連邦政府との対立は、ロックダウンの解除を求める動きとして表出した。第3章で扱ったように、ＦＢＩという州をまたいで対抗する組織が必要とされたのも、州政府による法律の独自性を超越してマフィアなどの犯罪組織が活躍したためだった。かつてのネットワーク化する犯罪組織は、コロナウイルスの感染ネットワークとも重なるのだ。そして、外部からやってきた「よそ者」への警戒心と恐れによって、銃による武装や暴力を正当化されてしまう。対立のあるところでは、なにかの火種で争いが激化し、暴動や略奪が連鎖的に続くのである。

一方で「巣ごもり」と呼ばれた消費生活を支えるのは商品の配達であり、利用する者と運ぶ者との格差が明らかになった。また、交通機関の遮断は、物流の管理を難しくしている。とりわけ国内外の空路や航路が相次いで閉鎖され、利用が制限されたことで、サプライチェーンが寸断した。マスク一つをとっても、不織布の材料を輸入しなくてはならなかった。また、医療用手袋の世界最大の企業がマレーシアのトップ・グローブ社であるように、グローバル化のなかで供給元の分散が確立している。しかも、クラスターが発生すると、工場そのものが停止になってしまう。

危機管理の観点から、国内だけですべての物を生産しようとしても、原料や素材が入手困難な品物の製造を再開するのは簡単ではない。生産ラインを一から構築するには、資金やノウハウが不可欠なだけでなく、将来の利益を得るという見通しが立たないと建設計画そのものに手をつけられないのだ。コストを考慮する民間企業の経済論理では対応できないのである。

この終章で論じてきたように、GAFAのなかでアマゾンもロックダウンのなかで収益を伸ばしたのである。だが、それを支えているのは、デジタル化が不可能である物理的な商品を、倉庫で分別し輸送し配達するという「エッセンシャル・ワーカーズ」と名づけられた人たちなのだ。その担い手たちが得るのは、かつてのトラッカーが求めた自由ではない。スーパーやコンビニで商品を売り、戸口に荷物を届ける彼らは、社会的距離を保つことが強要され、あらゆる点で管理された存在となる。しかもテイクアウトやデリバリーで大量のゴミが出て、感染リスクを帯びながら収集する人が必要となる。こうしたゴミの収集と処理においてトラッカーたちが活躍することになる。

アメリカ社会では、移民の流入から始まり、人や物や情報の流れをどのように管理し、制御し、滞りなく進めるのかが問われてきた。そして、流れを促進する仕組みを作り、人や物や情報をすべて部品や要素とみなして制御するシステムを開発した起業家がビジネスにおける覇者となれるのだ。けれども、現在のGAFAのように、全体の流れを管理するために、システム内の要素にあたる人間に自己管理を強制する企業となったのならば、もはやアメリカの理想だったマウンテンマンのような起業家の面影はそこにはない、と私は思う。

あとがき

本書では、主にハリウッド映画を扱いながら、アメリカの病巣がどこにあるのかを探ってみた。移民国家を国是として掲げながらも、移民や奴隷の流入を管理するための選別と排除の思想が形成されてきた。それはまず先住民の殲滅や囲い込みにつながっていた。また、十九世紀に奴隷から解放されたはずの黒人に対する人権弾圧は、二十世紀の「公民権運動」から二十一世紀の「ＢＬＭ」にいたる動きを見ても、今なお現実の出来事なのは間違いない。

そして、アルコールや麻薬の密輸といった犯罪やテロリズムといった組織的な犯罪が生じたことで、対応するためにＦＢＩやＣＩＡのように取り締まるための組織が強固に形成されたのだ。連邦政府や警察による管理や支配を逃れようとする動きが、州などの地域で生まれて、規律を逸脱する組織を作り出す。利益を優先する市場の原理や、裏切りを許さない信頼関係を重視するネットワークもあって、法や序列や正義による上からの統制を下から揺さぶる組織が生まれるのだ。

そうしたアメリカ社会にきしみが生じる様子を、移民をめぐる映画、テロや密輸を扱った犯罪映画、あるいは戦争映画など幅広いジャンルを取り上げて考えた。映画のなかでカウボーイやマウンテンマンたちに理想を託しても、それはフロンティアが消失した後に生み出された幻影にすぎなかった。アウトドアが若者を鍛えるとしたサマーキャンプと新兵教育の場であるブートキャンプには類似性があり、カウボーイの末裔のはずのトラッカーたちの運命も変化してきた。

映画どうしを並べることで、思わぬつながりが見出されたりする。ただし、どれもエンターテイメント作品なので、多くが、社会の管理や統制が物語内で破綻したとしても、最後には秩序を回復するストーリーとなる。あまりにも都合よく問題が解決して、苦悩しているのが社会ではなくて主人公だけ、という限界をもつ作品も少なくない。それだけに、かえって何がアメリカ社会において問われているのかが垣間見えるのである。

本書の草稿自体は二〇二〇年の春に一応書き上げていたのだが、まさに新型コロナウイルスの直撃による公私の理由で完成が年末となってしまった。ただし、コロナ禍のなかで大統領選挙などのアメリカの混乱を目撃したことで、皮肉にも過去の映画に描かれた課題が克服されていないことを確認出来たし、加筆も行えた。大統領の交代で万事解決するわけではない。

なお文中の敬称は略した。また、いつものことながら、松柏社の森信久社長には企画の段階からお世話になったが、コロナ禍の下での厄介な作業に、最大級の謝意を示したい。

小野俊太郎

二〇二一年三月

参考文献　(順不同)

序章

Isabel Molina-Guzmán. *Dangerous Curves: Latina Bodies in the Media* (New York UP, 2010).

Art T. Burton. *Black, Red and Deadly: Black and Indian Gunfighters of the Indian Territory, 1870-1907* (Eakin Press, 1991).

Art T. Burton. *Black Gun, Silver Star: The Life and Legend of Frontier Marshal Bass Reeves* (University of Nebraska Press, 2006).

第一章

Michael Lemay & Elliott Robert Barkan. *U.S. Immigration and Naturalization Laws and Issues: A Documentary History.* Greenwood Press. 1999.

Audrey Horning. *Ireland in the Virginian Sea: Colonialism in the British Atlantic*. University of North Carolina Press. 2013.

Carleton Beals. *Our Yankee Heritage: New England's Contribution to American Civilization*. David McKay. 1955.

大西直樹『ピルグリム・ファーザーズの神話―作られた「アメリカ建国」』（講談社、一九九八年）
Ann Uhry Abrams. *The Pilgrims and Pocahontas: Rival Myths of American Origin*. Westview Press. 1999.
Bonnie Blackburn,& Leofranc Holford-Strevens. *The Oxford Companion to the Year*. Oxford UP. 1999.
貴堂嘉之『移民国家アメリカの歴史』（岩波書店、二〇一八年）
小田基『「自由の女神」物語』（晶文社、一九九〇年）
Laura Ingalls Wilder. *Little House on the Prairie*. HarperCollins. 2008.
Greg Carter. *The United States of the United Races: A Utopian History of Racial Mixing*. New York University Press. 2013.
Deborah Christie & Sarah Juliet Lauro. *Better off Dead: The Evolution of the Zombie as Post-Human*. Fordham UP. 2011.
Mimi Sheller. *Consuming the Caribbean: From Arawaks to Zombies*. Routledge. 2003.
Despina Kakoudaki. *Anatomy of a Robot: Literature, Cinema, and the Cultural Work of Artificial People*. Rutgers UP. 2014.

第2章

William Huntting Howell. *Against Self-Reliance: The Arts of Dependence in the Early United States*. University of Pennsylvania Press. 2015.
松村友視「北村透谷の詩人観形成とエマーソン受容」『藝文研究』第一〇一巻第一冊（二〇一一年）二六六-二九一頁

William George Smith. *The Oxford Dictionary of English Proverbs*. Oxford UP. 1935.
Wolfgang Mieder et. al, *A Dictionary of American Proverbs*. Oxford UP. 1996.
Tom Nissley. *Intimate and Authentic Economies: The American Self-Made Man from Douglass to Chaplin*. Routledge. 2003.
大野裕之『チャップリン再入門』（日本放送出版協会、二〇〇五年）
Charles Chaplin. *My Autobiography* (Penguin Classics, 2003)
Amy Tucker. *The Illustration of the Master: Henry James and the Magazine Revolution*. Stanford UP. 2010.
Alan Dale. *Comedy Is a Man in Trouble: Slapstick in American Movies. University of Minnesota Press*. 2000.
Mark Whalan. *American Culture in the 1910s*. Edinburgh University Press. 2010.
Richard Schickel. *Elia Kazan*. HarperCollins Publishers. 2005.
Elia Kazan. *America, America*. Renaissance Literary & Talent. 2012.
Young-in Oh. *Struggles over Immigrants' Language: Literacy Tests in the United States, 1917-1966*. LFB Scholarly. 2012.

第3章

「ＣＩＡファクトブック」
(https://www.cia.gov/library/publications/the-world-factbook/geos/us.html)
Mohammad M. Fazel-Zarandi. Jonathan S. Feinstein, Edward H. Kaplan. "The number of undocumented immigrants in the United States: Estimates based on demographic modeling with data from 1990 to 2016"

（https://doi.org/10.1371/journal.pone.0201193）

Vincent Lobrutto. *Martin Scorsese: A Biography*. Prager. 2008.

ハーバート・アズベリー『ギャング・オブ・ニューヨーク』富永京子訳（早川書房、二〇〇一年）

Simone Cinotto（ed）. *Making Italian America:Consumer Culture and the Production of Ethnic Identities* . Fordham UP. 2014.

Letizia Paoli. *Mafia Brotherhoods: Organized Crime, Italian Style*. Oxford UP, 2003.

Lee Bernstein. *The Greatest Menace: Organized Crime in Cold War America*. University of Massachusetts Press. 2002.

「ＦＢＩ百年史」（https://www.fbi.gov/file-repository/fbi100book.pdf/view）

Nate Hendley. *American Gangsters, Then and Now: An Encyclopedia*. ABC-Clio. 2010.

「ＦＢＩ秘密ファイル」

（https://vault.fbi.gov/ken-eto/Ken%20Eto%20Part%2011%20of%2011/view）

Mike Forrest Keen. *Stalking the Sociological Imagination: J. Edgar Hoover's FBI Surveillance of American Sociology* . Greenwood Press. 1999.

第４章

Herbert Asbury. *The Great Illusion: An Informal History of Prohibition*. Doubleday. 1950.

Garrett Peck. *The Prohibition Hangover: Alcohol in America from Demon Rum to Cult Cabernet*. Rutgers UP. 2009.

Karen B. Westerfield Tucker. *American Methodist Worship*. Oxford UP, 2001.
William Gervase Clarence-Smith *Cocoa and Chocolate, 1765-1914* . Routledge.2000.
Paul Gootenberg, *Cocaine: Global Histories*,　Routledge, 1999.
Helen S. Garson. *Tom Clancy: A Critical Companion*. Greenwood Press. 1996.
「サンディエゴの壁」（https://www.everycrsreport.com/reports/RL33659.html）
James Lutz & Brenda Lutz. *Terrorism: The Basics*. Routledge. 2011.
John A. Kirk. *Martin Luther King Jr.* Routledge. 2013.
巽孝之『リンカーンの世紀 アメリカ大統領たちの文学思想史 増補新版』（青土社、二〇一三年）
ＮＨＫアーカイブス「初の日米宇宙中継　大統領暗殺の悲報」
（https://www2.nhk.or.jp/archives/tv60bin/detail/index.cgi?das_id=D0009030052_00000）
Willard M. Oliver & Nancy E. Marion. *Killing the President: Assassinations, Attempts, and Rumored Attempts on U.S. Commanders-in-Chief*.　Praeger Pub. 2010.
Mel Ayton. *Plotting to Kill the President: Assassination Attempts from Washington to Hoover*. Potomac Book. 2017.
Cynthia Carter & C. Kay Weaver. *Violence and the Media*. Open UP. 2003.
Jonathan Fast. *Beyond Bullying: Breaking the Cycle of Shame, Bullying, and Violence* . Oxford UP. 2016.

第５章

Douglas Kellner. *Media Culture: Cultural Studies, Identity, and Politics between the Modern and the Postmodern*.

Routledge. 1995.
Robert M. Utley. *After Lewis and Clark: Mountain Men and the Paths to the Pacific* . University of Nebraska Press,.2004.
Raymond W. Thorp. *Crow Killer: The Saga of Liver-Eating Johnson 3rd edition* . Indiana UP. 2015.
Walter Nugent & Martin Ridge（eds）. *The American West: The Reader.* Indiana UP. 1999.
「キャンピング&キャラバニング・クラブ」
（https://www.wiredforadventure.com/thomas-hiram-holding/）
（https://www.campingandcaravanningclub.co.uk/aboutus/about-the-club/history/）
『キャンパーの手引』（https://archive.org/details/campershandbook00holdgoog/）
Leslie Paris. *Children's Nature: The Rise of the American Summer Camp*. New York UP. 2006.
Stephen King. *Different Seasons*. Hodder & stoughton. 2007.
Kathleen Rowe Karlyn. *Unruly Girls, Unrepentant Mothers: Redefining Feminism on Screen.* University of Texas Press. 2011.
James H. Willbanks *America's Heroes: Medal of Honor Recipients from the Civil War to Afghanistan* . ABC-Clio. 2011.
外間守善『私の沖縄戦記　前田高地・六十年目の証言』（角川ソフィア文庫　二〇一二年）
「ああ沖縄」（http://aaokinawa.s500.xrea.com/）
「オピオイド依存症」
（https://onceasoldier.org/veteran-ptsd-and-opioid-addiction/　二〇一九年一月十四日の記事）

終章
「ＣＥＯによる反対」(https://www.itmedia.co.jp/pcuser/articles/1709/03/news013.html)

◎著者略歴
小野俊太郎（おのしゅんたろう）
一九五九年札幌生まれ。文芸・文化評論家。著書に、『『東京物語』と日本人』『ハムレットと海賊』（松柏社）、『ガメラの精神史』『「トム・ソーヤーの冒険」の世界』（小鳥遊書房）、『「里山」を宮崎駿で読み直す』（春秋社）、『未来を覗くH・G・ウェルズ』（勉誠出版）他多数。

映画が描くアメリカの「病」

二〇二一年七月十五日　初版第一刷発行

著　者　小野俊太郎
発行者　森 信久
発行所　株式会社 松柏社
〒一〇二-〇〇七二　東京都千代田区飯田橋一-六-一
電話　〇三（三二三〇）四八一三（代表）
ファックス　〇三（三二三〇）四八五七
Eメール　info@shohakusha.com
http://www.shohakusha.com

装幀　常松靖史［TUNE］
組版　戸田浩平
印刷・製本　精文堂印刷株式会社
ISBN978-4-7754-0278-8
Copyright ©2021 by Shuntaro Ono

定価はカバーに表示してあります。
本書を無断で複写・複製することを禁じます。

JPCA
日本出版著作権協会
http://www.e-jpca.com/

本書は日本出版著作権協会（JPCA）が委託管理する著作物です。
複写（コピー）・複製、その他著作物の利用については、事前に JPCA（電話 03-3812-9424、e-mail:info@e-jpca.com）の許諾を得て下さい。なお、無断でコピー・スキャン・デジタル化等の複製をすることは著作権法上の例外を除き、著作権法違反となります。